Der Effekt staatlicher Anreize auf die Qualität und den Versorgungsumfang innovativer Arzneimittel

Europäische Hochschulschriften

European University Studies

Publications Universitaires Européennes

Reihe V	**Volks- und Betriebswirtschaft**
Series V	Economics and Management
Série V	Sciences économiques

Band/Volume **3441**

Karsten Rohlf

Der Effekt staatlicher Anreize auf die Qualität und den Versorgungsumfang innovativer Arzneimittel

Eine Analyse unterschiedlicher Innovationsförderungen und staatlicher Regulierungen unter der Möglichkeit internationaler Preisdiskriminierung

PL ACADEMIC RESEARCH

Bibliografische Information der Deutschen Nationalbibliothek
Die Deutsche Nationalbibliothek verzeichnet diese Publikation in der Deutschen Nationalbibliografie; detaillierte bibliografische Daten sind im Internet über http://dnb.d-nb.de abrufbar.

Zugl.: Leipzig, HHL Leipzig Graduate School of Management, Diss., 2015

550
ISSN 0531-7339
ISBN 978-3-631-67055-2 (Print)
E-ISBN 978-3-653-06269-4 (E-Book)
DOI 10.3726/978-3-653-06269-4

PL Academic Research ist ein Imprint der Peter Lang GmbH.
Peter Lang – Frankfurt am Main · Bern · Bruxelles · New York · Oxford · Warszawa · Wien

Diese Publikation wurde begutachtet.

www.peterlang.com

Vorwort

Die vorliegende Arbeit wurde im Oktober 2014 als Dissertation an der Handelshochschule Leipzig eingereicht. Für die Drucklegung konnten einzelne Quellen berücksichtigt werden, die nach Einreichung der Dissertation erschienen. Dies betrifft insbesondere das für die Arbeit relevante Arbeitspapier von Acharyya und García-Alonso aus dem Jahr 2009, das im Dezember 2014 im Bulletin of Economic Research publiziert wurde.

Bei der Anfertigung dieser Arbeit habe ich in vielerlei Hinsicht Unterstützung erhalten, für die ich mich bedanken möchte. Zuvorderst gilt mein ganz besonderer Dank meinem Doktorvater Prof. Dr. Jörg Lindenmeier. Er hat die Betreuung der Dissertation nicht nur in einer kritischen Phase übernommen, sondern sein Vertrauen und seine Unterstützung haben mich bereits vorher dazu ermutigt, die Arbeit an der vorliegenden Dissertation fortzusetzen und abzuschließen. Die Diskussionen mit ihm über inhaltliche und strukturelle Aspekte der vorliegenden Arbeit habe ich stets als inspirierend und bereichernd empfunden. Herrn Prof. Dr. Arnis Vilks danke ich ebenso für die Übernahme des Zweitgutachtens wie für weitere Anregungen.

Ich möchte auch meinen ehemaligen Kollegen danken, mit denen ich unterschiedlichste Aspekte der Arbeit diskutieren konnte und die mich dabei auf weitere Ideen gebracht und zwischenzeitlich auch motiviert haben. Meinen Freunden danke ich für ihre Geduld, die heiteren Stunden zwischendurch und ihr Interesse daran, meine Ergebnisse in klaren, einfachen Worten zu erfahren. Hier danke ich insbesondere meinen lieben Regensburgern und fröhlichen Pfälzern – auch weil sie mich daran erinnerten, dass es meinen Worten an dieser Einfachheit manchmal mangelt.

Mein außerordentlicher Dank gilt meiner Familie, die mich über die gesamte Zeit vielfältig unterstützt hat. Dazu zählt die moralische Unterstützung meiner Eltern ebenso wie das offene Ohr meiner Schwester, die mir nebenbei den einen oder anderen pharmazeutischen Sachverhalt erläuterte. Meiner Großmutter danke ich dafür, dass ich Ihr nicht fürchterlich viel über den Verlauf der Arbeit erläutern musste, sie mir aber immer das Gefühl gab, dass das schon was wird. Ihr möchte ich diese Arbeit widmen.

Stadt Eldagsen, im Dezember 2015 Karsten Rohlf

Inhaltsverzeichnis

Tabellenverzeichnis

Abbildungsverzeichnis

Abkürzungsverzeichnis

ACE	Angiotensin-konvertierendes Enzym
AG	Aktiengesellschaft
ALG	Arbeitslosengeld
AMG	Arzneimittelgesetz
AM-NutzenV	Arzneimittel-Nutzenbewertungsverordnung
AMPreisV	Arzneimittelpreisverordnung
AOK	Allgemeine Ortskrankenkassen
ATC	Anatomisch-therapeutisch-chemische Klassifikationssystem
BAnz.	Bundesanzeiger
BfArM	Bundesamt für Arzneimittel und Medizinprodukte
BIP	Bruttoinlandsprodukt
BKK	Betriebskrankenkassen
BMG	Bundesministerium für Gesundheit
bzw.	beziehungsweise
c. p.	ceteris paribus
CDU	Christlich Demokratische Union Deutschlands
d. h.	das heißt
COX-2	Cyclooxygenase-2
DALY	disability-adjusted life years oder auch disease-adjusted life years (lost)
EG	Europäische Gemeinschaft
EKK	Ersatzkrankenkassen
EMA	Europäische Arzneimittelagentur (früher: EMEA)
EMEA	Europäische Arzneimittelagentur (heute: EMA)
EOL-EI	End-of-Life Expenditure Index
EPÜ	Europäisches Patentübereinkommen
et al.	et alii
EU	Europäische Union
EWG	Europäische Wirtschaftsgemeinschaft
f.	folgende
ff.	fortfolgende
FCKW	Fluorchlorkohlenwasserstoffe
FDA	Food and Drug Administration
FDP	Freie Demokratische Partei

GAmSi	GKV-Arzneimittel-Schnellinformation
gem.	gemäß
ggf.	gegebenenfalls
GKV	Gesetzliche Krankenversicherung
GKV-Spitzenverband	Spitzenverband Bund der Krankenkassen
GMG	GKV-Modernisierungsgesetz
GRV	Gesetzliche Rentenversicherung
G-BA	Gemeinsame Bundesausschuss
HALex	Gesundheits- und Aktivitätseinschränkungsindex
HYEs	Healthy-Years Equivalents
IKK	Innungskrankenkassen
IND	Investigational New Drug
IQWiG	Institut für Qualität und Wirtschaftlichkeit im Gesundheitswesen
i. d. R.	in der Regel
i. v. M.	in Verbindung mit
KBS	Knappschaft-Bahn-See
KKP	Kaufkraftparität
KVdR	Krankenversicherung der Rentner
LKK	Landwirtschaftliche Krankenkassen
Morbi-RSA	morbiditätsorientierter Risikostrukturausgleich
Mrd.	Milliarden
ODA	Orphan Drug Act
OECD	Organisation für wirtschaftliche Zusammenarbeit und Entwicklung
OTC-Arzneimittel	freiverkäufliche Arzneimittel
PF	Produktionsfunktion
PKV	private Krankenversicherung
p-Wert	Überschreitungswahrscheinlichkeit, Signifikanzwert
QALY	qualitätskorrigiertes Lebensjahr
QIO	Quality Improvement Organization
S.	Seite
s.	siehe
SE	Europäische Gesellschaft
SGB	Sozialgesetzbuch
SPD	Sozialdemokratische Partei Deutschlands
SSRI	selektiver Serotonin-Wiederaufnahmehemmer
TRIPS	Übereinkommen über handelsbezogene Aspekte der Rechte am geistigen Eigentum

u. a.	unter anderem
US	vereinigte Staaten
USA	Vereinigte Staaten von Amerika
VAG	Versicherungsaufsichtsgesetz
VaG	Versicherungsverein auf Gegenseitigkeit
VfA	Verband forschender Arzneimittelhersteller
VO	Verordnung
WHO	Weltgesundheitsorganisation
z. B.	zum Beispiel

Formelabkürzungsverzeichnis

AC	Zulassungskosten
AC_{FC}	Gesamtzulassungskosten bei Preisdiskriminierung und Vollversorgung in beiden Ländern
AC_{iFC}	Zulassungskosten in Land bei Preisdiskriminierung und Vollversorgung in beiden Ländern
AC_{FCi}	Gesamtzulassungskosten bei Preisdiskriminierung und Vollversorgung ausschließlich in Land i
AC_{iFCi}	Zulassungskosten in Land i bei Preisdiskriminierung und Vollversorgung ausschließlich in Land i
AC_{PC}	Gesamtzulassungskosten bei Preisdiskriminierung und Teilversorgung in beiden Ländern
AC_{iPC}	Zulassungskosten in Land i bei Preisdiskriminierung und Teilversorgung in beiden Ländern
ΔAC	Zulassungskostenerstattung
ΔAC_i^{FC}	Zulassungskostenerstattung in Land i bei Preisdiskriminierung und bilateraler Vollversorgung
ΔAC_i^{FCi}	Zulassungskostenerstattung in Land i bei Preisdiskriminierung und Vollversorgung ausschließlich in Land i
ΔAC_i^{PC}	Zulassungskostenerstattung in Land i bei Preisdiskriminierung und bilateraler Teilversorgung
$\Delta AC_i^{\max}$	maximale Zulassungskostenerstattung in Land i zur Sicherstellung der Vollversorgung in Land i
ΔBI	Differenz des beobachteten Preisindexes
ΔRI	Differenz des Modellindexes
C	Kosten des pharmazeutischen Unternehmens
GUK	Gini-Koeffizient
γ	Arzneimittelkonsumsubvention
γ^C	Arzneimittelkonsumsubvention bei Preisdiskriminierung und bilateraler Vollversorgung
γ_i^C	Arzneimittelkonsumsubvention in Land i bei Preisdiskriminierung und bilateraler Vollversorgung
$\gamma^{\min}$	minimale Arzneimittelkonsumsubvention bei Preisdiskriminierung und bilateraler Vollversorgung
$\gamma_i^{\min}$	marginale Arzneimittelkonsumsubvention in Land i Preisdiskriminierung und bilateraler Vollversorgung

γ^{D}	Arzneimittelkonsumsubvention bei Preisdiskriminierung und unilateraler Vollversorgung
γ_{i}^{D}	Arzneimittelkonsumsubvention in Land i bei Preisdiskriminierung und unilateraler Vollversorgung
γ_{i}^{ident}	Arzneimittelkonsumsubvention in Land bei Preisdiskriminierung, bilateraler Vollversorgung und identischer Subventionshöhe in beiden Ländern
$\gamma_{FC}^{\max}$	maximale Arzneimittelkonsumsubvention bei bilateraler Vollversorgung
$\gamma^{\max}$	maximale Arzneimittelkonsumsubvention bei Betrachtung eines Landes
$\gamma_{i}^{\max}$	maximale Arzneimittelkonsumsubvention in Land i
γ_{G}^{Z}	Arzneimittelkonsumsubvention der Gesetzlichen Krankenversicherung
γ^{B}	Arzneimittelkonsumsubvention der Bürgerversicherung
$\Delta\gamma_{i}$	Reaktionsbereich der Arzneimittelkonsumsubvention von Land i, Differenz von $\gamma_{i}^{D}-\gamma_{i}^{\min}$
n	Anzahl der Bürger
n_{O}	Anzahl der Bezieher überdurchschnittlicher Einkommen
n_{iO}	Anzahl der Bezieher überdurchschnittlicher Einkommen in Land i
n_{PO}	Anzahl der Bezieher überdurchschnittlicher Einkommen in der privaten Krankenversicherung
n_{GO}	Anzahl der Bezieher überdurchschnittlicher Einkommen in der Gesetzlichen Krankenversicherung
n_{U}	Anzahl der Bezieher unterdurchschnittlicher Einkommen
n_{iU}	Anzahl der Bezieher unterdurchschnittlicher Einkommen in Land i
n_{PU}	Anzahl der Bezieher unterdurchschnittlicher Einkommen in der privaten Krankenversicherung
n_{GU}	Anzahl der Bezieher unterdurchschnittlicher Einkommen in der Gesetzlichen Krankenversicherung
n_{R}	Anzahl der Bürger im reichen Land bzw. Anzahl der reichen Bürger
n_{T}	Anzahl der Bürger im dritte-Welt Land bzw. Anzahl der armen Bürger
η	fixe Zulassungskostenhöhe
p	Arzneimittelpreis

p^{U}	Arzneimittelpreis der Marktdurchdringungsstrategie (Vollversorgung)
p^{O}	Arzneimittelpreis der Hochpreisstrategie (Teilversorgung)
p^{FC}	Arzneimittelpreis ohne Preisdiskriminierung bei Gewährung einer Arzneimittelkonsumsubvention in der Betrachtung eines Landes
P_B	Arzneimittelpreis der Bürgerversicherung
P_G	Arzneimittelpreis der Gesetzlichen Krankenversicherung
P_P	Arzneimittelpreis der privaten Krankenversicherung
π	Gewinn des Arzneimittelherstellers
π_{FC}	Gewinn des Arzneimittelherstellers ohne Preisdiskriminierung bei Vollversorgung in der Betrachtung eines Landes
π_{PC}	Gewinn des Arzneimittelherstellers ohne Preisdiskriminierung bei Teilversorgung in der Betrachtung eines Landes
π_{FC}^{A}	Gewinn des Arzneimittelherstellers ohne Preisdiskriminierung bei Vollversorgung und Gewährung einer Zulassungskostenerstattung in der Betrachtung eines Landes
π_{FC}^{S}	Gewinn des Arzneimittelherstellers ohne Preisdiskriminierung bei Vollversorgung und Gewährung einer Arzneimittelkonsumsubvention in der Betrachtung eines Landes
π_{FC}^{ρ}	Gewinn des Arzneimittelherstellers ohne Preisdiskriminierung bei Vollversorgung und Gewährung einer Forschungs- und Entwicklungskostenerstattung in der Betrachtung eines Landes
π_{PC}^{ρ}	Gewinn des Arzneimittelherstellers ohne Preisdiskriminierung bei Teilversorgung und Gewährung einer Forschungs- und Entwicklungskostenerstattung in der Betrachtung eines Landes
π_{FC}^{D}	Gewinn des Arzneimittelherstellers bei Preisdiskriminierung und Vollversorgung in beiden Ländern
π_{FCi}^{D}	Gewinn des Arzneimittelherstellers bei Preisdiskriminierung und Vollversorgung ausschließlich in Land i
π_{PC}^{D}	Gewinn des Arzneimittelherstellers bei Preisdiskriminierung und Teilversorgung in beiden Ländern
π_{FC}^{B}	Gewinn des Arzneimittelherstellers bei der Bürgerversicherung
ρ	Forschungs- und Entwicklungskostenerstattungssatz
ρ^{*}	Forschungs- und Entwicklungskostenerstattungssatz, der bei Vollversorgung zu einem Wohlfahrtsgewinn führt

s	Arzneimittelqualität
$s_{\min}$	durch die Zulassungskostenhöhe implizierte Mindestarzneimittelqualität
s_{FC}	Arzneimittelqualität ohne Preisdiskriminierung bei Vollversorgung in der Betrachtung eines Landes
s_{PC}	Arzneimittelqualität ohne Preisdiskriminierung bei Teilversorgung in der Betrachtung eines Landes
s_{FC}^{ρ}	Arzneimittelqualität ohne Preisdiskriminierung bei Vollversorgung und Gewährung eines Forschungs- und Entwicklungszuschusses in der Betrachtung eines Landes
s_{PC}^{ρ}	Arzneimittelqualität ohne Preisdiskriminierung bei Teilversorgung und Gewährung eines Forschungs- und Entwicklungszuschusses in der Betrachtung eines Landes
s_{FC}^{D}	Arzneimittelqualität bei Preisdiskriminierung und Vollversorgung beiden Ländern
s_{FCi}^{D}	Arzneimittelqualität bei Preisdiskriminierung und Vollversorgung ausschließlich in Land i
s_{PC}^{D}	Arzneimittelqualität bei Preisdiskriminierung und Teilversorgung beiden Ländern
s_{FCG}^{Z}	Arzneimittelqualität im zweigliedrigen deutschen Gesundheitssystem
s_{FC}^{B}	Arzneimittelqualität in der Bürgerversicherung
σ	Erstattungs- bzw. Subventionsstrategie
U	Nutzen des Arzneimittelkaufs eines Bürgers
U_R	Nutzen des Arzneimittelkaufs eine Bürger in einem reichen Land
U_T	Nutzen des Arzneimittelkaufs eine Bürger in einem dritte-Welt Land
W	Wohlfahrt
W^A	Wohlfahrt bei Gewährung einer Zulassungskostenerstattung
W^S	Wohlfahrt bei Gewährung einer Arzneimittelkonsumsubvention
W_i	Wohlfahrt in Land i
W_i^{FC}	Wohlfahrt in Land i bei Preisdiskriminierung und bilateraler Vollversorgung
W_i^{FCi}	Wohlfahrt in Land i bei Preisdiskriminierung und Vollversorgung ausschließlich in Land i

W_i^{PC}	Wohlfahrt in Land i bei Preisdiskriminierung und bilateraler Teilversorgung
Y	Volkseinkommen
y	Einkommen eines Bürgers
y_O	überdurchschnittliches Einkommen bzw. Einkommen der Gutverdiener
$y_O^{\max}$	maximaler Einkommensunterschied
$y_O^{\min}$	minimaler Einkommensunterschied
$\overline{\overline{y_O^{\min}}}$	minimaler Einkommensunterschied innerhalb der Bürgerversicherung
$\overline{\overline{y_O^{\max}}}$	maximaler Einkommensunterschied innerhalb der Bürgerversicherung
y_U	unterdurchschnittliches Einkommen bzw. Einkommen der Normalverdiener
y_R	Einkommen eines Bürgers in einem reichen Land
y_R^*	minimales Einkommen der Bürger im reichen Land, des Acharyya-García-Alonso-Modell
$\tilde{y}_R$	maximales Einkommen der Bürger im reichen Land, des Acharyya-García-Alonso-Modell
y_T	Einkommen eines Bürgers in einem dritte-Welt Land

1 Einleitung

1.1 Einführung und Problemstellung

Die 25 Gesundheitsminister der Europäischen Union deklarierten im Jahr 2006 Universalität, Zugang zu einer Gesundheitsversorgung von guter Qualität, Gleichbehandlung und Solidarität als gemeinsame Grundwerte der europäischen Gesundheitssysteme; ebenso stellten sie fest, dass die finanzielle Tragfähigkeit ein gemeinsames Grundmerkmal der europäischen Gesundheitssysteme ist, damit die genannten Werte auch künftig gesichert sind *(Rat der Europäischen Union, 2006, S. 34 ff.)*. Dabei beinhaltet das Prinzip der Qualität auch die Förderung von Innovationen *(Rat der Europäischen Union, 2006, S. 36)*. Diese Werte und Prinzipien gelten unter anderem in Form der solidarischen Finanzierung (§ 3 SGB V), des Leistungsanspruchs der Versicherten und des Wirtschaftlichkeitsgebots (§ 12 SGB V) auch für die Gesetzliche Krankenversicherung (GKV) in Deutschland. Allerdings zeigt sich bei diesen Werten und Prinzipien insbesondere ein Spannungsverhältnis zwischen Qualität bzw. Innovationsförderung auf der einen Seite und Wirtschaftlichkeit bzw. finanzieller Tragfähigkeit auf der anderen Seite: Die Aussage *Cutlers und McClellans (2001a, 2001b)* zum positiven Zusammenhang zwischen Innovation (und damit einhergehender Ausgabensteigerung) sowie gesellschaftlichem Nutzen wird zwar von anderen Autoren, wie beispielsweise *Baicker und Chandra (2004)*, infrage gestellt. Nach der Arbeit von *Skinner, Staiger und Fisher (2006)* ist jedoch von einem positiven Zusammenhang zwischen technologischem Fortschritt (und einem damit einhergehenden Ausgabenanstieg) sowie einer gesteigerten Überlebenswahrscheinlichkeit der Patienten auszugehen. Damit besteht ein Zielkonflikt zwischen Qualität und Innovation einerseits und finanzieller Tragfähigkeit andererseits. *Cutler und McClellan (2001a, 2001b)* nehmen weiter an, dass selbst Politikmaßnahmen, die Verschwendungen im Gesundheitssystem reduzieren sollen, den technischen Fortschritt direkt oder indirekt bremsen können. Dieses Dilemma trifft mit dem Wirtschaftlichkeitsgebot und dem Anspruch auf eine Versorgung hoher Qualität auch für das deutsche Gesundheitssystem zu.

Neben den Ausgaben für Krankenhausbehandlungen und ärztliche Behandlungen zählen die Arzneimittelausgaben zu den wesentlichen Ausgaben der GKV. Mit einem Volumen von 42,2 Mrd. Euro im Jahr 2009 *(VfA, 2010, S. 44)* ist der Arzneimittelmarkt einer der bedeutendsten Teilbereiche des deutschen Gesundheitssystems. Auch für diesen Teilbereich konnte beispielsweise mit den Arbeiten von *Lichtenberg (2003, 2004)* oder *Bui und Stolpe (2007, 2010)* ein positiver Effekt der pharmazeutischen Innovationen auf die Lebenserwartung bzw. auf die Verringerung der durch Krankheiten verursachten Arbeitsausfallzeiten gezeigt werden. Als Innovationsanreiz erhalten die Entwickler neuer Arzneimittel Patente, mit denen eine Monopolstellung verbunden ist. Diese wird damit begründet, dass die Neuentwicklung von Medikamenten erheblich kostenintensiver ist als die Entwicklung darauf aufbauender Generika, sodass die Innovatoren entsprechend geschützt werden müssen *(Sloan & Hsieh, 2008, S. 238 f.)*. Mit der Nutzung von Monopolpreisen sind nach gängigem Paradigma jedoch hohe Arzneimittelausgaben *(siehe beispielsweise Kifmann & Neelsen, 2010)* sowie eine Beschränkung des Marktzugangs für Patienten mit geringer Zahlungsbereitschaft bzw. Zahlungsfähigkeit verbunden. Vor dem Hintergrund des über die Versicherungspflicht gelösten Versorgungszugangs werden in der deutschen Öffentlichkeit vor allem die aus hohen Arzneimittelpreisen resultierenden wirtschaftlichen Probleme der Sozialkassen thematisiert, z. B. *Niejahr (2010)* oder *Gesellensetter (2010)*. Obgleich in Deutschland ein Konsens darüber besteht, dass sämtliche Patienten Zugang zu medizinischen Innovationen mit höherem Nutzen haben sollen, wird die Frage aufgeworfen, ob dieser Zugang durch die Anforderung eines minimalen Kosten-Nutzen-Verhältnisses begrenzt werden soll *(Malzahn & Schillinger, 2010, S. 30)*. Damit besteht insbesondere in der Versorgung mit Arzneimitteln das aufgezeigte Spannungsverhältnis zwischen Qualität bzw. Innovation und finanzieller Tragfähigkeit.

Fortlaufende Gesundheitsreformen, beginnend mit dem „Krankenversicherungs-Kostendämpfungsgesetz“ von 1977, spiegeln das Bemühen des Gesetzgebers wider, die Beiträge zur Krankenversicherung konstant zu halten *(Breyer, Zweifel & Kifmann, 2005, S. 1 f.)*. Zu den letzten dieser Reformbemühungen zählt das 2011 in Kraft getretene Gesetz zur Neuordnung des Arzneimittelmarktes (AMNOG), in dem es um die Arzneimittelausgaben der gesetzlichen Krankenkassen und privaten Krankenversicherungen geht. Weitere Reformvorschläge wie die Einführung einer Bürgerversicherung zielen dagegen primär auf die Einnahmeseite der gesetzlichen Krankenkassen ab *(Bündnis 90/Die Grünen, 2013, S. 122 f.)*. Mit einer einheitlichen Honorarordnung für gesetzliche Krankenkassen und private Krankenversicherungen *(SPD, 2013, S. 73)* sind jedoch auch Folgen für die Ausgabenseite abzusehen. Die Einführung von Instrumenten zur Ausgabenbegrenzung ist keine deutsche Besonderheit. So nutzt beispielsweise die Mehrheit der Staaten der Europäischen Union internationale Referenzpreise, um die Arzneimittelkosten auf einem finanziell tragbaren Niveau zu halten *(Kanavos, Vandoros, Irwin, Nicod & Casson, 2011, S. 34 ff.)*. Vor dem Hintergrund der von *Cutler und McClellan (2001a, 2001b)* aufgestellten These, dass solche Politikmaßnahmen den technischen Fortschritt direkt oder indirekt bremsen können, ist damit zu fragen, welchen Einfluss die genannten Maßnahmen auf die Arzneimittelqualität, insbesondere die Qualität der neu entwickelten innovativen Arzneimittel, haben. Da bei den empirischen Studien zum Einfluss der Arzneimittelinnovationen der Einfluss neuer Wirkstoffe und nicht die Arzneimittelqualität direkt im Fokus steht *(Cockburn, 2006; Jayadev & Stiglitz, 2009)*, muss ein Ansatz zur Überprüfung der These auf den Arzneimittelbereich gewählt werden, bei dem die Arzneimittelqualität im Fokus steht.

Ein gesonderter Bereich innerhalb des Arzneimittelmarktes sind die Arzneimittel für die sogenannten seltenen Leiden. Diese Leiden treten so selten auf, dass selbst die zu erwartenden Monopol-Umsätze die Kosten für Forschung und Entwicklung nicht decken können *(Crompton, 2007; Grabowski, 2005, S. 203)*. Da die Industrie kaum Anreize hat, Arzneimittel für seltene Leiden zu entwickeln, haben Patienten mit seltenen Leiden, im Gegensatz zu Patienten mit Leiden hoher Häufigkeit, geringen Zugang zu Arzneimitteln *(Lichtenberg & Waldfogel, 2003, S. 12)*. Um den Zugang zu Arzneimitteln für Patienten mit seltenen Leiden zu gewährleisten, implementierten die Gesetzgeber in der USA bzw. in Europa mit dem Orphan Drug Act (ODA) bzw. der Verordnung (EG) Nr. 141/2000 weitere Innovationsanreize, wobei die Gesetzgeber unterschiedliche Innovationsanreize nutzen. Hinsichtlich der Anzahl der Anträge auf Anerkennung des Status als Arzneimittel für seltene Leiden kann die europäische Verordnung als Erfolg beurteilt werden *(Crompton, 2007, S. 200)*. Dieser Erfolg wird jedoch von anderen Autoren infrage gestellt. So verweist z. B. *Rzakhanov (2008, S. 674)* darauf, dass durch die Gesetze ein Anreiz besteht, Arzneimittel zunächst zur Behandlung von seltenen Leiden einzuführen, um entsprechende Förderungen zu erhalten, und anschließend das Behandlungsfeld auszuweiten. Bei dieser Diskussion wird jedoch wiederum die Qualitätsdimension nicht berücksichtigt, sodass zu fragen ist, welchen Einfluss die staatlichen Anreize auf die Arzneimittelqualität haben.

1.2 Forschungsfragen

Für die Bewertung der Innovationsförderung ist zunächst zu klären,

1. ob die gewählten staatlichen Innovationsanreize geeignet sind, die Arzneimittelqualität zu steigern.

Daran schließen sich die folgenden Fragestellungen an:

1.1. Unterscheiden sich die staatlichen Innovationsanreize in ihrer Wirkung auf die Arzneimittelqualität, d. h., sind einzelne Anreize anderen bezüglich der zu erwartenden Arzneimittelqualität überlegen?
1.2. Beinhaltet der ODA oder die VO (EG) Nr. 141/2000 die stärkeren Anreize zur Arzneimittelqualitätssteigerung?

Auf der anderen Seite kann die oben angeführte These von *Cutler und McClellan (2001a, 2001b), dass* verschwendungsbekämpfende Politikmaßnahmen den Fortschritt bei Arzneimittel beeinträchtigen, zunächst für Deutschland überprüft werden. Hieraus folgt die Frage:

2. Wie wirken die erfolgten und avisierten Reformen auf die Arzneimittelqualität?[1]

Diese Frage gliedert sich in drei Einzelfragen:

2.1. Wie wirkt das zweigliedrige deutsche Gesundheitssystem auf die Arzneimittelqualität?
2.2. Welche Änderung der Arzneimittelqualität ist durch die Neuerungen des AMNOG zu erwarten?
2.3. Welche Änderung der Arzneimittelqualität ist durch eine Bürgerversicherung zu erwarten?

Im Hinblick auf die Nutzung internationaler Referenzpreise in den meisten Ländern der Europäischen Union ist zur Überprüfung der oben genannten These weiter zu fragen,

3. wie sich die Referenzpreisnutzung auf die Arzneimittelqualität auswirkt, d. h., ob die Nutzung von Referenzpreisen zur Fortschrittsreduktion in Form einer geringeren zu erwartenden Arzneimittelqualität führt. Damit ist zu klären:
   3.1. Kann eine effiziente Versorgung mit innovativen Arzneimitteln bei den vorliegenden Preisunterschieden patentgeschützter Arzneimittel zwischen den Ländern der Europäischen Union gewährleistet sein?
   3.2. Sind Referenzpreissysteme eine effiziente Methode, die Versorgung mit innovativen Arzneimitteln innerhalb Europas zu gewährleisten?

---

1 Im Hinblick auf die Organisation des deutschen Gesundheitssystems lässt sich die Frage auch wie folgt formulieren: Hat die Aufteilung der Gesundheitsausgaben auf verschiedene Kostenträger Einfluss auf die Qualität innovativer Arzneimittel?

1.3 Aufbau der Arbeit

Abbildung 1.1: Struktur der Arbeit

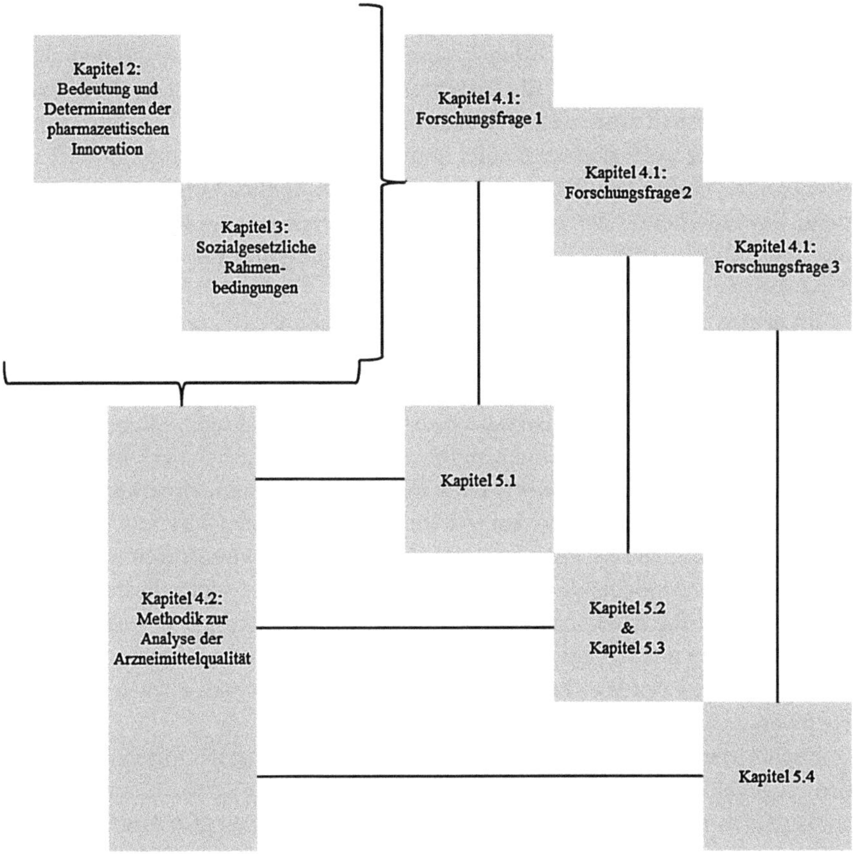

Quelle: Eigene Darstellung.

Der Aufbau der Arbeit wird aus Abbildung 1.1 ersichtlich. In Kapitel 2 wird zunächst die Bedeutung des pharmazeutischen Fortschritts für die Gesellschaft herausgestellt. Anschließend wird der pharmazeutische Innovationsprozess näher beleuchtet und die Determinanten der pharmazeutischen Forschung werden benannt, wodurch einerseits Forschungslücken und andererseits die Rahmenbedingungen der späteren Analyse herausgearbeitet werden. Dazu werden zunächst allgemeiner die Effekte des medizinisch-technischen Fortschritts auf Behandlungserfolg und Behandlungskosten dargestellt. Hier wird insbesondere die These des positiven Einflusses des medizinisch-technischen Fortschritts auf Behandlungserfolg und -kosten der Gegenthese der geringen Behandlungsqualität bei steigenden Gesundheitsausgaben gegenübergestellt und in der Synthese zum Vergleich der Steigerung der Überlebenswahrscheinlichkeit bei technischen Fortschritt und steigenden Kosten zusammengeführt. Aufbauend auf den allgemeinen Betrachtungen wird die Bedeutung des pharmazeutischen Fortschritts für die Gesellschaft aufgezeigt. Im Anschluss wird im zweiten Teil des Kapitels der Begriff der Arzneimittelqualität gegenüber dem Begriff der innovativen Arzneimittel abgegrenzt. Weiter wird der Arzneimittelforschungsprozess dargestellt, Besonderheiten der pharmazeutischen Forschung werden erläutert und die Determinanten der pharmazeutischen Forschung und Entwicklung werden herausgearbeitet.

Im dritten Kapitel werden sozialgesetzliche Rahmenbedingungen thematisiert, um Anforderungen an die Modellbildung zu ermitteln. Dazu wird zunächst die Finanzierung von Gesundheitsleistungen, zu denen auch die Arzneimittelausgaben zählen, beleuchtet. Darauf aufsetzend wird die Arzneimittelpreisbildung näher betrachtet. Das Kapitel endet mit einem internationalen Vergleich der Gesundheitsausgabenfinanzierung und relevanter Aspekte der Arzneimittelpreisregulierung. Im Rahmen des 3. Kapitels werden weitere Forschungsfragen aufgeworfen.

Das vierte Kapitel fasst die zuvor aufgeworfenen Forschungsfragen und Anforderungen an die Modellbildung zusammen. Auf dieser Basis erfolgt die Einordnung der Modellbildung in die Literatur zu Qualitätsentscheidungen in Angebotsmonopolen. Bevor notwendige Erweiterungen der bestehenden Modelle herausgearbeitet werden, werden die zugrundeliegende Modellstruktur sowie bisherige Forschungsergebnisse dargestellt.

Kapitel 5 beinhaltet die modelltheoretische Untersuchung der forschungsleitenden Fragestellungen. Die Forschungsfragen werden sukzessive in drei aufeinander aufbauenden Untersuchungsabschnitten bearbeitet, in denen jeweils aus den Forschungsfragen resultierende Modellerweiterungen erfolgen. Mit Hilfe der Modellerweiterungen werden die einzelnen Forschungsfragen schließlich beantwortet und Handlungsempfehlungen für die Gesundheitspolitik abgeleitet. Limitationen der Betrachtung und mögliche Anknüpfungspunkte künftiger Forschung werden herausgestellt.

Das letzte Kapitel fasst die Untersuchung im Hinblick auf die Anforderungen an die Modellbetrachtung und die Ergebnisse zusammen. Auch die gesundheitspolitischen Handlungsempfehlungen werden noch einmal zusammengefasst. Zuletzt wird auf bestehende Limitationen der vorliegenden Arbeit eingegangen und ein Ausblick auf die sich aus der Untersuchung ergebenden weiterführenden Forschungsansätze vorgenommen.

Erste Ergebnisse dieser Arbeit zur Wirkung der Bürgerversicherung auf die Arzneimittelqualität bzw. zur Wirkung staatlicher Innovationsanreize auf die Qualität von Arzneimitteln für seltene Leiden wurden bereits in *Rohlf (2013)* bzw. *Nguyen und Rohlf (2013)* vorab publiziert.[2] Darüber hinaus wurden Überlegungen zur Effizienz europäischer Referenzpreissysteme vom Verfasser auf der 6th ISRICH Conference 2012 Paris (Frankreich) sowie auf der 10th EBES Conference 2013 Istanbul (Türkei) präsentiert.

2 Inhaltlich identisch mit dem deutschsprachigen Aufsatz von *Rohlf (2013)* ist der englischsprachige Aufsatz von *Nguyen und Rohlf (2012)*, der hinsichtlich der Einordnung innovativer Arzneimittel in die frühe Nutzenbewertung leichte Ergänzungen beinhaltet.

2 Bedeutung und Determinanten pharmazeutischer Innovation

2.1 Die Bedeutung von medizinischen/pharmazeutischen Innovationen für die Gesellschaft

Der medizinisch-technische Fortschritt und insbesondere die pharmazeutische Innovation werden kontrovers diskutiert. Zwar besteht insgesamt Einigkeit über den sozialen Wert von Innovationen im Gesundheitssystem, dabei wird jedoch vielfach in Frage gestellt, ob der Zusatznutzen neuer Behandlungen und Medikamente deren höhere Kosten rechtfertigen. Insgesamt zeigen sich zwei zunächst gegensätzlich erscheinende Literaturstränge: Ein Teil der Studien attestiert eine positive Wirkung von Innovation (mit einhergehenden Ausgabensteigerungen) für die Gesellschaft anhand von Zeitreihenbetrachtungen. Diese sind zum Teil in die Metastudie von *Cutler und McClellan (2001a, 2001b)* aufgenommen und werden im Abschnitt 2.1.1.1 vertieft. Dagegen liefern Querschnittsstudien das Ergebnis, dass höhere Gesundheitsausgaben entweder keinen Einfluss auf die Behandlungsqualität haben oder sogar zu einer geringeren Behandlungsqualität führen. Diese Studien werden im Abschnitt 2.1.1.2 näher betrachtet.

Die beiden Thesen werden schließlich mit der Arbeit von *Skinner, Staiger und Fisher (2006)* in Abschnitt 2.1.1.3 zusammengeführt. Die anschließenden Studien, die die Implikationen neuer Arzneimittel für die Gesellschaft betreffen, werden in Abschnitt 2.1.2 dargestellt.

2.1.1 Effekte des medizinisch-technischen Fortschritts auf Behandlungserfolg und Behandlungskosten

2.1.1.1 Die These des positiven Einflusses des medizinisch-technischen Fortschritts auf Behandlungserfolg und Behandlungskosten

Cutler und McClellan (2001a, 2001b) befassen sich in ihren Meta-Studien mit dem Kosten-Nutzen-Verhältnis des technischen Fortschritts, indem sie den Kosten des technischen Fortschritts den abdiskontierten Nutzen gegenüberstellen: Sie unterscheiden zunächst zwei Effekte einer neuen Behandlungsmöglichkeit: zum einen die Substitution der alten Behandlungsmethode[3] und zum anderen den häufig

3 Der technologische Fortschritt ist unstrittig sinnvoll, wenn das Behandlungsergebnis bei maximal gleichen Kosten erhöht wird oder die Kosten bei mindestens gleichem

übersehenen Effekt der Behandlungsausweitung. Letzterer führt nahezu immer zu einer Ausgabensteigerung. In ihrer Metastudie betrachten *Cutler und McClellan (2001a, 2001b)* die Kosten-Nutzen-Relationen der Behandlung von Herzinfarkten, untergewichtigen Neugeborenen, Depressionen, Grauem Star und Brustkrebs.

Die **Herzinfarkt**-Daten basieren auf Medicare[4]-Abrechnungen zwischen 1984 und 1998 und sind in Preise des Jahres 1993 umgerechnet worden.[5] Zwischen 1984 und 1998 stiegen die (durchschnittlichen) Behandlungskosten für Herzanfälle um US-$ 10.000 pro Fall. Diese Kostensteigerungen werden auch durch Änderungen bei der Wahl der Behandlung und Preissteigerungen verursacht. Über die Hälfte dieses Preisanstiegs ist jedoch durch technologischen Fortschritt begründet. Dagegen stieg die erwartete Restlebensdauer der Herzanfall-Patienten in diesem Zeitraum von unter 5 Jahren auf bis 6 Jahre. Den Wert dieses zusätzlichen Lebensjahres beziffern *Cutler und McClellan (2001a)* mit US-$ 100.000[6], eine Qualitätsanpassung erfolgt nicht. Davon entfallen circa US-$ 25.000 auf den Konsum der Patienten, die in der Regel nicht mehr arbeiten, so dass die restlichen US-$ 75.000 die Vorteile der Gesellschaft darstellen. In einem weiteren Aufsatz aus dem gleichen Jahr verweisen *Cutler und McClellan (2001b, S. 282)* hingegen darauf, dass die geringere Bewertung mit US-$ 75.000 entsprechend des QALY[7]-Ansatzes durch die geringere Lebensqualität aufgrund der schweren Erkrankung begründet ist, d. h., ein Wert von 0,75 auf der Wohlbefindensskala angenommen wird. Nach *Cutler und McClellan (2001a)* folgt ein Barwert des technischen Fortschritts in Höhe

---

Behandlungsergebnis gesenkt werden. Eine negative Wirkung entfaltet der technische Fortschritt, falls das Behandlungsergebnis bei minimal gleichen Kosten gesenkt wird. Steigen sowohl Behandlungskosten als auch Behandlungsergebnis ist eine nähere Betrachtung notwendig.

4 Medicare ist die Pflichtkrankenversicherung für ältere und behinderte Personen in den Vereinigten Staaten von Amerika (USA).

5 Die Ergebnisse basieren sowohl bei *Culter und McClellan (2001a)* als auch bei *Cutler und McClellan (2001b)* auf den Studien von *Cutler, McClellan, Newhouse und Remler (1998)* und *Cutler, McClellan, Newhouse und Remler (2001)*. Die wesentlichen Aussagen der Aufsätze werden in Tabelle 2.1 zusammengefasst.

6 Diese Bewertung entspricht der Bewertung von *Laupacis, Feeny, Detsky & Tugwell (1992)*.

7 Der populärste Ansatz zur Messung der Kosteneffektivität sind Kosten pro **Quality Adjusted Life Year (QALY)** *(Breyer, Zweifel, & Kifmann, 2005, S. 26)*. Die Berechnung der QALYs kann als Produkt aus der Dauer eines Gesundheitszustands mal Bewertung des Zustands (Utilbewertung bzw. Wohlbefindensskala) erfolgen, wobei die Konvention die Utilbewertung zwischen 0 und 1schwanken lässt, hierbei steht 0 für Indifferenz zwischen Leben und Tod und 1 für vollständige Gesundheit bzw. Genesung *(Laupacis et al., 1992, S. 477)*.

von US-$ 70.000. Demgegenüber stehen Kosten des technischen Fortschritts in Höhe von US-$ 10.000 und somit eine Nettonutzen von US-$ 60.000. Dagegen berechnen die Autoren an anderer Stelle eine Kostensteigerung von US-$ 7.000 und aufgrund von Produktivitätssteigerungen einen Nettonutzen von US-$ 87.000 *(Cutler & McClellan, 2001b, S. 282)*. Am qualitativen Ergebnis der Berechnung ändert dies nichts.

Auch für den technischen Fortschritt in der Behandlung **untergewichtiger Neugeborener** lässt sich ein erheblicher Barwert des technischen Fortschritts ermitteln.[8] Dabei stiegen die Behandlungskosten zwischen 1950 und 1990 um US-$ 40.000, während sich die erwartete Lebensdauer in diesem Zeitraum um etwa zwölf Jahre bzw. 10,5 qualitätskorrigierte Lebensjahre (QALY) erhöhte, womit ein Barwert von US-$ 240.000 bzw. einem Nettonutzen von US-$ 200.000 verbunden ist.[9] Die Vorteile betragen das Sechsfache der Kosten.

Die Behandlungskosten je partieller Remission **depressiver Symptome** konnten zwischen 1991 und 1996 um 20 % gesenkt werden.[10] Den Rückgang der Behandlungskosten erklären *Frank, McGuire, Normand und Goldman (1999, S. 83)* durch die Einführung selektiver Serotonin-Wiederaufnahmehemmer (SSRI). Darüber hinaus kam es zu einer Behandlungsausweitung, da zeitgleich Depressionen das Stigma genommen wurde. Später ergänzen *Cutler und McClellan (2001a)* noch eine Kosten-Nutzen-Bewertung: Die Behandlung einer Depression kostet circa US-$ 1.000,[11] demgegenüber stehen Wohlfahrtszuwächse in Höhe von US-$ 6.000

8 Die Ergebnisse von *Cutler und McClellan (2001a, 2001b)* basieren jeweils auf der Studie von *Cutler und Meara (2000)*, deren wesentliche Ergebnisse in Tabelle 2.1 zusammengefasst werden.

9 An anderer Stelle kommen *Cutler und McClellan (2001b)* mit einem Nettonutzen von US-$ 199.000 bei Behandlungskosten von US-$ 39.000 nahezu zum gleichen Ergebnis.

10 Die Ergebnisse basieren auf den Studien von *Berndt, Bir, Busch, Frank und Normand (2000), Frank, McGuire, Normand und Goldman (1999)* sowie *Berndt, Busch und Frank (2001)*, wobei in der früheren Studie von *Cutler und McClellan (2001b)* nur auf *Berndt et al. (2000)* verwiesen wird. Die Ergebnisse des Working Papers von *Berndt et al. (2000)* wurde später in *Berndt, Bir, Busch, Frank und Normand (2002)* publiziert. Die wesentlichen Ergebnisse der Studien werden wiederum in Tabelle 2.1 dargestellt.

11 Dagegen berechnen *Frank et al. (1999)* durchschnittliche Ausgaben für jeden depressionsfreien Fall von US-$ 1.976, woraus sie Grenzkosten der Depressionsfreiheit von US-$ 6.031 berechnen. *Berndt et al. (2000, 2002)* berechnen wiederum durchschnittliche Behandlungskosten einer schweren Depressivenepisode von US-$ 473 und folgern hieraus Grenzkosten der Depressionsfreiheit von US-$ 5.909 bzw. Grenzkosten der partiellen Remission von US-$ 3.377.

durch die Verbesserung der Lebensqualität[12] über einen Zeitraum von acht Wochen, um den die akute Phase einer schweren Depression reduziert werden kann. Auch hier führt der technische Fortschritt zu erheblichen Gewinnen.[13]

Aufgrund der geringeren Behandlungszeit und des geringeren Krankenhausaufenthalts sind die Gesamtbehandlungskosten für die Behandlung des **Grauen Stars**, trotz gestiegener Gebühren und einem Ansteigen der einzelnen Kosten, seit 1960 weniger stark angewachsen als das allgemeine Preisniveau *(Cutler & McClellan, 2001a, 2001b)*.[14] Andererseits sind ein Rückgang der Komplikationen sowie eine Verbesserung der Behandlungsergebnisse zu verzeichnen. Insgesamt steht der Nutzen des technischen Fortschritts damit vollkommen außer Frage.

1996 wurde **Brustkrebs** deutlich häufiger diagnostiziert als 1985.[15] Dieser Anstieg ist vor allem auf eine bessere Diagnose zurückzuführen. *Cutler und McClellan (2001b)* unterschieden zunächst noch zwischen Fallmethode und Populationsmethode: Bei der Fallmethode werden Lebenserwartung und Behandlungskosten der Patientinnen in den Jahren 1985 und 1991 verglichen. Dabei berechnen sie eine Steigerung der Überlebensdauer je Fall in Höhe von acht Monaten, bewertet mit US-$ 34.886, und eine Erhöhung der Behandlungskosten um US-$ 5.351. Der Nettonutzen des technologischen Fortschritts bei der Brustkrebsbehandlung ist demnach klar positiv. Bei der Populationsmethode wird die durchschnittliche Behandlungskostenänderung mit dem durchschnittlichen Lebenserwartungsanstieg innerhalb der Population verglichen. Dabei berechnen *Cutler und McClellan (2001b)* einen Anstieg der Lebenserwartung

---

12 Die Verbesserung der Lebensqualität durch die Verminderung der Symptome bei einer Depression wird in verschiedenen Studien bewertet. Vgl. beispielsweise *Sackett und Torrance (1978), Anton und Revicki (1995), Murray und Lopez (1996)*. Dabei schwanken die Bewertungen für die Verbesserung der Lebensqualität zwischen 0,1 und 0,6 auf der Wohlbefindensskala. Mit einer Bewertung von 0,4 folgt für die Berechnung der Lebensqualitätsverbesserung: 0,4*8/52*US-$ 100.000 = US-$ 6.000. Einen Überblick zu depressionsbezogenen gesundheitsökonomischen Studien geben *Jones und Cockrum (2000)*.

13 Während *Berndt et al. (2000, 2002)* auf eine Gegenüberstellung des Nutzens verzichten, stellen *Frank et al. (1999)* darauf ab, dass die Grenzkosten einer vollständigen Remission US-$ 14.710/QALY betragen.

14 Die Ergebnisse basieren in beiden Aufsätzen auf der Studie von *Shapiro, Shapiro und Wilcox (2001)*, deren wesentliche Aussage in Tabelle 2.1 zusammengefasst wird.

15 Beide Kosten-Nutzen-Aufsätze beziehen sich auf die Ergebnisse des nicht veröffentlichten Working-Papers von *Cutler und McClellan (2001c)*, wobei in Cutler und *McClellan (2001b)* der Zeitraum zwischen 1985 und 1991 analysiert wird, während in *Cutler und McClellan (2001a)* der Zeitraum zwischen 1985 und 1996 betrachtet wird.

um zwei Monate, bewertet mit US-$ 10.997, und eine Kostensteigerung der Behandlung um US-$ 8.872. Damit kann kein deutlicher Anstieg des Nettonutzens infolge neuer Behandlungsverfahren festgestellt werden. In ihrem späteren Aufsatz nutzen *Cutler und McClellan (2001a)* nur noch die Populationsmethode und berechnen für den Zeitraum von 1985 bis 1996 einen Anstieg der Lebenserwartung nach einer Brustkrebsdiagnose um vier Monate, bewertet mit US-$ 20.000. Dem steht ein Kostenanstieg des technischen Fortschritts ebenfalls in Höhe von US-$ 20.000 gegenüber. In diesem Fall führt technischer Fortschritt nicht zu einem positiven Effekt, ist jedoch auch nicht mit einer Schädigung verbunden.

Aufgrund der jeweiligen Kosteneffektivität des medizinischen Fortschritts im Bereich der Behandlung von Herzinfarkten, untergewichtigen Neugeborenen, depressiven Symptomen, Grauem Star sowie Brustkrebs gehen *Cutler und McClellan (2001a, 2001b)* davon aus, dass der medizinische Fortschritt insgesamt kosteneffizient ist. Aus den obigen Ergebnissen zur Brustkrebsbehandlung der Zeiträume von 1985 bis 1991 und 1985 bis 1996 lässt sich berechnen, dass die Erhöhung der Lebenserwartung um weitere zwei Monate zwischen 1991 und 1996 mit US-$ 9.003 bewertet wird, während die Behandlungskosten um US-$ 11.128 steigen. Hier kehrt sich der Effekt um, d.h., mit dem technischen Fortschritt ist ein Nettoverlust verbunden. Dies könnte ein Hinweis darauf sein, dass auch für den Fortschritt in der Medizin, zumindest jedoch für die Ausweitung der Behandlung ein **abnehmender Grenzertrag** gilt. *Cutler und McClellan (2001a, S. 25–26)* wenden hier jedoch ein, dass Politikmaßnahmen, die Verschwendung bekämpfen und den Mehrwert von Behandlungen erhöhen, direkt oder indirekt den technischen Fortschritt bremsen können.

Dagegen gab es bei der Behandlung anderer Krankheiten wie zum Beispiel der rheumatischen Arthritis bisher keine medizinischen Durchbrüche wie etwa die SSRI bei Depressionen oder Angiotensin-konvertierendes-Enzym-Hemmer (ACE-Hemmer) bei Bluthochdruck *(Cockburn & Anis, 2001, S. 439)*. *Murphy und Topel (2003)* untersuchen den ökonomischen Wert medizinischer Forschung. Ihr Ansatz basiert auf der Lebenszeiteinkommenshypothese. Aus ihrer theoretischen Analyse lassen sich drei Schlussfolgerungen ableiten: Aufgrund des Diskontierungseffekts ist der Wert der überlebenssteigernden medizinischen Innovationen für einen bestimmten Altersabschnitt unmittelbar vor Erreichen dieses Abschnitts im Lebenszyklus am höchsten. Zweitens erhöht ein Anstieg der Überlebenswahrscheinlichkeit den Wert späterer medizinischer Innovationen, da mit höherer Wahrscheinlichkeit von ihnen profitiert werden kann. Drittens steigt auch das optimale Ausgabenniveau für medizinischen Fortschritt mit zunehmendem Wohlstand.

Aus der aggregierten Betrachtung für eine gesamte Volkswirtschaft folgt weiter, dass der Wohlfahrtsgewinn medizinischen Fortschritts sich proportional zur Bevölkerungsgröße verhält und dass die Wohlfahrtsgewinne größer sind, falls der Modus der Altersverteilung der Bevölkerung (direkt) vor der Spanne mit den größten Sterblichkeitsratenrückgängen liegt. Für die USA ermitteln *Murphy und Topel (2003)* einen so erheblichen langlebigkeitsbezogenen Wohlfahrtsgewinn, dass die Berücksichtigung der Langlebigkeit im Inlandsprodukt der USA in diesem Zeitraum zur Erhöhung des Outputs um etwa 50 % führte. Dabei ist nicht nur der medizinische Fortschritt ein Faktor der gesteigerten Langlebigkeit. Im Vergleich zeigt sich, dass sich der Wert des Wohlfahrtsgewinns der Langlebigkeit auf 250 % des Kostenanstiegs im Gesundheitssystem beläuft. Dabei ist jedoch fraglich, wie hoch der Anteil der medizinischen Forschung an der gesteigerten Langlebigkeit ist.

2.1.1.2 Die Gegenthese der geringeren Behandlungsqualität bei steigenden Gesundheitsausgaben

Dem dargestellten positiven Zusammenhang zwischen Qualität, Innovation, Behandlungskosten, Behandlungsausweitung sowie dem Behandlungserfolg (Steigerung der QALYs) stehen einerseits grundsätzlich Überlegungen zur Exaktheit von Kosteneffizienzstudien gegenüber. Diese grundsätzliche Kritik an der gesundheitsökonomischen Evaluation stellt die Ergebnisse *Cutlers und McClellans (2001a, 2001b)* hinsichtlich ihrer Exaktheit und ihrer Verallgemeinerung implizit in Frage. Darüber hinaus stehen den Ergebnissen von *Cutler und McClellan (2001a, 2001b)* auch Studien gegenüber, die keinen positiven Zusammenhang zwischen Behandlungsqualität und Behandlungskosten belegen können.

Zwar erkennen *Skinner, Fisher und Wennberg (2005)* an, dass für einzelne Krankheiten gezeigt werden konnte, dass der technologische Fortschritt zu erheblichen Wohlfahrtsgewinnen führte. Sie bezweifeln jedoch, ob sich diese Muster zu einem Paradigma zusammen fassen lassen *(Skinner et al., 2005, S. 130).* Um dies zu untersuchen, prüfen sie, ob für die Medicare- und die sonstigen Gesundheitsausgaben in den USA ein abnehmender Grenznutzen gilt. Hierbei unterscheiden sie drei Inputdimensionen der medizinischen Versorgung *(Skinner et al., 2005, S. 135–136)*:

1. die effiziente Pflege, d. h. Behandlungen, deren Effekt durch klinische Studien belegt ist, und die nahezu alle Betroffenen erhalten sollten.
2. präferenzabhängige Behandlungen, d. h. Behandlungsoptionen, bei denen Opportunitätskosten in Form von Risiken eine erhebliche Rolle spielen. Diese Behandlungen haben in der Regel einen wesentlichen Einfluss auf die Lebensqualität jedoch kaum einen Einfluss auf die Lebensdauer. Die Verbesserung

der Lebensqualität durch verschiedene Behandlungen kann nicht gemessen werden.
3. angebotsabhängige Behandlungen, d. h. Behandlungen, deren medizinischer Nutzen kaum durch Studien belegt ist und bei denen die Behandlungszahl mit den zur Verfügung stehenden Ressourcen im Zusammenhang steht.

Skinner et al. (2005, S. 153) ermitteln letztlich, dass die Ausgaben für die erste Kategorie der medizinischen Versorgung zu gering sind, während die Ausgaben für die dritte Kategorie, etwa ein Fünftel der Medicare-Ausgaben, keinen Einfluss auf die Unterschiede der Überlebensraten zwischen den Regionen haben und daher als ineffizient angesehen werden müssen. Hierbei ist jedoch kritisch anzumerken, dass *Cutler und McClellan (2001a, 2001b)* mit dem QALY-Konzept auch die Lebensqualität der Patienten berücksichtigen, während *Skinner et al. (2005)* die Qualitätsdimension nicht berücksichtigen. Ohne Berücksichtigung der Qualitätsdimension wird der Wohlfahrtsgewinn der effizienten Pflege überschätzt, während eine mögliche Verbesserung der Lebensqualität der dritten Kategorie nicht berücksichtigt wird und deren Wohlfahrtseffekt unterschätzt werden kann.

Fisher et al. (2003a, 2003b) untersuchen für die USA den Einfluss höherer Gesundheitsausgaben auf Versorgungsqualität, Lebensqualität und Sterblichkeit: Dazu bilden sie zunächst anhand des nach Regionen differenzierten End-of-Life-Expenditure Index (EOL-EI), Medicare-Ausgaben-Quintile und Subgruppen (Hüftfraktur, Darmkrebs, Herzinfarkt, aktuelle Medicare-Anspruchsberechtigte). Gemessen an Behandlungsstandards stellen Regionen mit höherem Ausgabenindex keine bessere Qualität der Versorgung bereit *(Fisher et al., 2003a, S. 283)*. Vielmehr ist der Ausgabenunterschied durch die unterschiedliche ärztliche Versorgung begründet. Während die Medicare-Patienten in den Regionen mit hohem Preisindex häufiger von Fachärzten behandelt werden, erfolgt die Behandlung in den Regionen mit geringerem Preisindex häufiger durch Hausärzte *(Fisher et al., 2003a, S. 283 f.)*. Bei Überprüfung der Korrelation von Ausgabenindex und Sterblichkeit zeigt sich, dass in keiner der Subgruppen ein Ausgabenanstieg mit geringerer Sterblichkeit innerhalb des nächsten Jahres einhergeht. Mit einem Anstieg der Ausgaben geht auch kein höherer Stand im Gesundheits- und Aktivitätseinschränkungsindex (HALex)[16] einher, d. h. die Ausgabenhöhe hat keinen Einfluss auf die Lebensqualität *(Fisher et al., 2003b, S. 291 f.)*. Ein höheres Ausgabenniveau geht somit nicht mit einer Steigerung der QALYs einher. Dies steht im Widerspruch zu den Ergebnissen von *Cutler und McClellan (2001a, 2001b)*.

16 Der HALex kann analog zur Wohlbefindensskala dazu genutzt werden, um QALYs zu berechnen *(Erickson, 1998)*.

Nach *Baicker und Chandra (2004)* besteht zwischen Medicare-Ausgaben und Qualität sogar ein signifikant negativer Zusammenhang, d. h., mit steigenden Ausgaben sinkt die bereitgestellte Qualität. Dabei werden als Qualitätsindikator die 24 Qualitätsmaßstäbe der Quality Improvement Organization (QIO) verwendet.[17] *Cooper (2009, S. w103 ff.)* stellt dagegen in Frage, ob die Nutzung der Medicare-Ausgaben allein ein guter Indikator für die Gesundheitsausgaben insgesamt ist: Dabei wird für Qualität wiederum auf Jencks Skala *(Jencks et al., 2000)* rekurriert. Die statistischen Ergebnisse von *Baicker und Chandra (2004)*, wonach steigende Ausgaben mit einer geringeren Behandlungsqualität verbunden sind, können ebenfalls für weitere Behandlungsqualitätsmessungen sowie für sozioökonomische Unterschiede bereinigte und unbereinigte Medicare-Ausgaben des Jahres 2000 und unbereinigte Ausgaben des Jahres 2004 bestätigt werden. Zwischen der Höhe der übrigen Gesundheitsausgaben und dem Qualitätsrangplatz besteht dagegen ein negativer Zusammenhang, d. h., mit steigenden nicht durch Medicare finanzierten Gesundheitsausgaben steigt auch die Behandlungsqualität. Dies gilt auch für die gesamten Gesundheitsausgaben. Je größer die Medicare-Ausgaben im Verhältnis zu den nicht-Medicare-Ausgaben sind, desto geringer ist die Behandlungsqualität *(Cooper, 2009)*.

Forschungsfrage Hat die Aufteilung der Gesundheitsausgaben auf verschiedene Kostenträger Einfluss auf die Qualität der Gesundheitsleistungen, insbesondere auf die Arzneimittelqualität?

Skinner et al. (2009) kritisieren *Coopers (2009)* Datengrundlage: Nach ihrer Ansicht sollten Medicare und die übrigen Gesundheitsausgaben ähnlich sein, zum einen aufgrund der unterschiedlichen Lebenshaltungskosten in den Bundesstaaten, die nicht nur Medicare-Patienten betreffen. Darüber hinaus unterscheiden sich auch Krankheitsniveaus und Behandlungsintensität nicht. Tatsächlich sind jedoch Medicare-Ausgaben und die restlichen Gesundheitsausgaben unkorreliert, das legt den Schluss, dass entweder die Datengrundlage nicht verlässlich ist

17 Die Qualitätsrangfolge geht auf *Jencks et al. (2000)* zurück: Aus der Behandlung von Herzinfarkten, Brustkrebs, Diabetes, Herzinsuffizienz, Lungenentzündungen und Schlaganfällen werden 24 Behandlungsprozessmaße abgeleitet. Diese werden mit Behandlungsdaten aus den Medicare Krankenhausabrechnungen (Herzinfarkt, Herzinsuffizienz, Vorhofflimmern, Schlaganfall und Lungenetzündung), dem Medicare Fee for Service Programm (Brustkrebs und Diabetes) abgeglichen. Aus den einzelnen Behandlungsprozessmaßen wird eine Rangfolge der Bundesstaaten gebildet.

oder etwas anderes misst als die Inanspruchnahme von Versorgung *(Skinner et al., 2009)*. Auch Unterstützungsprogramme sind Bestandteil der Gesamtausgaben, sodass die Datengrundlage insgesamt ungeeignet ist *(Skinner et al., 2009, S. w121)*. Nach Ansicht von *Skinner et al. (2009)* ist der ermittelte positiver Zusammenhang zwischen den gesamten Gesundheitsausgaben und Behandlungsqualität durch höheres Sozialkapital infolge umfassender Unterstützungsprogramme begründet. Ärzte in diesen Regionen setzen effiziente Behandlungsmethoden früher ein, was den Zusammenhang zwischen Ausgaben und Behandlungsqualität erklärt *(Skinner et al., 2009, S. w121–w122)*. Tabelle 2.1 fasst wesentliche Teile der betrachteten Literatur hinsichtlich

(1) Autoren,
(2) einer positiven oder negativen Implikation von Innovationen bzw. Gesundheitsausgaben für die Gesellschaft,
(3) der Berücksichtigung der Lebensqualität der Patienten,
(4) der Nutzung eines Preisindexes,
(5) der Berücksichtigung von Zeitreihen- und/oder
(6) Querschnittsdaten sowie
(7) der wesentlichen Aussage(n) zusammen.

Tabelle 2.1: Studien zu Innovationen im Gesundheitssystem[18]

Studie	**(2)**	**(3)**	**(4)**	**(5)**	**(6)**	**Wesentliche Aussage(n)**
Cutler et al. 1998*	+	(✓)	✓	✓	×	Die Kosten der Herzinfarktbehandlung steigen geringer als das allgemeine Preisniveau.
Cutler et al. 2001*	+	✓	✓	✓	×	Die Kosten der Herzinfarktbehandlung sinken zwischen 1984 und 1994, wenn Morbiditätsänderungen berücksichtigt werden.
Cutler und Meara 2000*	+	✓	×	✓	×	Metastudie, die zeigt, dass die Fortschritte bei der Behandlung untergewichtiger Neugeborener kosteneffizient sind.
Berndt et al. 2000* **Berndt et al. 2002***	+	×	✓	✓	×	Die durchschnittlichen Ausgaben für eine (partielle) Remission bei schweren Depressionen sinken.
Frank et al. 1999*	+	×	✓	✓	×	Ähnlich wie Berndt et al. 2000 bzw. 2002: Rückgang der Behandlungskosten bei schweren Depressionen sind durch Selektive Serotonin Wiederaufnahmehemmer gesunken.
Berndt et al. 2001*	+	×	✓	✓	×	Obwohl die Preise der Einzelbestandteile steigen, sinken die Behandlungskosten einer schweren Depression, was auf neue Behandlungsmethoden zurückzuführen ist.
Shapiro et al. 2001*	+	×	✓	✓	×	Die Gesamtbehandlungskosten bei Grauem Star sind seit 1960 weniger stark gestiegen als das allgemeine Preisniveau.
Cutler und McClellan 2001c*	=	✓	×	✓	×	Der technische Fortschritt bei der Brustkrebsbehandlung führt zu keiner Steigerung der Kosteneffektivität, ist jedoch auch nicht mit einer Verschlechterung der Kosteneffektivität verbunden.

18 Dabei sind die mit * gekennzeichneten Studien in der Metastudie von *Cutler und McClellan (2001a, 2001b)* zusammengefasst.

Studie	(2)	(3)	(4)	(5)	(6)	**Wesentliche Aussage(n)**
Murphy und Topel 2003	+	×	×	✓	×	Der Wohlfahrtsgewinn durch Langlebigkeit in den USA zwischen 1970 und 1998 entspricht 250 % des entsprechenden Kostenanstiegs im Gesundheitswesen.
Skinner et al. 2005	-	×	×	×	✓	In den USA sind die Medicare-Ausgaben für effiziente Behandlungen zu gering, während die Ausgaben für Behandlungen, deren medizinischer Nutzen kaum durch Studien belegt ist, etwa 20 % der Medicare-Ausgaben beträgt.
Fisher et al. 2003a	-	✓	(✓)	×	✓	An Behandlungsstandards gemessen stellen Regionen mit höheren Ausgabenindizes keine höhere Qualität der Versorgung bereit.
Fisher et al. 2003b	-	✓	(✓)	×	✓	Die Ausgabenhöhe je Behandelten hat keinen Einfluss auf die Lebensqualität der Behandelten.
Baiker und Chandra 2004	-	✓	×	×	✓	Mit steigenden Gesundheitsausgaben sinkt die Qualität der Behandlung.
R. A. Cooper 2009	+/-	✓	×	×	✓	Zwar besteht ein negativer Zusammenhang zwischen Medicare-Ausgaben und Behandlungsqualität, jedoch besteht ein positiver Zusammenhang zwischen den übrigens Gesundheitsausgaben und der Behandlungsqualität.
Gaynor et al. 2013	=	×	×	✓	✓	Wettbewerb im Krankenhausmarkt führt zu geringerer Mortalität ohne Preissteigerungen.

2.1.1.3 Die Synthese von Skinner, Staiger und Fisher

Auffälligster Unterschied der Studien von *Cutler und McClellan (2001a, 2001b)* sowie *Murphy und Topel (2003)* gegenüber den Studien von *Baicker und Chandra (2004), Fisher et al. (2003a, 2003b)* sowie *Skinner (2005)* ist neben dem Ergebnis eines positiven bzw. negativen Zusammenhangs zwischen Gesundheitsausgabenerhöhung und Behandlungserfolg/Qualität der Betrachtungszeitraum. Während *Cutler und McClellan (2001a, 2001b)* sowie *Murphy und Topel (2003)* (mehrere) Zeitreihen betrachten (bspw. Preisindizes der Behandlung von Grauem Star oder Depressionen), nutzen *Baicker und Chandra (2004), Fisher et al. (2003a, 2003b)* sowie *Skinner (2005)* Querschnittsdaten. Damit ist nicht nur die Vergleichbarkeit der Ergebnisse, sondern auch die Widersprüchlichkeit der Ergebnisse fraglich.

Skinner et al. (2006) vereinen in ihrer Arbeit diese widersprüchlichen Standpunkte. Dazu nutzen sie Medicare-Daten über die Versorgung bei myokardischen Infarkten in den USA zwischen 1986 und 2002, die um Daten zur Versorgungsgüte ergänzt werden *(Skinner et al., 2006, S. w34–w47)*: Zunächst können sie zeigen, dass höhere Behandlungskosten nicht zu einer höheren Überlebenswahrscheinlichkeit führen (1 %-Signifikanzniveau). Dabei ist irrelevant, ob die Ausgaben pro Patient oder Arzt gemessen werden. Ein Anstieg der Überlebenswahrscheinlichkeit ist vor allem im Zeitraum zwischen 1986 und 1995 zu beobachten, während die Überlebenswahrscheinlichkeit von 1996 bis 2002 auf dem erreichten Niveau zu verharren scheint. Die gesteigerten Überlebenswahrscheinlichkeiten sind die höheren Behandlungskosten über den gesamten Zeitraum wert (US-$ 21.000 pro zusätzliches Lebensjahr). Aufgrund des marginalen Anstiegs der Überlebenswahrscheinlichkeit in der Subperiode nach 1995 betragen die Kosten pro zusätzliches Lebensjahr in dieser Periode knapp unter US-$ 300.000 und sind damit nicht kosteneffizient. Darüber hinaus stiegen in den Regionen mit hoher Behandlungsqualität die Überlebenschancen signifikant stärker als in Regionen mit schlechterer Behandlungsqualität, während der Anstieg der Behandlungskosten in Regionen mit hoher Behandlungsqualität nicht signifikant stärker ausfiel als in Regionen mit geringerer Behandlungsqualität.

Skinner et al. (2006) schlussfolgern, dass ein alleiniger Ausgabenanstieg bei der Behandlung nicht zu einer signifikant höheren Überlebenswahrscheinlichkeit beiträgt, während ein technologischer Fortschritt, der mit einer Ausgabensteigerung einhergeht, zu einer signifikant höheren Überlebenswahrscheinlichkeit führt. Dabei profitieren insbesondere Regionen mit hoher Behandlungsqualität von einem technologischen Fortschritt, während die Steigerung der Überlebenswahrscheinlichkeit in anderen Regionen weniger stark ausfällt. Abbildung 2.1 fasst diese Ergebnisse zusammen:

Abbildung 2.1: Steigerung der Überlebenswahrscheinlichkeit

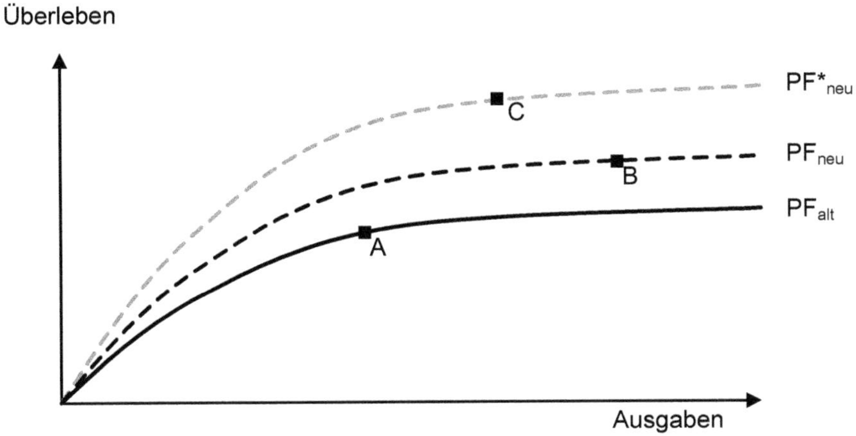

Quelle: Eigene Darstellung nach *Skinner et al. (2006).*

PF_{alt} stellt die repräsentative ursprünglich vorherrschende Produktionsfunktion dar. Die Produktionsfunktion ist durch abnehmende Grenzerträge gekennzeichnet, d. h., die Überlebenssteigerung je Ausgabenerhöhung sinkt mit steigenden Ausgaben. PF^*_{neu} stellt die neue effiziente Produktionsfunktion dar, die aus dem technischen Fortschritt resultiert, PF_{neu} stellt dagegen eine ineffiziente Adaption des technischen Fortschritts dar. Bei gegebener Produktionsfunktion ist die Ausgabensteigerung ab einem vom Effizienzkriterium abhängigen Punkt nicht mehr durch die Steigerung des Überlebens zu rechtfertigen.

Regionale Unterschiede in den Ausgaben führen in der Ausgangssituation nur zu geringen Outputunterschieden. Die von *Cutler und McClellan (2001a, 2001b)* beobachteten Zusammenhänge zwischen Ausgaben und Überleben lassen sich infolge des technischen Fortschritts in diesem Zeitraum durch einen Wechsel auf eine höhere Produktionsfunktion, beispielsweise von Punkt A zu Punkt C, erklären. Der von *Baicker und Chandra (2004)* beobachtete inverse Zusammenhang zwischen Ausgaben und Qualität über die Regionen entspricht dann dem Vergleich zwischen Punkt B, Region mit ineffizienter Behandlung, und Punkt C, Region mit effizienter Behandlung.

Cutler (2006, S. w48 f.) merkt zu den Ergebnissen von *Skinner et al. (2006)* kritisch an, dass nicht von unterschiedlichen Produktionsfunktionen im Zeitverlauf auszugehen ist, sondern vielmehr lediglich eine effiziente Produktionsfunktion existiert, an die sich die unterschiedlich „guten“ Regionen verschieden annähern. Weiter ist anzumerken, dass weder *Cutler und McClellan (2001a, 2001b)* noch *Skinner et al. (2006)* den Ausgabenanstieg über den gesamten Zeitraum mit der gesteigerten Behandlungsqualität in Verbindung bringen.

I. Modellanforderung: Gesundheitsausgaben haben einen abnehmenden Grenznutzen.

2.1.2 Implikationen des pharmazeutischen Fortschritts

Nachdem zunächst die Auswirkungen des medizinischen Fortschritts und in Teilen des pharmazeutischen Fortschritts betrachtet wurden, wird nun die Wirkung des pharmazeutischen Fortschritts näher betrachtet. *Lichtenberg (2003)* schätzt die Auswirkungen neuer verschriebener Arzneimittel je Krankheit auf die Lebenserwartung in den USA. Unabhängige Variable ist der Anteil der neuen verschriebenen Arzneimittel, während die abhängige Variable die prozentuale Änderung der DALY[19] ist. *Lichtenberg (2003)* ermittelt in drei Perioden (1970 bis 1991; 1970 bis 1980; 1980 bis 1991) einen positiven Zusammenhang zwischen der Nutzung neuer Arzneimittel und der Reduktion der verlorenen Lebensjahre.[20] Weiter ermittelt *Lichtenberg (2003)*, dass der Einfluss der priority drugs[21] auf die Reduktion der DALY zwischen 1970 und 1980 größer ist als der Einfluss der standard drugs. Für die Zeiträume 1980 bis 1991 und 1970 bis 1991 kann die Hypothese des gleichen Einflusses von priority und standard

19 Neben dem QALY-Ansatz werden zur gesundheitsökonomischen Evaluation auch DALYs, und HYEs genutzt. Dabei bezeichnet DALY „disabilily-adjusted life years" auch „disease-adjusted life years (lost)", also behinderungsbereinigte Jahre. Mit Hilfe der DALYs wird ermittelt, wie viele Lebensjahre durch Krankheit verloren gehen. DALYs sind in gewisser Weise das negative Pendant zu den QALYs. Ein weiterer Unterschied zum QALY-Ansatz ist auch, dass beim DALY-Konzept die Bewertung der Lebensqualität durch Experten erfolgt, während diese beim QALY-Konzept in der Regel durch Befragungen erfolgt *(Breyer et al., 2005, S. 26)*.

20 *Ellickson, Stern und Trajtenberg (2001, S. 557)* verweisen jedoch darauf, dass die alleinige Nutzung von Arzneimittelmarktanteilen zur Wohlfahrtsabschätzung unzureichend ist, da die Therapietreue als wichtiges Merkmal des Behandlungserfolgs berücksichtigt werden muss.

21 In den USA werden neue Medikamente dazu in zwei Kategorien unterteilt *(Sloan & Hsieh, 2008, S. 241)*: Medikamente in der priorisierten Kategorie, die sich durch signifikante Verbesserungen in der Vorbeugung, Diagnose oder Behandlung im Vergleich zu bereits eingeführten Medikamenten auszeichnen, priority drugs, und die Standardgruppe, standard drugs.

drugs allerdings nicht verworfen werden.[22] *Lichtenberg (2003)* berechnet, dass jedes der zwischen 1970 und 1991 neu zugelassenen Arzneimittel im Schnitt die Anzahl der verlorenen Lebensjahre im Jahr 1991 um 18.800 reduziert hat. Die Bewertung eines Lebensjahres mit US-$ 25.000 [nach *Viscusi (1993)*] führt zu einem Wert von US-$ 470 Millionen, denen stehen durchschnittliche Kosten der Arzneimittelentwicklung von US-$ 697 Millionen gegenüber, sodass sich eine zusätzliche soziale Rendite von etwa 68 % ergibt *(Lichtenberg, 2003)*.

Lichtenberg (2004) testet die Hypothese, dass die unterschiedliche Entwicklung der fünfjährigen Überlebenswahrscheinlichkeit je Krebsart mindestens teilweise auf die verschiedenen Entwicklungen im Arzneimittelbereich zurückzuführen ist: Er ermittelt, dass die Einführung neuer Krebsmedikamente die Lebenserwartung der US-Bürger zwischen 1975 und 1995 um 3,8 Jahre bzw. 10,7 % erhöht hat. Damit sind Kosten zwischen US-$ 1.040 und US-$ 2.842 pro zusätzliches Jahr Lebenserwartung durch neue Krebsarzneimittel entstanden.

Lichtenberg (2005b) schätzt mit Hilfe der IMS Health Drug Launches Database und der WHO Mortality Database den Einfluss neuer Arzneimittel auf die Restlebensdauer der von ausgewählten Krankheiten betroffenen Patienten in verschiedenen Ländern. Dabei zeigt sich ein positiver Einfluss der Markteinführung neuer Wirkstoffgruppen zur Behandlung einzelner Krankheiten auf die Lebenserwartung der von den Krankheiten betroffenen Personen. Die Kosten eines zusätzlichen Lebensjahres durch (neue) Arzneimittel mit neuen Wirkstoffgruppen betragen etwa US-$ 2.300. Da jedoch keine Angaben über die Entwicklung anderer medizinischer Innovationen vorliegen, ist es möglich, dass der Einfluss neuer Wirkstoffe überschätzt wird *(Lichtenberg, 2005b)*.

Lichtenberg (2010) untersucht die Wirkung pharmazeutischer Innovationen auf Langlebigkeit in Deutschland und Frankreich. Er verweist dabei auch auf die Bedeutung des technischen Fortschritts für das Wirtschaftswachstum und ermittelt einen signifikant positiven Zusammenhang zwischen dem gewichteten Zulassungsjahr aller verschriebenen Medikamente des Jahres und der erwarteten Lebensdauer der Neugeborenen des Jahres. Die Einführung neuer Medikamente hat in Deutschland zu einer Erhöhung der erwarteten Lebensdauer um sechs bis zwölf Monate geführt. Dies entspricht zwischen 29 % und 59 % der Lebensdauersteigerung von 1,7 Jahren im von *Lichtenberg (2010, S. 13 ff.)* untersuchten Zeitraum. Die Erhöhung der erwarteten Lebensdauer durch Medikamente um ein Jahr ist mit einem realen Kostenanstieg von 7.512 € verbunden.

---

22 *Akkoyunlu, Lichtenberg, Siliverstovs und Zweifel (2009)* verweisen auf die Möglichkeit von Scheinkorrelationen bei der Schätzung, können diese jedoch nicht nachweisen.

Bui und Stolpe (2007, 2010) untersuchen den Einfluss des medizinischen Fortschritts auf die Arbeitsleistung zwischen 1988 und 2001. Sie kommen zu dem Schluss, dass jedes neue Arzneimittel allein in Deutschland die jährlichen Ausfallzeiten aufgrund von Krankheiten um durchschnittlich etwa 200 Arbeitsjahre reduziert. Für die USA kann *Garthwaite (2012)*einen positiven Effekt von COX-2-Hemmern auf das Arbeitsangebot nachweisen. *Lichtenberg (2011, S. 307–311)* zeigt, dass das Wachstum der Arbeitsunfähigkeitsversicherungsinanspruchnahme in den USA mit der Einführung neuer Arzneimittel sinkt. *Dunn (2012)* berechnet den Wohlfahrtsgewinn von Arzneimittelinnovationen anhand verschiedener Preisindizes im Bereich der Cholesterinsenker. Dabei kann er zeigen, dass der Preisindex mit konstanter Arzneimittelqualität sinkt, obgleich der Durchschnittspreis von Cholesterinsenkern konstant bleibt. Folglich bieten pharmazeutische Innovationen hier eine qualitative Verbesserung ohne Steigerung der durchschnittlichen Kosten.

Jayadev und Stiglitz (2009, S. w166) verweisen darauf, dass es eine Schwäche der empirischen Forschung ist, dass neue Wirkstoffgruppen als Innovation angesehen werden. Hierdurch werden auch Me-too-Entwicklungen ohne nennenswerten Zusatznutzen als Innovation behandelt. Dagegen bleiben inkrementelle Innovation, die sich in der Zulassung weiterer Indikationen, Zusammensetzung und Dosierung bereits bekannter Wirkstoffe äußern, unberücksichtigt *(Cockburn, 2006, S. 7)*. So wird der Forschungs- und Entwicklungsoutput unterschätzt *(Cockburn, 2006, S. 7–10)*.[23]

Den hohen Wert medizinischer und pharmazeutischer Innovation für die Wohlfahrt bestätigen auch die Studien von *Zweifel (2010)* sowie *Zweifel, Telser und Vaterlaus (2006)*. Sie ermitteln die Zahlungsbereitschaft für verschiedene Reformoptionen im schweizerischen Gesundheitssystem mit Hilfe eines Marktexperiments. Zu den betrachteten Optionen zählen die Einschränkung der Arztwahl, der erstattungsfähigen Medikamente und der Spitalwahl sowie eine Verzögerung des Zugangs zu neuen Methoden und Medikamenten. Der hohe

23 Als Beispiel für weitere Indikationen nennt *Cockburn (2006)* Zantac (Ranitidine), das ursprünglich nur für die Behandlung des Zollinger-Ellison-Syndroms (fünf bis zehn Fälle pro Jahr und pro einer Million Menschen) zugelassen war und inzwischen gegen (chronisches) Sodbrennen eingesetzt wird. Von letzterem sind 7 % der deutschen Bevölkerung betroffen. Weitere inkrementelle Innovationen können in der Form verbesserter Zusammensetzungen, Verabreichungsformen und Dosierungen auftreten. Dadurch können die Compliance der Patienten verbessert sowie eine erhöhte Wirksamkeit und geringere Nebenwirkungen erreicht oder die Behandlung neuer Patientengruppen ermöglicht werden.

Stellenwert des technologischen Wandels in der Medizin zeigt sich darin, dass die Probanden mit rund einem Viertel ihrer Versicherungsbeiträge kompensiert werden müssten, um eine Verzögerung des Zugangs zu neuen Arzneimitteln und Behandlungsmethoden von zwei Jahren hinzunehmen. Hingegen sind der Verzicht auf Arzneimittel zur Behandlung von Bagatellerkrankungen sowie der Verzicht auf Originalpräparate, falls Generika verfügbar sind, ohne Nutzeneinbußen hinnehmbar, d. h. ohne Kompensation in Form geringerer Beitragszahlungen. Anzumerken ist jedoch, dass die Ergebnisse für die Ausschließliche Generika-Erstattung und den Verzicht auf Arzneimittel für Bagatellerkrankungen nicht statistisch signifikant sind. Tabelle 2.2 fasst wesentliche Teile der in diesem Abschnitt betrachten Literatur entsprechend Tabelle 2.1 zusammen.

Tabelle 2.2: Literaturüberblick zur Bedeutung pharmazeutischer Innovation

Studie	(2)	(3)	(4)	(5)	(6)	**Wesentliche Aussage(n)**
Lichtenberg 2003	+	✓	×	✓	×	Neue Arzneimittel steigern die Überlebenswahrscheinlichkeit.
Lichtenberg 2004	+	×	×	✓	×	Zwischen 1975 und 1995 betrugen in den USA die Kosten pro zusätzlichem Jahr Lebenserwartung durch neue Krebsarzneimittel zwischen $ 1.040 und $ 2.842.
Lichtenberg 2005a	+	×	×	✓	✓	Die durchschnittliche Lebenserwartung wurde zwischen 1982 und 2001 durch neu zugelassene Arzneimittel um durchschnittlich 1 Woche pro Arzneimittel gesteigert.
Lichtenberg 2010	+	×	×	✓	×	Die durchschnittliche Lebensdauer durch neue Medikamente in Deutschland und Frankreich ist gestiegen, dabei liegen die Kosten pro zusätzlich erwartetes Lebensjahr bei 7.500 Euro.
Bui und Stolpe 2007, 2010	+	×	×	✓	×	Zwischen 1988 und 2001 führte jedes neue Arzneimittel in Deutschland zu einer Reduktion der jährlichen Ausfallzeiten durch Krankheit von etwa 200 Arbeitsjahren.
Lichtenberg 2011	+	×	×	✓	✓	Die Einführung neuer Arzneimittel senkte in den USA zwischen 1995 und 2004 das Wachstum der Arbeitsunfähigkeitsversicherungsinanspruchnahme.
Dunn 2012	+	✓	✓	✓	×	Im Bereich der Cholesterinsenker bieten neue Arzneimittel zwischen 1996 und 2007 eine qualitative Verbesserung ohne Steigerung der durchschnittlichen Behandlungskosten.

2.2 Die pharmazeutische Innovation

2.2.1 Begriffsabgrenzung: innovative Arzneimittel und Arzneimittelqualität

Nach *Harhoff (2008, S. 48)* versuchen Wettbewerber mit Innovationen einen Vorteil gegenüber ihren Konkurrenten zu erreichen, während diese fremde Innovationen imitieren und eigene Innovationen vorantreiben, sodass ein dynamischer Wettbewerb entsteht. Technologischer Fortschritt im medizinischen Bereich zeigt sich nur in geringem Maße in vollständig neuen Therapien, sondern vor allem in der Anwendung bestehender Technologien auf weitere Behandlungsfelder, von denen Patienten durch Lerneffekte (der Behandelnden) und Prozessinnovationen in Form geringerer Komplikationen und besserer Behandlungsergebnisse profitieren *(Cutler & McClellan, 2001a, S. 16 f.)*. Allgemein wird zwischen Prozess- und Produktinnovationen unterschieden *(Zweifel, 2010, S. 159)*:

- Bei Prozessinnovationen kommt es zu einer Beschleunigung des Produktionsprozesses bzw. einer Kostensenkung.
- Dagegen werden mit Produktinnovationen Qualitätsverbesserungen assoziiert, die letztendlich auch die Zahlungsbereitschaft der Käufer steigert.

Gardener, Acharya und Yach (2007) stellen drei notwendige Formen der Innovation zur Verbesserung des Zugangs zu neuen Produkten und Dienstleistungen in den Vordergrund *(Gardener et al., 2007, S. 1052)*: Technologische Innovationen stellen die Verfügbarkeit von Produkten mit höherem Wirkungsgrad bzw. besseren Kosten-Nutzen-Verhältnis sicher (1), d. h., sie beinhalten neue Medikamente, Impfstoffe, Apparate und Diagnosen. Es bedarf zudem der (2) sozialen Innovationen, die die Verteilung dieser Produkte sicherstellen sowie (3) adaptiver Innovationen, die die Einführung der Produkte und Dienstleistungen mit den örtlichen Gegebenheiten in Verbindung bringen. Soziale und adaptive sowie technische Lösungen stellen zwei Seiten einer Medaille dar *(Gardener et al., 2007, S. 1052 f.)*.

In der Literatur besteht keine Einigkeit darüber, ob Inventionen, d. h. bloße Erfindungen, Teil der Innovationen, d. h. der Einführung eines neuen Produkts oder Verfahrens, oder weitestgehend eigenständig sind *(Crompton, 2007, S. 200)*. *Crompton (2007)* sieht Inventionen jedoch als integralen Bestandteil der Innovationen. Bezugnehmend auf *Solow (1956, 1957)* stellt *Lichtenberg (2010, S. 1 f.)* fest, dass nahezu alle Innovationen der Verkörperung als neue Produkte bedürfen, bevor sie effektiv genutzt werden können. Innovationen beinhalten nicht nur Ideen oder Vorstellung einer Neuerung, sondern mindestens auch die versuchte Umsetzung. Dabei ist es unerheblich, ob es sich um neue Produkte, organisatorische

Neuerungen oder die Einführung neuer Verfahren handelt *(Harhoff, 2008, S. 46 f.)*. Für eine pharmazeutische Innovation reicht demnach nicht nur die Entwicklung eines neuen Wirkstoffs aus. Es bedarf darüber hinaus auch der Entwicklung eines marktfähigen Medikaments als Verkörperung. Auch *Münnich (2000, S. 117)* verweist darauf, dass die erfolgreiche Markteinführung Bestandteil der Innovation ist. Dabei beschränkt er Innovation jedoch nicht auf Produkt- und Prozessinnovationen, sondern zählt auch neue Organisationsformen und die Erschließung neuer Absatz- bzw. Beschaffungsmärkte zu den Innovationen *(Münnich, 2000, S. 117)*. *Quiring und Geisler (2000, S. 101)* verweisen darauf, dass der Fortschritt auch in angrenzenden Bereichen wie der Ökologie liegen kann, beispielsweise durch die Einführung FCKW-freier Applikationssysteme (bspw. Inhalatoren) in der Asthmatherapie. *Cutler und McClellan (2001a)* heben hervor, dass technologischer Fortschritt nicht nur in Behandlungen, sondern auch im Verteilungssystem erfolgen kann.

Der Verband forschender Arzneimittelhersteller (VfA) spricht von innovativen Arzneimitteln, falls sie…

- …eine neue, bislang therapeutisch nicht genutzte Substanz einer Wirkstoffklasse enthalten.
- …einen weiterentwickelten Wirkstoff mit spezifischerer Wirkung, geringeren Nebenwirkungen und/oder verbesserten pharmakologischen Eigenschaften gegenüber der Muttersubstanz enthalten.
- …das therapeutische Anwendungsgebiet eines bereits genutzten Wirkstoffs ausweiten.
- …einen therapeutisch bereits genutzten Wirkstoff in einem höheren Reinheitsgrad enthalten.
- …eine neue Applikationsform eines Wirkstoffs einsetzen.
- …eine neue, therapeutisch zweckmäßigere Wirkstoffkombination enthalten *(Kiewel & Rostalski, 2000, S. 68 f.)*.

Damit können selbst patentfreie Arzneimittel im Rahmen der zulassungsüberschreitenden Anwendung (off-label-use) zu den innovativen Arzneimitteln zählen. Auf den off-label-use entfallen in Deutschland etwa 20 % der Verschreibungen *(Felder & Olbrich, 2009, S. 4)*. Auch *Münnich (2000, S. 117)* verweist explizit darauf, dass die Vermarktung eines eingeführten Produktes für einen neuen Zweck ebenfalls eine Innovation darstellt: Die Neuartigkeit einer Innovation muss nicht in der technischen sondern kann auch in der wirtschaftlichen Neuartigkeit, d. h. der erfolgreichen Vermarktung liegen.

Fricke (2000, S. 85 f.) unterscheidet neu eingeführte Arzneimittel hinsichtlich ihres Innovationsgrades in vier Kategorien:[24]

A. Innovative Struktur bzw. neuartiges Wirkprinzip mit therapeutischer Relevanz,
B. Verbesserung pharmakodynamischer oder pharmakokinetischer Eigenschaften bereits bekannter Wirkprinzipien,
C. Analogpräparate mit kleinen oder nur marginalen Unterschieden zu bereits eingeführten Präparaten,
D. Eingeschränkter therapeutischer Wert bzw. nicht ausreichend gesichertes Therapieprinzip.

Zur Kategorisierung legt *(Fricke, 2000, S. 86)* den Fokus auf den angestrebten therapeutischen Effekt, hinter dem mögliche Nebenwirkungen zurücktreten. Dabei bilden wissenschaftliche Literatur, Produktinformationen des Herstellers sowie allgemeine pharmakologischen und therapeutischen Erfahrungskriterien die Basis zur Klassifizierung. Auch *Bausch (2000, S. 133), Hartmann-Besche (2000, S. 210), Kaesbach und Schleert (2000, S. 196 ff.), Kiewel und Rostalksi (2000)* sowie *Schröder und Selke (2000, S. 224)* verweisen auf diese Kategorisierung. Innovationen sind nach dieser Einteilung Präparate der Kategorien A und B. Ein Grenzfall innerhalb dieser Definitionen sind Me-too Präparate bzw. Analogpräparate, d. h. neue, aber ähnliche Präparate. *Münnich (2000, S. 119, 158 f.)* schlägt folgende Definition vor: „Als ‚Me-too' wird ein Produkt bezeichnet, dessen Wirkstoff erst nach der weltweit erstmaligen Markteinführung des ersten vermarkteten Arzneimittels mit einem Wirkstoff der gleichen Stoff-/Molekülklasse patentiert worden ist." Nach dieser Definition sind Parallelentwicklungen keine Me-too-Präparate. Sollten sie keine Verbesserung gegenüber den bekannten Wirkprinzipien aufweisen, sind sie wie die Me-too-Präparate Bestandteil der Kategorie C. Generika stellen dagegen keine Innovationen, sondern Imitationen dar.

---

24 Anhand der ACE-Hemmer (Gruppe der Konversionsenzym-Hemmer) kann die Gruppeneinteilung illustriert werden: Der 1981 in den Markt eingeführte Wirkstoff Captopril war der erste dieser Stoffgruppe und galt als „Prototyp eines neuartigen, vielversprechenden Wirkprinzips in der Hypertoniebehandlung". Er wurde dementsprechend der Kategorie A zugeordnet. Gegenüber Captopril wies der später eingeführte Wirkstoff Elanapril aufgrund seiner längeren Eliminationshalbwertzeit verbesserte pharmakokinetische Eigenschaften auf und wurde der Kategorie B zugeordnet. Die später eingeführten Wirkstoffe Lisinopril und Perindopril wiesen dagegen vergleichbare Wirkungen wie Captopril oder Enalapril auf. Damit wiesen sie gegenüber den bereits im Markt befindlichen ACE-Hemmern keine nennenswerten Vorteile auf und wurden der Kategorie C zugeordnet *(Fricke, 2000, S. 87)*.

Acemoglu und Linn (2004, S. 1051) bezeichnen dagegen alle nicht-generischen Präparate als Innovationen, während Präparate mit bisher nicht im Markt erhältlicher aktiver Gruppe als radikalere Innovationen bezeichnet werden. Nach dieser Definition sind Präparate der Kategorie A und B unstrittig als Innovationen zu bezeichnen, des Weiteren auch Parallelentwicklungen, die in die Kategorie C fallen. Auch nach *Cockburn (2006)* stellen neuartige Wirkstoffe bahnbrechende Innovationen dar, im Gegensatz zu den Verbesserungsinnovationen oder inkrementellen Innovationen, die durch geringen Änderungen der chemischen Zusammensetzung, neuen Dosierungen oder Wirkstoffkombinationen hervorgerufen werden.

Eine weitere Definition für radikale Innovation liefert *Harhoff (2008, S. 48–49)*, dem zufolge eine radikale Innovation vorliegt, falls der Innovator ex post Monopolist wird. D. h., eine radikale Innovation ist dadurch gekennzeichnet, dass der Innovator in der Lage ist, einen Monopolpreis zu verlangen. Andernfalls muss von einer inkrementellen Innovation ausgegangen werden. Diese Definition wird auch von *DiMasi und Paquette (2004)* genutzt, die berechnen, dass die Marktexklusivität der innovativen Arzneimittel dramatisch gefallen ist. Das spricht für einen Wechsel von radikalen zu inkrementellen Innovationen, wobei zu berücksichtigen ist, dass ein Strom inkrementeller Innovationen letztlich den Effekt radikaler Innovationen übersteigen kann.

Der Begriff innovatives Arzneimittel wird im Rahmen dieser Arbeit für eine radikale Produktinnovation genutzt, d. h. ein Arzneimittel mit neu entwickeltem Wirkstoff, das eine (therapeutische) Verbesserung gegenüber den bestehenden Arzneimitteln darstellt. Abbildung 2.2 fasst die dargelegte Definition innovativer Arzneimittel zusammen.

Abbildung 2.2: Innovative Arzneimittel nach Innovationsart und -grad

		Innovationsgrad	
		Inkrementell	radikal
Innovationsart	Produkt-innovation		Innovative Arzneimittel
	Prozess-innovation		

Quelle: Eigene Darstellung.

Während der Innovationsbegriff nur noch für die Entwicklung und Markteinführung neuer Wirkstoffe genutzt wird, werden Aspekte wie durch Hilfsstoffe bzw. Dosierung bedingter Grad der Wirksamkeit als **Arzneimittelqualität** zusammengefasst. Auch andere Merkmale wie Haltbarkeit und Darreichungsform, ebenso wie Farbe, Geruch und Geschmack stellen Dimensionen der Arzneimittelqualität dar.[25] Die Dimensionen der Arzneimittelqualität sind wesentlich für Anwendbarkeit und Nutzen der Arzneimittel, die nicht nur durch pharmakologische, sondern auch durch kulturelle und religiöse Aspekte bestimmt werden. Zur Rachitisprophylaxe bei Neugeborenen beispielsweise können sowohl Fluor-Vigantoletten® als auch D-Flouretten® genutzt werden. Beide enthalten Fluor plus Vitamin D. Während Fluor-Vigantoletten® Gelatine enthalten, sind D-Fluoretten® jedoch gelatinefrei, stehen somit nicht im Widerspruch zu religiösen Speisevorschriften und haben demnach eine höhere Arzneimittelqualität.

Die Arzneimittel Tavor® Expedit® und Tolid® sind zwar hinsichtlich ihres Wirkstoffs, Lorazepam, identisch, unterscheiden sich jedoch in ihrer Darreichungsform. Während Tolit® als Tabletten verabreicht werden, zergehen Tavor®Expedit®Plättchen im Mund. Betrachtet man die Anwendungsgebiete von Lorazepam, zum einen als Beruhigungsmittel bei Angst und Panikstörungen, zum anderen in der Intensiv- und Notfallmedizin bei der Durchbrechung eines lang andauernden, lebensgefährlichen epileptischen Anfalles, so wird deutlich, dass die im Mund zergehenden Tavor®Expedit®Plättchen gegenüber den Tolid® Tabletten eine höhere Arzneimittelqualität aufweisen.

2.2.2 Prozess und Besonderheiten der Arzneimittelforschung

2.2.2.1 Die Phasen der Arzneimittelforschung

Innovationen können sowohl zufällig zustande kommen als auch systematisch geplant werden, letzteres ist insbesondere in der Automobilindustrie und Pharmazeutik üblich *(Bardey, Bommier, & Jullien, 2010, S. 306; Harhoff, 2008, S. 47)*. Dabei ist anzumerken, dass die pharmazeutischen Firmen erst Ende der 1970er Jahre begannen, von der randomisierten Arzneimittelforschung zu einer wissenschaftlich fundierten Arzneimittelforschung überzugehen *(Cockburn, Henderson, & Stern, 1999, S. 1, 13)*.[26] Die Arzneimittelentwicklung selbst kann grundsätzlich

25 Einen ausführlichen Überblick über die Qualitätsdimensionen geben *Yacuzzi, Martín, Vignola, Mayochi, und Tollio (2004)*. Ergänzend bieten *Chen und Rizzo (2012, S. 298)* einen detaillierten Überblick über die Qualitätsindikatoren von Antidepressiva.

26 *Galambos und Sturchio (1998)* sehen darüber hinaus eine Entwicklung der gesamten pharmazeutischen Industrie in Richtung Biotechnologie.

in fünf Phasen unterteilt werden *(Manski, 2009, S. 1 f.; Sturm, Dowling, & Röder, 2007, S. 24)*:[27] In der **vorklinischen Phase** werden in-vitro-Tests sowie computergestützte Tests möglicher neuer Wirkstoffe und anschließend Tierversuche durchgeführt. Bei erfolgversprechenden Tests stellt der Hersteller einen Genehmigungsantrag zur Durchführung klinischer Studien.[28] In der **ersten klinischen Phase** wird an wenigen, in der Regel gesunden Freiwilligen die Unbedenklichkeit getestet, um die grundlegenden pharmakologischen Eigenschaften und die Arzneimittelsicherheit zu bestimmen. Diese Phase dauert etwa ein Jahr. Bei erfolgreichen Tests beginnt nun die **zweite klinische Phase**, bei der sich erkrankte Personen freiwillig mit dem Medikament behandeln lassen. In dieser zweiten Phase stehen die therapeutische Bandbreite und Dosierung im Fokus. Diese Phase dauert etwa zwei Jahre. Anschließend beginnt die **dritte klinische Phase** mit erkrankten Freiwilligen. Sie werden mit dem neuen Stoff behandelt, um Daten über Wirksamkeit und Nebenwirkungen zu bekommen. Diese Phase dauert etwa drei Jahre. Die hieraus gewonnenen Daten werden für den **Antrag auf Zulassung** genutzt, über den die Zulassungsbehörde entscheidet.

Nach *Cockburn und Henderson (2001, S. 1035 f.)* dagegen besteht der Prozess der Arzneimittelforschung aus zwei Schritten: Im ersten Schritt, der Entdeckungsphase, wird eine „neue" aktive Gruppe gesucht, die im Tierversuch oder bei in-vitro-Tests wünschenswerte Effekte generiert. Im zweiten Schritt, der Entwicklungsphase, müssen sichere und wirksame Dosierung für Menschen ermittelt werden. Dabei nehmen *Cockburn und Henderson (2001)* jedoch explizit Bezug auf die oben genannten Phasen.

Der Gesamtprozess erfordert typischerweise über zehn Jahre bis zur Zulassung *(Manski, 2009, S. 2)*, wobei auch von zehn bis fünfzehn Jahren *(Sturm et al., 2007, S. 24)* bzw. zwölf bis vierzehn Jahren *(Grabowski, 2005, S. 460)* ausgegangen wird. Bis zur Markteinführung entstehen durchschnittliche Kosten in Höhe von US-$ 820 Mio. *(Sturm et al., 2007, S. 24)*. *Cockburn (2006, S. 13)* verweist darauf, dass die

---

27 Dabei beziehen sich Zahlenangaben und Zulassungsstelle auf die USA. Der Innovationsprozess selbst wird auch bei *DiMasi, Hansen, Grabowski und Lasagna (1991)*, *DiMasi, Hansen und Grabowski (2003)* und *Rzakhanov (2008)* beschrieben. *Cockburn (2006)* sieht dagegen vor der präklinischen Phase die Entdeckungsphase, in der mögliche Kandidaten, als neuartige aktive Gruppe in Frage kommende Moleküle, identifiziert werden.

28 In den USA kann die erste klinische Studie beginnen, wenn dem Investigational New Drug (IND) Antrag nicht innerhalb von 30 Tagen durch die Food and Drug Administration (FDA) widersprochen wird. Die Richtlinie 2001/20/EG über die Anwendung der guten klinischen Praxis sieht einen Antrag bei der zuständigen nationalen Behörde vor. Dieser muss in der Regel binnen 60 Tagen geprüft sein.

Forschungs- und Entwicklungskosten je erfolgreicher FDA-Zulassung von US-$ 138 Millionen 1979 auf US-$ 802 Millionen im Jahr 2002 (jeweils gemessen in US-$ des Jahres 2000) dramatisch gestiegen sind. Auslösender Faktor für diesen Trend sind die Erhöhung der erforderlichen klinischen Tests in Umfang und Anzahl, die gestiegene Komplexität sowie die höheren Kosten für Freiwillige *(Grabowski, 2005, S. 460)*. Die meisten Wirkstoffe werden nicht für den Markt zugelassen bzw. eingeführt. Dieses Scheitern ist in der Regel durch Toxizität, Kanzerogenität, Produktionsprobleme, eingeschränkte Dosierungseigenschaften, Wettbewerbsfaktoren und andere Probleme bedingt *(Grabowski, 2005, S. 459 f.)*. Im Durchschnitt gelangt lediglich ca. 1 % der synthetisierten und in der präklinischen Phase untersuchten Stoffe in die klinische Phase, davon erhalten wiederum nur ca. 25 % die Zulassung. In der Folge decken lediglich 30 % der neuen Arzneimittel ihre Forschungs- und Entwicklungskosten *(Grabowski, 2005, S. 460)*. Dabei stellen die Kosten für Forschung und Entwicklung versunkene Kosten dar: Sie sind uneinbringlich, falls das Arzneimittel nicht in den Markt eingeführt wird *(Bardey et al., 2010, S. 305)*. Die Entwicklung neuer Arzneimittel und die Entscheidung über Zulassungsantrag und Zeitpunkt des Antrags sind stark von exogenen Faktoren wie Erwartungen über Zulassungsstandards und Marktvolumen abhängig *(Cockburn, 2006, S. 15)*.

II. Modellanforderung:
Aufgrund der Hürden des Zulassungsprozesses ist eine Qualitätsdiskriminierung seitens des Arzneimittelanbieters ausgeschlossen.

2.2.2.2 Besonderheiten der pharmazeutischen Forschung

Die Forschungs- und Entwicklungskosten stellen nicht nur absolut, sondern auch bezogen auf den Arzneimittelumsatz, einen wesentlicher Bestandteil der Gesamtkosten dar *(Danzon, 1997, S. 304 ff.)*. Darüber hinaus stellen sie uneinbringliche Kosten dar, falls das entwickelte Arzneimittel bzw. der entwickelte Impfstoff nicht auf den Markt gelangt *(Danzon & Pereira, 2011, S. 244 f.; Danzon, 1997, S. 304 ff.)*. Dies ist insbesondere vor dem Hintergrund der aufgezeigten Marktzulassungswahrscheinlichkeit ein beachtenswertes Merkmal der pharmazeutischen Innovation.

III. Modellanforderung:
Forschungskosten stellen die wesentlichen Kosten der Produktion innovativer Arzneimittel dar und sind uneinbringlich, falls das Arzneimittel nicht auf den Markt eingeführt wird.

Zirkulär vernetzte Strukturen sind kennzeichnend für den Innovationsprozess in der pharmazeutischen Forschung *(Münnich, 2000, S. 121 ff.)*. Sie sind Folge des intentionalen Austauschs über Veröffentlichungen und auf Symposien sowie Überschneidungen von Kooperationen von Universitäten und Unternehmen, die den indirekten Austausch konkurrierender Unternehmen zur Folge haben können. Insbesondere durch die klinische Erforschung neuer Arzneimittel entstehen solche Überlappungen im Rahmen der Arzneimittelentwicklung gehäuft. *Danzon, Nicholson und Pereira (2003)* bestätigen in ihrer empirischen Untersuchung, dass in Allianzen entwickelte Produkte eine höhere Erfolgswahrscheinlichkeit für das Überstehen der einzelnen Phasen pharmazeutischer Forschung aufweisen; das gilt insbesondere für die zweite und dritte klinische Phase.[29] Folglich beschreibt *Münnich (2000, S. 122 f.)* die Arzneimittelforschung und -entwicklung als „gegenseitig vernetzte Parallelforschung und Parallelentwicklung". Auch die öffentlich geförderte Forschung ist essentieller Bestandteil der pharmazeutischen Forschung *(Cockburn, 2006, S. 23)*.

Infolge der Biotechnologierevolution entstand eine vertikal disaggregierte pharmazeutische Industrie, in der sich Biotechnologieunternehmen an der Schnittstelle zwischen akademischer Forschung und großen pharmazeutischen Unternehmen positionierten und ihre Patente an traditionelle pharmazeutische Hersteller verkaufen *(Cockburn, 2004, S. 15)*. Die Effizienz dieses neuen Patentmarktes kann durch verschiedene Aspekte gesenkt werden *(Cockburn, 2004, S. 20)*: gedämpfte Preissignale der Endverbraucher, d. h. der potentiellen Patienten, ein hohes Maß an Unsicherheit, hohe Transaktionskosten, ungleiche Verhandlungsmacht und ein durch Patente begrenzter Wettbewerb in einzelnen Technologiebereichen. Diese Aspekte sind gleichzeitig Merkmale der geänderten Struktur des pharmazeutischen Sektors. Die geringen Renditen der Biotechnologiefirmen geben einen Hinweis auf eine eher geringe Effizienz *(Cockburn, 2004, S. 20)*. Aufgrund der Orientierung an Preisen kann jedoch davon ausgegangen werden, dass die private gewinnorientierte Forschung insgesamt mit einer effizienten Ressourcenallokation einhergeht *(Cockburn, 2004, S. 16)*. Der Markt für technologischen Fortschritt kann aufgrund von Informationsasymmetrien, geringer Marktgröße und durch von der Finanzkraft der Vertragspartner beeinflusste Handlungsergebnisse „falsche" Preise anzeigen, die zu einer Fehlallokation von Forschungsressourcen führen *(Cockburn, 2006, S. 22)*.

Bereits vor der Biotechnologierevolution wurde die randomisierte Arzneimittelforschung durch die wissenschaftliche fundierte Arzneimittelforschung

29 Dieses Ergebnis ist auch insofern nicht unerheblich, weil aufgrund der möglichen adversen Selektion bei der Kooperationspartnerwahl ein negativer Einfluss solcher Allianzen auf den Erfolg vermutet werden kann *((Pisano, 1997) nach (Danzon, Nicholson, & Pereira, 2003))*.

abgelöst. *(Cockburn, 2004, S. 13f)*. Um die Diffusion wissenschaftsbasierter Arzneimittelforschung quantitativ zu prüfen, ermitteln *Cockburn, Henderson und Stern (1999)* den Anteil der Wissenschaftler pro Firma, die an einer erfolgreichen Patentanmeldung beteiligt waren und in den ersten zwei Jahren danach wissenschaftlich publizierten: Wesentliches Ergebnis ist zum einen, dass die Konvergenz unter den pharmazeutischen Firmen hin zu einer wissenschaftlich fundierten Arzneimittelforschung maßgeblich durch ihre Startbedingungen bestimmt ist und so über Jahrzehnte dauert. Die zweite wesentliche Erkenntnis ist, dass die Adaption der wissenschaftsbasierten Arzneimittelforschung über die pharmazeutischen Firmen wesentlich durch die Umsatzstruktur der Unternehmen zu erklären ist. Relative Marktmacht ist eine mögliche Erklärung für unterschiedliche Adaptionsgeschwindigkeiten: Firmen mit höher qualifizierten Angestellten haben ein höheres Interesse an der Adaption neuer Technologien, da sie ihre Produktivität hierdurch stärker steigern können als Firmen mit weniger qualifizierten Angestellten *(Cockburn et al., 1999, S. 32f.)*. Damit ist auch bei der Biotechnologie davon auszugehen, dass sie zunächst in den großen („traditionellen") pharmazeutischen Unternehmen eingesetzt wird, bevor sie in den übrigen („traditionellen") pharmazeutischen Unternehmen genutzt wird.

2.2.3 Determinanten der pharmazeutischen Forschung und Entwicklung

2.2.3.1 Wesentliche Bestimmungsgrößen des Erfolgs pharmazeutischer Forschung

Infolge der Biotechnologierevolution stellt sich die Frage, welchen Einfluss die Nutzung von Biotechnologie auf die Entwicklung neuer Wirkstoffe hat. *Acemoglu und Linn (2004)* untersuchten die Einführung neuer Präparate in Abhängigkeit von der **Marktgröße** und kamen zu dem Schluss, dass die Nutzung von Biotechnologie keinen Einfluss auf die Einführung neuer Präparate hat. Folglich wird hinsichtlich Qualität und Kosten nicht zwischen „traditionellen" pharmazeutischen Unternehmen und Unternehmen der Biotechnologiebranche unterschieden.

IV. Modellanforderung:
Es kann bei der Forschungseffizienz nicht zwischen traditionellen pharmazeutischen Unternehmen und Biotechnologieunternehmen unterschieden werden.

Lichtenberg (2005a) schätzt mit Hilfe der von der WHO ermittelten DALYs und FDA-Zulassungsdaten aus Mosby's Drug Consult den Einfluss des krankheitsbezogenen Verlusts an Lebensjahren auf die Arzneimittelinnovationen: Er ermittelt einen grundsätzlichen positiven Zusammenhang zwischen Krankheitslast und Innovationen, d. h., je höher die Krankheitslast ist, desto mehr Innovationen werden bereitgestellt. Allerdings zeigt sich, dass der Einfluss des krankheitsbezogenen Verlusts an Lebensjahren aus den Entwicklungsländern keinen signifikanten Einfluss auf die Arzneimittelzulassungen in den USA hat. Werden statt den US-Zulassungszahlen die weltweiten Zulassungsinformationen der IMS Drug Launch Database genutzt (*Lichtenberg (2005a)* geht davon aus, dass sie fehlerhaft ist), ändert dies qualitativ nichts an den Ergebnissen. D. h., die Hypothese, dass die Krankheitslast der Entwicklungsländer keinen Einfluss auf die Arzneimittelinnovation hat, kann nicht widerlegt werden. Gründe für den mangelnden Einfluss der Entwicklungsländer können das geringe Pro-Kopf-Einkommen und somit die geringe Marktgröße, des Weiteren mangelnder **Schutz der Eigentumsrechte** sowie die Arzneimittelerstattungspolitik der Regierungen sein *(Lichtenberg, 2005a, S. 678)*. So schuf das indische Gesetz zum Schutz von Erfindungspatenten und Gebrauchsmustern (Patents and Designs Act) von 1970 erst die Basis für eine starke pharmazeutische Industrie in Indien *(Desai, 2007, S. 193)*.

Vega-Jurado et al. (2008) ermitteln über verschiedene Industrien, dass der Einfluss der **Unternehmensgröße** auf radikale Innovationen einen stärkeren Einfluss hat als auf inkrementelle Innovationen. Dies ist insbesondere vor dem Hintergrund der Ergebnisse *Grabowskis (2005)* schlüssig, der darauf verweist, dass wesentliche Faktoren für die Forschungs- und Entwicklungsausgaben nicht nur die erwarteten Renditen, sondern auch die internen Finanzierungsmöglichkeiten der pharmazeutischen Unternehmen sind.[30] *Cockburn und Henderson (2001)* untersuchen im Gegensatz zu *Vega-Jurado et al. (2008)* gezielt die Entwicklung von Arzneimitteln. Ihr Ergebnis zeigt, dass der Einfluss der Firmengröße, gemessen in Gesamtausgaben für Forschung und Entwicklung, insignifikant wird, sobald die Anzahl der Therapiebereiche, in denen die Firma forscht, in die Schätzung integriert wird. *Cockburn und Henderson (2001)* sie schlussfolgern, dass die Erfolgswahrscheinlichkeit neuer Arzneimittel mit der **Diversifikation der forschenden Arzneimittelfirma**, nicht aber mit deren Größe korreliert ist.

Zuletzt ist die Annahme im Zeitverlauf **steigender Grenzkosten** der pharmazeutischen Forschung nicht völlig von der Hand zu weisen *(Cockburn, 2006,*

30 In diesem Zusammenhang ist auch das Ergebnis *Finkelsteins (2004)* zu sehen, nach dem Anreize zur verstärkten Nutzung bestehender Behandlungsmöglichkeiten den technologischen Fortschritt beeinflussen können.

S. 12). Dies ist auch dadurch begründet, dass einfach, sprich günstig, zu erforschende Arzneimittel bereits hergestellt sind, sodass die Kosten der Erforschung von Arzneimitteln für die verbleibenden Krankheiten steigen. Allerdings vergünstigt der fortschreitende medizinische Fortschritt die pharmazeutische Forschung durch neue Erkenntnisse *(Cockburn, 2006, S. 12)*.

V. Modellanforderung:
Es gibt abnehmende Grenzerträge in der Arzneimittelforschung.

2.2.3.2 Die Bedeutung des Patentschutzes für Arzneimittelforschung und -verfügbarkeit

Neben unternehmensspezifischen Charakteristika wurden Marktgröße und Eigentumsrechte als wesentliche Determinanten des pharmazeutischen Fortschritts ermittelt. Diese werden nun näher betrachtet.

2.2.3.2.1 Die Bedeutung des Patentschutzes für den wirtschaftlichen Erfolg pharmazeutischer Forschung und Entwicklung

Innovation muss im Wesentlichen als eine ökonomische Tätigkeit aufgefasst werden, die dazu genutzt wird, Gewinne zu realisieren *(Acemoğlu & Linn, 2004, S. 1049; Sloan & Hsieh, 2008, S. 233)*. Mit Produktinnovationen geht jedoch gleichzeitig ein externer Effekt der „Wissensproduktion" einher, die die Charakteristika eines öffentlichen Gutes aufweist *(Münnich, 2000, S. 120)*. Aufgrund der nicht-Rivalität und der nicht-Ausschließbarkeit dieser „Wissensproduktion" kann sie kaum mit privatwirtschaftlichem Gewinn durchgeführt werden. Um innovative Güter dennoch privatwirtschaftlich zu produzieren zu können, muss die unentgeltliche Nutzung der Wissensproduktion ausgeschlossen werden können. Hierin wird die Bedeutung des Patents sichtbar. Zusätzlich bietet die mögliche Monopolstellung einen Anreiz zur Innovation. Andererseits wird von der Innovationsfeindlichkeit von Monopolisten ausgegangen *(Holmes, Levine, & Schmitz, 2012)*.

Nach dem Übereinkommen über handelsbezogene Aspekte der Rechte des geistigen Eigentums (TRIPS) beträgt die Patentlaufzeit nicht weniger als 20 Jahre. Infolge der langen Erprobungszeit beträgt die **effektive Patentdauer von Arzneimitteln** in den USA lediglich zehn Jahre bzw. 17 Jahre ab Erteilung des Patents *(Sturm et al., 2007, S. 24)*. Auch innerhalb Europas bzw. in Deutschland ist die Bestimmung des TRIPS mit Art. 63 (1) des Europäischen Patentübereinkommens (EPÜ 2000) bzw. § 16 PatG umgesetzt. Der Rat der Europäischen Gemeinschaften sah die Laufzeitverringerung durch den Zeitraum von der Einreichung einer Patentanmeldung für ein neues Arzneimittel bis zur Genehmigung der

Markteinführung dieses Arzneimittels als so erheblich an, dass eine Amortisierung der Forschungs- und Entwicklungskosten unzureichend ist. In der Folge wurde mit der Verordnung (EWG) Nr. 1768/92 ein ergänzendes Schutzzertifikat für Arzneimittel mit einer Laufzeit von maximal fünf Jahren ab Ablauf der gesetzlichen Laufzeit des Patents geschaffen. Da mit der Ausweitung des Patentschutzes ein Anstieg der Forschungs- und Entwicklungsausgaben erfolgt *(Chen & Sappington, 2011, S. 205)*, ist mit den Maßnahmen zur Verlängerung der effektiven Patentdauer ein positiver Anreiz für Forschung- und Entwicklung verbunden. Allerdings verweisen *Garber, Jones und Romer (2006)* darauf, dass die optimale Patentdauer über die einzelnen Arzneimittel variiert. Auch bei Beibehaltung der nominalen Patentdauer kann eine Ausweitung der effektiven Patentdauer erreicht werden, indem die Zulassungsphase verkürzt wird. In den USA werden neue Medikamente dazu in zwei Kategorien unterteilt *(Sloan & Hsieh, 2008, S. 241)*. Die Dauer der Zulassungsbestimmung für Medikamente in der priorisierten Kategorie, die sich durch signifikante Verbesserungen in der Vorbeugung, Diagnose oder Behandlung im Vergleich zu bereits eingeführten Medikamenten auszeichnen, beträgt im Schnitt 6,4 Monate. Dagegen nimmt die Zulassungserteilung der Standardgruppe 18,4 Monate in Anspruch.

Vega-Jurado et al. (2008) betrachten die Innovationsleistung einzelner Firmen in Abhängigkeit von strukturellen Merkmalen der jeweiligen Industrie: Dazu zählen Absatzmöglichkeiten und technologische Möglichkeiten. Auch Firmengröße und Marktstruktur sind Erklärungsansätze. *Vega-Jurado et al. (2008)* untersuchen dazu den Einfluss der technologischen Möglichkeiten, Aneignungsmöglichkeiten und technologische Kompetenzen der Unternehmen. Zu den Aneignungsmöglichkeiten zählen einerseits der Patentschutz, der in der chemischen und der pharmazeutischen Industrie nach Ansicht der genannten Autoren unabdingbar ist, sowie der zeitliche Vorsprung vor Mitbewerbern oder die Komplexität des Produktdesigns, die für andere Industrien eine bessere Strategie darstellen. Die Möglichkeit, sein Wissen zu schützen, hat einen signifikant positiven Einfluss auf die Innovationstätigkeit, dabei zeigt sich für wissenschaftsbasierte Unternehmen[31], dass legale Hürden (bspw. Patente) wichtiger sind als marktliche Hürden (bspw. der zeitliche Vorsprung vor Mitbewerbern) *(Vega-Jurado et al., 2008, S. 629)*. Dieser Effekt gilt für radikale Innovationen stärker als für inkrementelle Innovationen *(Vega-Jurado et al., 2008, S. 629)*.

31 Pharmazeutische und chemische Unternehmen werden zusammen mit elektrische Maschinen produzierenden Unternehmen innerhalb der Untersuchung in die Gruppe der wissenschaftsbasierten („science-based“) Unternehmen eingeordnet.

Da die Neuentwicklung von Medikamenten erheblich teurer ist als die Entwicklung von Generika, hätte die forschende Pharmaindustrie nur geringe Überlebenschancen ohne Patentschutz *(Sloan & Hsieh, 2008, S. 238–239)*. Aufgrund der hohen externen Effekte und des Charakters als öffentliches Gut sehen *Sloan und Hsieh (2008, S. 238)* den Bereich Entdeckung im hohen Maße von staatlicher Finanzierung abhängig. Als eine Folge schlagen öffentliche Investitionen für Forschung und Entwicklung in der Pharmaindustrie deutlicher zu Buche als in anderen Industrien. Das Ergebnis von *Vega-Jurados et al. (2008, S. 622)*, dass wissensbasierte Unternehmen der Kooperation mit Forschungseinrichtungen einen höheren Stellenwert beimessen als andere Unternehmen, entspricht dieser Einschätzung. Der geringe Forschungsanteil an den Gesundheitsausgaben insgesamt ist durch den mangelnden Schutz für neue Verfahren im Servicesektor und hierdurch geringere Innovationsanreize begründet; im Gegensatz dazu weist die Arzneimittelbranche, gemessen am Umsatz, den höchsten Anteil an Forschungs- und Entwicklungskosten auf *(Murphy & Topel, 2003, S. 66 ff.)*.

Berndt und Aitken (2011, S. 186 f., 195 ff.) untersuchen den Einfluss des Generika-Wettbewerbs auf die Arzneimittelpreise in den USA: Die zunehmende Anzahl Generikahersteller sorgt für einen Preisverfall bei den Generika innerhalb der ersten Monate nach Markteintritt des ersten generischen Präparats. Der Preisindex der 25 bestverkauften Generika zwischen 2005 und 2009 sank von 100, dem ursprünglichen Preis des ersten eingeführten Generikums, nach 25 Monaten auf 6. Hieraus folgt ein Durchschnittspreisindex der bestverkauften Generika dieser Jahre von 68 im ersten Jahr bzw. 28 im zweiten Jahr nach Markteinführung des jeweils ersten Generikums. Verglichen mit einem Preisindex von 80 im ersten Jahr und 65 im zweiten Jahr nach Markteinführung des ersten Generikums der ersten 25 generischen Moleküle in den Jahren 1984 bis 1991 hat sich der Preisverfall bei den Generika weiter verschärft. *Berndt und Aitken (2011)* ermitteln anhand der täglichen Behandlungskosten neun größerer Therapiegebiete, auf die 2005 zusammen 25 % der US-Arzneimittelausgaben entfielen, dass ein Preisrückgang von bis zu 75 % innerhalb von 24 Monaten nach Markteintritt der Generika erreicht werden kann. Damit ermöglicht der Patentschutz Arzneimittelinnovatoren die Vereinnahmung ausreichender Monopolumsätze zur Deckung der Forschungs- und Entwicklungskosten und bietet so ausreichende Gewinnanreize zur pharmazeutischen Innovation.

Unter gegebenem Marktumfang und verschiedenen Regierungsentscheidungen übt das Patentrecht hohe Anreize für Produktinnovation der pharmazeutischen Industrie in den Hochlohnländern aus *(Sloan & Hsieh, 2008, S. 229)*. *Brekke, Grasdalund Holmås (2009, S. 183)* verweisen in ihrer Analyse über die Wirkung von (externen) Referenzpreisen und Festbetragsgruppen darauf, dass die hierdurch erreichten niedrigeren Preise über die in der Folge geringeren Monopol- bzw. Patentrenten die Forschungs- und Entwicklungsanreize der pharmazeutischen Unternehmen senken. Diese Ergebnisse werden von *Brekke, Holmås und Straume (2011b)* bestätigt.

VI. Modellanforderung:
Infolge des Patentschutzes erlangt der Arzneimittelinnovator eine Monopolstellung.

2.2.3.2.2 Die Bedeutung des Patentschutzes für die Verfügbarkeit von innovativen Arzneimitteln

Die alleinige Existenz von Arzneimitteln ist jedoch nicht hinreichend. Arzneimittel müssen darüber hinaus auch den Patienten zur Verfügung stehen. *Berndt, Blalock und Cockburn (2011)* schätzen die de facto Verfügbarkeit einzelner Arzneimittel in ausgewählten Ländern: Berücksichtigt man die Stärke des jeweiligen Patentschutzes, zeigt sich, dass die Wahrscheinlichkeit der Arzneimittelverfügbarkeit insbesondere in Ländern mit traditionell schwachem Patentschutz wie Brasilien, Indien und China geringer ist *(Berndt et al., 2011, S. 203). Berndt et al. (2011)* schlussfolgern weiter, dass Arzneimittel insbesondere auf Märkten mit hoher generischer Konkurrenz seltener angeboten werden. Dies kann durch die geringere Wahrscheinlichkeit, fixe Kosten wie Zulassungskosten oder fixe Produktionskosten bei verstärkter Konkurrenz zu erwirtschaften, begründet sein.

Die Patentierung wird jedoch nicht durchweg positiv beurteilt *(Desai, 2007, S. 185ff.)*: So verfügen die Entwicklungsländer über 90 % der weltweiten genetischen Ressourcen. Sie befürchten jedoch, dass das Immaterialgüterrecht pharmazeutischen Unternehmen Biopiraterie ermöglicht, da für viele lukrative Arzneimittel wie das Zytostatikum Vincristin Patente ausgestellt wurden, obwohl sie auf traditionellem und bekanntem Wissen beruhen. Auf der einen Seite setzt das Patentrecht Anreize, durch Forschung und Entwicklung Monopolgewinne zu realisieren, auf der anderen Seite führen jedoch die Monopolpreise zu einer Marktgleichgewichtsmenge, die unter dem sozial wünschenswerten Niveau liegt *(Sloan & Hsieh, 2008, S. 239)*. Nach *Gardener et al. (2007)* befriedigen Innovationssysteme[32] vor allem die Bedürfnisse derjenigen, die sich die innovativen Produkte leisten können. Um die

32 Innovationssysteme werden nach *Freeman (1987)* als Netzwerk von Institutionen des öffentlichen und privaten Sektors definiert, deren Aktivitäten und Interaktionen neue Technologien induzieren, importieren, modifizieren und verbreiten *((Freeman, 1987) nach OECD (1997, S. 10))*.

Bedürfnisse der Bürger in Ländern mit geringerem Pro-Kopf-Einkommen ebenfalls zu befriedigen, existieren verschiedene Möglichkeiten wie die Produktentwicklungspartnerschaften, gezielte Industriepolitik oder Public-Private-Investment; deutliche Erfolge solcher Maßnahmen sind in Brasilien, Indien und China zu erkennen *(Gardener et al., 2007, S. 1053 ff.)*. In den Industrieländern wird die Sicherstellung der Versorgung der relativ Armen jedoch über staatliche Bereitstellung bzw. Sozialversicherungen sichergestellt. Die solidarische Finanzierung der Gesundheitsausgaben über die Parafisci sorgt jedoch durch ihre Redistribution in Deutschland dafür, dass auch die ärmeren Bevölkerungsgruppen von pharmazeutischen Innovationen profitieren können.

Unklar ist jedoch die Wirkung dieser Einkommensumverteilung auf das Innovationspotenzial in der Gesundheitsbranche. Einerseits sind durch diese Finanzierung mehr Patienten in der Lage, innovative und teure Medikamente zu bezahlen, was für zusätzliche Innovationsanreize sorgen kann. Andererseits ist denkbar, dass durch die Subvention bereits wenig innovative Produkte mit entsprechend geringerem Nutzen stärker nachgefragt werden. Damit kann die Umverteilung sowohl eine qualitativ hochstehende Versorgung fördern, indem der Innovationsanreiz verstärkt wird. Andererseits kann sie diese auch behindern, indem vor allem ein Anreiz zu wenig nutzensteigernden „Innovationen" gegeben wird. Dies ist aufgrund der Ergebnisse von *Cooper (2009)* kritisch zu überprüfen, wonach der Anstieg der Medicare-Ausgaben (im Verhältnis zu den nicht-Medicare-Ausgaben) zu einer geringeren Behandlungsqualität führt.

Nach Ansicht von *Malzahn und Schillinger (2010, S. 30)* herrscht in Deutschland ein Konsens darüber, dass der Zugang zu Innovationen mit höherem Nutzen sämtlichen Patienten über eine solidarische Finanzierung möglich seien soll. Sie werfen dabei jedoch auch die Frage auf, ob es hierfür Grenzen durch ein Kosten-Nutzen-Verhältnis geben soll. Die Patentrechts- und Erstattungsregelungen sind auch deshalb für die Betrachtung der Innovationen relevant, weil die volkswirtschaftlichen Rahmenbedingungen nach *Harhoff (2008, S. 49)* neben Forschungs- und Entwicklungsressourcen und Innovationshäufigkeit auch die Zielsetzung der Innovatoren auf radikale bzw. inkrementelle Innovationen beeinflussen.

VII. Modellanforderung: Subventionen sind als Determinanten der Arzneimittelqualität in die Modellbildung einzubeziehen.

Die Gewährung von Monopolrenten geht jedoch nicht ausschließlich mit gesellschaftlich wünschenswerten Anreizen einher. So liegt in der vollen Erstattung der von den Produzenten der Arzneimittel frei gewählten Herstellerpreise die Logik, dass die Produzenten die Möglichkeit der Preissetzung nutzen, um ihre Ausgaben für Forschung und Entwicklung zu erwirtschaften, bevor durch Nachahmerprodukte ein Preisverfall einsetzt *(Kifmann & Neelsen, 2010, S. 43 f.)*. Problematisch ist beispielsweise, dass der Anteil der Arzneimittel ohne einen therapeutischen Mehrwert (gegenüber den bestehenden Präparaten) bei den Neueinführungen in Deutschland zwischen 1992 und 2008 über 42 % lag. D. h., es könnten jährlich 1,7 Mrd. € gespart werden, wenn sogenannte Me-too-Arzneimittel durch Generika ersetzt würden.

2.2.3.3 Weitere Anreize zur Erforschung und Entwicklung von Arzneimitteln für seltene Leiden

Die Monopolstellung der Arzneimittelhersteller sowie die Arzneimittelkonsumsubvention reichen nicht in allen Bereichen aus, um Zugang zu innovativen Arzneimitteln von hoher Qualität zu gewährleisten. Dies gilt insbesondere im Bereich der seltenen Leiden. Seltene Leiden treten so selten auf, dass die Kosten für Erforschung und Entwicklung sowie Markteinführung entsprechender Arzneimittel, trotz Einkommensredistribution und Patentschutz, durch den zu erwartenden Umsatz des Arzneimittels nicht gedeckt werden können *(Crompton, 2007; Grabowski, 2005, S. 203)*.[33] Die pharmazeutische Industrie hat kaum Anreize, solche Arzneimittel zu entwickeln. In der Folge sind Arzneimittel für häufige Leiden besser verfügbar als Arzneimittel für seltene Leiden *(Lichtenberg & Waldfogel, 2003, S. 12)*.

Dieses Marktergebnis steht im Widerspruch zum Anspruch des Rats der Europäischen Union, dass „Universalität, Zugang zu einer Gesundheitsversorgung von guter Qualität, Gleichbehandlung und Solidarität“ die grundlegenden Werte der Gesundheitssysteme Europas sind *(Rat der Europäischen Union, 2006, S. 33)*. Dieser Anspruch wird im Bereich der seltenen Leiden ohne staatliche Interventionen regelmäßig nicht erfüllt. Dies stellt auch die Verordnung (EG) Nr. 141/2000 des Europäischen Parlaments und des Rates vom 16. Dezember 1999 über Arzneimittel für seltene Leiden fest. Der Gesetzgeber kommt in der Verordnung zu dem Schluss, dass Patienten mit seltenen Leiden denselben Anspruch auf eine qualitativ hochwertige Behandlung haben wie andere Patienten, weshalb Erforschung, Entwicklung und Markteinführung geeigneter Arzneimittel nach Ansicht des Gesetzgebers gefördert werden müssen. Die Intention des US-amerikanischen Orphan Drug Acts (ODA) von 1983, der der EG-Verordnung zeitlich weit vorausgeht, war es, nicht nur die reine Verfügbarkeit von Arzneimitteln

---

33 Auch die Ergebnisse von *Lichtenberg und Waldfogel (2003)*, *Acemoglu und Linn (2004)* sowie *Vega-Jurado et al. (2008)* stützen diese Annahme.

für seltene Leiden zu fördern, sondern auch bessere Arzneimittel im Bereich der seltenen Leiden zu erhalten *(Rzakhanov, 2008, S. 674)*.

Anreize zur Förderung der Erforschung, Entwicklung und Markteinführung von Arzneimitteln für seltene Leiden können ökonomisch nur erfolgreich sein, wenn sie die Gewinne der forschenden Unternehmen erhöhen bzw. ermöglichen. Die Anreize können einerseits die Grenzkosten senken (Push-Anreiz) oder andererseits den Grenzertrag (Umsätze) steigern (Pull-Anreiz) *(Grabowski, 2005, S. 463; Sloan & Hsieh, 2008, S. 233–237)*. Zu den Push-Anreizen zählen die folgenden kostensenkenden Maßnahmen: Kostenteilung bei den Forschungs- und Entwicklungsausgaben; Steuergutschriften; Forschungs- und Entwicklungskostenzuschüsse; beschleunigte Zulassungsverfahren. Pull-Programme verbessern die Einnahmen der Innovatoren nach Markteinführung durch: Marktexklusivität; garantierte Abnahmeverträge; zusätzliche Marktexklusivität bei anderen Arzneimitteln. *Sloan und Hsieh (2008, S. 236)* attestieren, dass aus theoretischer Sicht keiner der beiden Anreiztypen überlegen ist, berücksichtigen jedoch keine Qualitätsüberlegungen.

Forschungsfrage: Unterscheiden sich die staatlichen Innovationsanreize in ihrer Wirkung auf die Arzneimittelqualität?

Die Förderinstrumente des 1983 verabschiedeten ODA sind *(Grabowski, 2005, S. 458 f.)*: Steuergutschrift über 50 % der Kosten der klinischen Entwicklungskosten; Entwicklungskostenzuschüsse; Beratung und Betreuung in der Zulassung durch die FDA; garantierte siebenjährige Marktexklusivität. Für die Kostenübernahme klinischer Studien spricht nach *Jayadev und Stiglitz (2009, S. w166 ff.)* neben dem Charakter der Studien als öffentliches Gut auch die Vermeidung des Interessenkonflikts, der durch die Kostenübernahme der pharmazeutischen Unternehmen entsteht; darüber hinaus kann die Qualität der Studien gesteigert werden.[34] Der ODA unterstützte durch die gesetzten Anreize das Wachstum zahlreicher Biotechnologieunternehmen in den USA, welche die große Mehrzahl der zugelassenen Arzneimittel gegen seltene Leiden entwickelt haben.[35] Vor Einführung des Gesetzes wurde zwischen 1972 und 1982 durchschnittlich ein Arzneimittel für seltene Leiden pro Jahr entwickelt *(Sloan & Hsieh, 2008, S. 249)*. Nach Einführung des ODA bis 1994 wurden für ca. 600 Medikamente, die von der FDA als Arznei-

34 Dies ist besonders vor dem Hintergrund, dass „die Unterdrückung unvorteilhafter Daten geübte Praxis ist“ *(Kiewel, 2011, S. 353)*, überlegenswert.

35 Lediglich 15 % dieser Zulassungen stammen von großen pharmazeutischen Unternehmen *(Crompton, 2007, S. 200)*.

mittel für seltene Leiden ausgewiesen wurden, die Steuergutschrift gewährt und 111 Arzneimittel als Arzneimittel für seltene Leiden zugelassen *(Sloan & Hsieh, 2008, S. 249).*

Bei ihrer Untersuchung des US-amerikanischen Arzneimittelmarktes vor und nach Einführung des Orphan Drug Acts stellen *Lichtenberg & Waldfogel (2003)* fest, dass die Wahrscheinlichkeit, Arzneimittel zu konsumieren bei Patienten, die an häufigen Krankheiten leiden, höher ist als bei Patienten mit seltenen Leiden, was durch eine bessere Arzneimittelverfügbarkeit bedingt ist. Auch die Lebenserwartung der Patienten steigt mit der Prävalenz ihrer Krankheit *(Lichtenberg & Waldfogel, 2003, S. 12 ff.).* Die Wirkung dieser Gesetzgebung zeigt sich in der erhöhten Lebenserwartung bei den an seltenen Leiden Erkrankten *(Lichtenberg & Waldfogel, 2003, S. 15).* Nachdem der Erfolg in den USA nachgewiesen schien, verabschiedeten auch die Parlamente Japans und der Europäischen Union 1993 bzw. 1999 entsprechende Gesetze *(Grabowski, 2005, S. 465).*

Ziel der EG-Verordnung für Arzneimittel für seltene Leiden, die aufgrund der Lobbyarbeit in Rekordzeit verabschiedet wurde, ist die Steigerung von Forschungs- und Entwicklungsanstrengungen für diese Arzneimitteln durch ähnliche Anreize nach dem US-Vorbild, insbesondere im Bereich der Biotechnologie *(Crompton, 2007, S. 200, 204).* Die Verordnung sieht folgende Maßnahmen vor:

- Unterstützung bei der Erstellung eines Prüfplans durch die für die Koordination aller laufenden Bewertungen und Überwachungen von Human- und Tierarzneimitteln zuständige Europäische Arzneimittelagentur (EMA früher EMEA);
- zwingende Vorschreibung des Gemeinschaftsverfahrens nach der Verordnung (EG) Nr. 726/2004 für die Genehmigung von Humanarzneimitteln ist für Arzneimitteln für seltene Leiden;
- vollständige oder teilweise Befreiung von den Gebühren nach der Verordnung (EWG) Nr. 2309/93;
- Marktexklusivitätsrecht für 10 Jahre ab Zulassung in allen Mitgliedsstaaten;[36]
- zusätzlich können von den Mitgliedsstaaten weitere Anreize geschaffen werden.

Anfänglich schätzte die EMA[37], dass nicht mehr als 25 entsprechende Anträge jährlich eingehen würden *(Crompton, 2007, S. 200).* Zwischen April 2000 und

36 Die Marktexklusivität kann auf sechs Jahre begrenzt werden kann, falls am Ende des fünften Jahres feststeht, dass das Arzneimittel die Kriterien für die Ausweisung als Arzneimittel für seltene Leiden nicht mehr erfüllt.

37 Die EMA ist nicht nur für die Koordination aller laufenden Bewertungen und Überwachungen der Human- und Tierarzneimittel zuständig, sondern entscheidet ebenfalls über den Status als Arzneimittel für seltene Leiden.

April 2005 gingen dann aber 458 Anträge auf Anerkennung des Status als Arzneimittel für seltene Leiden ein; 268 dieser Arzneimittel wurden als potenzielles Arzneimittel für seltene Leiden eingestuft und 49 wurden zugelassen *(Crompton, 2007, S. 200)*. Mit etwa 76 Anträgen pro Jahr übertrifft die Verordnung die ursprünglichen Erwartungen um das zweifache und kann in dieser Hinsicht als erfolgreich beurteilt werden.

Forschungsfrage: Beinhaltet der ODA oder die VO (EG) Nr. 141/2000 die stärkeren Anreize zur Arzneimittelqualitätssteigerung?

Sowohl der ODA wie auch die EG-Verordnung beinhalten neben Hilfestellungen auch Pull-Anreize wie Marktexklusivität. In beiden Regelwerken werden auch Kostenanreize in Form einer Gebührenbefreiung bzw. einer Kostenerstattung für die klinischen Entwicklungskosten genutzt.

VIII. Modellanforderung:
Forschungs- und Entwicklungskostenerstattung sowie eine Zulassungskostenerstattung muss im Modell berücksichtigt werden können.

3 Sozialgesetzliche Rahmenbedingungen

Im letzten Kapitel wurde aufgezeigt, dass staatliche Rahmenbedingungen wie Umverteilung innerhalb des Gesundheitssystems und Organisation desselben, Förderung von Forschung und Entwicklung, Ausgestaltung der Rechte des geistigen Eigentums, etc. verschiedentlich auf die pharmazeutische Forschung und Entwicklung und damit auch auf Arzneimittelinnovation und Arzneimittelqualität wirken. Dabei wurden der Patentschutz und die Förderung von Forschung und Entwicklung bereits thematisiert. Relevante Aspekte des deutschen Gesundheitssystems, insbesondere Institutionen, Finanzierung und angedachte Finanzierungsreformen sowie die Arzneimittelpreisbildung werden im Folgenden betrachtet und mit den Gesundheitssystemen anderer Länder verglichen. Zur besseren Einordnung erfolgt zunächst eine Ableitung allgemeiner Anforderungen an ein Gesundheitssystem aus den Staatsaufgaben des liberalen Staates sowie die Darstellung der grundsätzlichen Organisationsmöglichkeiten eines Gesundheitssystems.

Nach einem liberalen Staatsverständnis vereinigen sich die Bürger zur besseren Wahrung ihrer Interessen im Staat freiwillig. Die Aufgaben des Staates bestehen *Cansier (2004, S. 6–9)* folgend in der Freiheitsfunktion, Gerechtigkeit, fairer Chancengleichheit sowie Freiheitsvoraussetzungsschutz und sozialer Gerechtigkeit. Aus diesen Aufgaben folgt für das Gesundheitssystem: Die Bürger müssen bei der Wahl ihrer Behandlung, Gesundheitsgüter und ggf. einer Krankenversicherung frei sein (**Freiheitsfunktion**). Eine Beschränkung der oben genannten Wahlfreiheiten auf einzelne Bürgergruppen muss ausgeschlossen sein (**Gerechtigkeit**). Die Bereitstellung eines adäquaten Gesundheitsschutzes für Kinder ist ebenfalls Aufgabe des Staates (**Chancengleichheit**). Ein Minimum an Mitteln zur Nachfrage nach Gesundheitsgütern ist zu gewährleisten, dies muss im Rahmen des **Freiheitsvoraussetzungsschutzes** ebenfalls Aufgabe eines staatlichen Gesundheitssystems sein.

Seit *Musgrave* werden dem Staat Distributionsfunktion, Allokationsfunktion und Stabilisierungsfunktion bzw. Wachstumsfunktion zugesprochen *(Edling, 2011, S. 381)*. Bestandteil der Distributionsfunktion ist neben der Umverteilung die Verhinderung existenzieller Armut sowie die Absicherung der großen Lebensrisiken Alter, Krankheit, Pflegebedürftigkeit, Unfälle und Arbeitslosigkeit *(Edling, 2011, S. 379 f.)*. Während die eigentliche Umverteilung sowie die Armutsabsicherung in Deutschland im Wesentlichen durch das Steuer- und Transfersystem gesteuert werden, erfolgt die Absicherung der Lebensrisiken über parafiskalische Einrichtungen. *Busse und Riesberg (2005, S. 152)* nennen als primäres Ziel der Gesundheitspolitik dementsprechend „Qualität und Sicherheit zu gewährleisten, Gesundheit zu verbessern und die Ausgaben der GKV unter Kontrolle zu halten." D. h., nach *Busse und Riesberg (2005)* ist Effizienz nach dem Minimalprinzip zu erreichen.

Die Organisation eines Gesundheitssystems, insbesondere der Krankenversicherung, ist generell durch eine marktwirtschaftliche Lösung sowie durch eine staatliche Lösung möglich, ebenso ist eine Pflichtversicherung im Bereich der Krankenversicherung eines Gesundheitssystems denkbar *(Wimmer, 2008, S. 50ff.)*. In einem **marktwirtschaftlich organisierten System** beruhen das Angebot und die Nachfrage nach Gesundheitsgütern auf rein privatwirtschaftlichen Entscheidungen. Auch der Abschluss einer Krankenversicherung beruht auf einer solchen Entscheidung. *Wimmer (2008, S. 50)* stellt hierzu fest, dass ein marktwirtschaftlich organisiertes Gesundheitssystem zu Versorgungsproblemen für „Arme und Kranke" führen kann, jedoch nicht zwingend einer Krankenversicherung bedarf. Demgegenüber sehen *Zweifel und Breuer (2002, S. 7 f.)* Versicherungen aufgrund der Unsicherheit als Ursache für ein allokatives Marktversagen als geradezu unentbehrlich. Sie verweisen diesbezüglich auch auf den Wohlfahrtsgewinn risikoaverser Personen infolge eines Versicherungsabschlusses. Im Rahmen eines marktwirtschaftlich orientierten Gesundheitssystems besteht mit einer **Versicherungspflicht**, wie sie in Deutschland beispielsweise in der Kraftfahrzeughaftpflichtversicherung existiert, die Möglichkeit, den Versicherungsschutz der Bürger sicherzustellen. Dabei bezeichnet Versicherungspflicht die Unfreiheit der Bürger bezüglich der Entscheidung, ob eine Versicherung abgeschlossen werden soll, während **Pflichtversicherung** zusätzlich die Unfreiheit hinsichtlich der Wahl des Versicherers bezeichnet *(Schulenburg, 2005, S. 4)*. In einem **staatlichen Gesundheitssystem** erhält jeder Staatsbürger einkommensunabhängig die gleichen Gesundheitsleistungen. Die Finanzierung eines solchen Systems erfolgt über Steuereinnahmen. Ein solches Gesundheitssystem besteht in Großbritannien. Als nachteilig haben sich hier Probleme bei der Bedarfsplanung und Qualitätsminderungen infolge der Senkung des Ausgabenniveaus ergeben *(Wimmer, 2008, S. 51)*.

3.1 Relevante Aspekte des deutschen Gesundheitssystems

Das deutsche Krankenversicherungssystem reicht in seinen Wurzeln bis 1883 zurück und ist durch die Einführung einer Krankenpflichtversicherung auf Landesebene begründet *(WHO, 2006, S. 28)*. Die Gesundheitsausgaben betrugen 2010 288,3 Mrd. € und entsprechen 11,5 % des BIP; die Gesundheitsausgaben pro Einwohner betrugen 2010 3.530 € gegenüber 1.960 € 1992 *(Gesundheitsberichterstattung des Bundes, 2013)*. Die Träger dieser Ausgaben sind neben den gesetzlichen Krankenkassen (GKV) und den privaten Krankenversicherungen (PKV) die gesetzliche Unfallversicherung, die gesetzliche Rentenversicherung (GRV), die soziale Pflegeversicherung, Arbeitgeber sowie private Haushalte und Organisationen *(Müller & Böhm, 2009, S. 15)*. Darüber hinaus werden die Aufsichtsbehörden des Gesundheitsschutzes durch Steuermittel finanziert *(Müller & Böhm, 2009, S. 15, 10)*. Vorrangig werden im Weiteren GKV und PKV betrachtet. Sie sind die tragenden Säulen des deutschen Gesundheitssystems, dabei trägt jedoch die GKV das Neunfache der Ausgaben der PKV. Neben ihrem Umfang ist auch das jeweilige rechtliche Rahmenwerk unterschiedlich *(Isensee, 2010, S. 838)*: Die GKV ist stärker mit dem Staat verzahnt und nimmt öffentliche Aufgaben wahr, während die PKV auf Privatautonomie und unternehmerischer Freiheit beruht. Der Markt der PKV ist allerdings auf den Bereich begrenzt, in dem das Verwaltungsmonopol der GKV nicht besteht. In der PKV kann sich im Wesentlichen versichern, wer über ein Jahreseinkommen verfügt, das über der Beitragsbemessungsgrenze liegt. Diese wird gem. § 6 Abs. 6 SGB V von der Bundesregierung durch Rechtsverordnung festgesetzt. Die PKV versichert circa 10 % der Deutschen *(WHO, 2006, S. 28)*.

Während die Versicherung in der PKV in einem privatwirtschaftlichen Vertrag mit versicherungstechnischer Äquivalenz erfolgt, basiert die Versicherung in der GKV auf dem Gesetz und dem Solidarprinzip *(Isensee, 2010, S. 838)*. Entsprechend folgen die Beiträge im ersten Fall dem privaten Risiko, während sie sich im letzten Fall am Arbeitseinkommen orientieren. Eine Folge davon ist die Umverteilung innerhalb der GKV. Weiterhin unterscheidet sich die Finanzierung dadurch, dass ihr bei der PKV eine Kapitaldeckung zugrunde liegt, während sie bei der GKV durch ein Umlageverfahren erfolgt. Auch bei der Art Versicherungsleistung unterscheiden sich GKV und PKV. Bei der GKV werden Sachleistungen gewährt, während bei der PKV Auslagen, also Geldleistungen, erstattet werden *(Isensee, 2010, S. 838)*. Dieser zweisäulige Aufbau der Krankenversicherung lässt sich nach *Isensee (2010, S. 840 f.)* auch aus dem Grundgesetz der Bundesrepublik herauslesen.

3.1.1 Institutionen und Finanzierung des deutschen Gesundheitssystems

3.1.1.1 Die Gesetzliche Krankenversicherung

3.1.1.1.1 Aufgaben, Struktur und Aufgaben

Die Aufgaben der Gesetzlichen Krankenversicherung werden in § 1 SGB V festgelegt. Sie bestehen darin, die Gesundheit der Versicherten zu erhalten, wiederherzustellen oder ihren Gesundheitszustand zu bessern sowie den Versicherten durch Aufklärung, Beratung und Leistungen auf eine gesunde Lebensweise hinzuwirken. Das Bundesministerium für Gesundheit (BMG) zählt 2008 circa 70 Mio. Versicherte in den gesetzlichen Krankenkassen *(BMG, 2013)*.

GKV bezeichnet dabei jedoch keine einzelne (staatliche) Krankenversicherung, sondern die Gesamtheit der derzeit 146 (1. Januar 2012) gesetzlichen Krankenkassen.[38] Der überwiegende Teil der Versicherten ist über eine der Allgemeinen Ortskrankenkassen oder eine der Ersatzkassen versichert; darauf folgen die Betriebskrankenkassen und die Innungskrankenkassen als die viertwichtigste Kassenart; die landwirtschaftlichen Krankenkassen und die Knappschaft-Bahn-See haben dagegen nur eine geringere Bedeutung *(Gesundheitsberichterstattung des Bundes 2011)* und werden in der Folge nicht näher betrachtet.

Der GKV-Spitzenverband stellt die zentrale Interessenvertretung der gesetzlichen Krankenkassen dar. Zu seinen Aufgaben zählen nach § 217f SGB V u. a. die Unterstützung der Krankenkassen und ihrer Landesverbände bei der Wahrung ihrer Aufgaben und ihrer Interessen sowie Entscheidungen zur Organisation des Qualitäts- und Wirtschaftlichkeitswettbewerbs. Der GKV-Spitzenverband nennt darüber hinaus als Beispiele für seine Aufgaben die Festsetzung von Festbeträgen für Arznei- und Hilfsmittel sowie der Höchstbeträge für Arzneimittel und Vorgaben für Vergütungsverhandlungen und Arzneimittelvereinbarungen auf Landesebene *(GKV-Spitzenverband, 2013).*

Den Schwerpunkt der Leistungen von gesetzlichen Krankenkassen setzt das SGB V auf die **Leistungen bei Krankheit**. Werden Versicherte krank, haben sie Anspruch auf Krankenbehandlung. Diese umfasst nach §§ 27, 27a SGB V u. a.:

- die ärztliche und zahnärztliche Behandlung einschließlich der psychotherapeutischen Behandlung,
- der Versorgung mit Arznei-, Verband-, Heil- und Hilfsmitteln,[39]
- die Krankenhausbehandlung.

---

38 Die Krankenkassen teilen sich auf in 12 Allgemeine Ortskrankenkassen (AOK), 112 Betriebskrankenkassen (BKK), sechs Innungskrankenkassen (IKK), neun Landwirtschaftliche Krankenkassen (LKK), die deutsche Rentenversicherung Knappschaft-Bahn-See (KBS) als Träger der Krankenversicherung, die am 1. Januar 2008 aus dem Zusammenschluss der Bundesknappschaft mit der deutlich kleineren See-Krankenkasse entstand (Gesundheitsberichterstattung des Bundes, 2011) sowie sechs Ersatzkassen (EKK) auf *(BMG, 2012a, S. 114).*

39 Anspruch auf die Versorgung mit verschreibungspflichtigen Arzneimitteln haben die Versicherten nach § 31 SGB V. Nicht verschreibungspflichtige Arzneimittel sind nach § 34 SGB V i. d. R. von der Versorgung ausgeschlossen. Darüber hinaus sind Medikamente zur Behandlung von Erkältungskrankheiten und grippalen Infekten sowie Mund- und Rachentherapeutika, Abführmittel und Arzneimittel gegen Reisekrankheiten ausgenommen. Ebenfalls ausgenommen sind Arzneimittel, deren Anwendung der Steigerung der Lebensqualität dient.

Der Gesamtumfang aller Leistungen wird im allgemeinen Sprachgebrauch als **Leistungskatalog** bezeichnet *(Steenbrecker, 2005, S. 1)*. Ausgaben entstehen der GKV vor allem durch Bezahlung der Leistungserbringer sowie in geringem Umfang durch Verwaltungsausgaben. Die Ausgaben der GKV betrugen im Jahr 2009 insgesamt etwa 170,78 Mrd. €. Davon entfielen auf Krankenhausbehandlung 55,41 Mrd. €(32 %), auf Arzneimittel 30 Mrd. € (18 %) und 26,39 Mrd. € (15 %) auf ärztliche Behandlung. Weitere 11,22 Mrd. € (7 %) entfielen auf zahnärztliche Behandlung und Zahnersatz. Allein auf die zuvor genannten Leistungen entfielen demnach 72 % der Ausgaben der GKV, während die Verwaltungskosten 8,91 Mrd. Euro (5 %) betrugen. Eine genauere Übersicht bietet Tabelle 3.1.

Im Wesentlichen können die Ausgaben der GKV durch die Ausgaben für Krankenhausbehandlung, ärztliche, zahnärztliche Behandlung und Zahnersatz sowie Arzneimittel erklärt werden. Beachtet man zusätzlich noch die Netto-Verwaltungskosten, belaufen sich die Ausgaben für die verbleibenden Leistungen auf weniger als ein Viertel der Gesamtausgaben. Die zunehmende Bedeutung der Ausgaben für Arzneimittel, die nicht nur nominal, sondern auch prozentual steigen, ist ebenfalls erkennbar. Mit einer Wachstumsrate von über 5 % steigen die Ausgaben im Bereich der Arzneimittel deutlich schneller als im gesamten Gesundheitssystem. Dieses Ausgabenwachstum geht vor allem auf die Ausgaben für patentgeschützte Medikamente zurück, die zwischen 2008 und 2009 um 15 % zunahmen. Hatten patentgeschützte Arzneimittel 1999 noch ein Anteil von 27 % der Ausgaben für Arzneimittel, lag ihr Anteil 2009 bereits bei 35 % *(Kifmann & Neelsen, 2010, S. 43)*.

Tabelle 3.1: Ausgaben der GKV nach Leistungen

	2000		2005		2010	
	Mrd. €	**Prozent**	**Mrd. €**	**Prozent**	**Mrd. €**	**Prozent**
Ärztliche Behandlung	22,01	16,5	21,95	15,4	27,09	15,6
Zahnärztliche Behandlung	7,71	5,8	7,49	5,2	8,3	4,8
Zahnersatz	3,52	2,6	2,43	1,7	3,12	1,8
Arzneimittel	19,41	14,5	24,67	17,3	30,18	17,4
Hilfsmittel	5,53	4,1	5,17	3,6	6,01	3,5
Heilmittel	3,06	2,3	3,73	2,6	4,58	2,6
Krankenhausbehandlung	44,16	33,1	48,53	34,0	58,13	33,5
Krankengeld	7,06	5,3	5,87	4,1	7,8	4,5
Sonstige	21,07	15,8	22,88	16,0	28,4	16,4

Quelle: *BMG (2013)*, eigene Berechnung.

2011 wurden für Arzneimittel 34,3 Mrd. € zulasten der gesetzlichen Krankenkassen abgerechnet *(GAmSi, 2012, S. 3)*. Vom Bruttoumsatz für Fertigarzneimittel entfielen 40,8 % auf Festbetragsarzneimittel und 30,1 % auf Spezialpräparate *(GAmSi, 2012, S. 10)*. Hierbei fällt auf, dass der Anteil der Festbetragsarzneimittel ständig zurückgeht, während der Anteil der Spezialpräparate beständig steigt. Insgesamt hat sich der Anteil der Spezialpräparate zwischen 2001 und 2011 nach Verordnungen von 1,3 % auf 2,7 % bzw. nach Bruttoumsatz von 14,7 % auf 30,1 % mehr als verdoppelt *(GAmSi, 2002, S. 9 f, 2012, S. 9 f)*. Dabei stieg der durchschnittliche Wert je Verordnung von 308,89 € um 70 % auf 529,88 € *(GAmSi, 2002, S. 11, 2012, S. 11)*, wie Abbildung 3.1 verdeutlicht. Für den beständigen Anstieg der Arzneimittelausgaben sorgt damit im Wesentlichen die Änderung der Marktstruktur.

Abbildung 3.1: Anteil der Spezialpräparate am Fertigarzneimittelmarkt

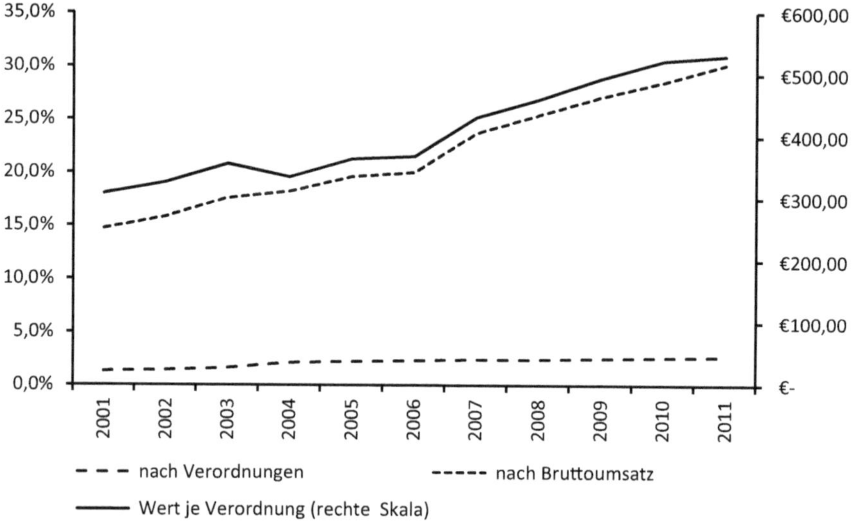

Quelle: Eigene Darstellung, Daten: *(GAmSi, 2002, S. 9, 2003, S. 9, 2012, S. 8, 2004, S. 9, 2005, S. 9, 2006, S. 9, 2007, S. 9, 2008, S. 9, 2009, S. 8, 2010, S. 8, 2011, S. 8)*.

3.1.1.1.2 Versicherte, Mitglieder und Einnahmen

Der versicherte Personenkreis der GKV wird in §§ 5 bis 10 SGB V festgelegt, er umfasst neben Pflichtversicherten insbesondere freiwillig Versicherte sowie beitragsfrei mitversicherte Familienangehörige. Mitglieder der GKV sind dabei jedoch nur Pflichtversicherte und freiwillig Versicherte. Beitragsfrei mitversicherte Familienangehörige sind keine Mitglieder der GKV, haben jedoch denselben

Anspruch auf Leistungen der GKV. Die Gruppe der **Pflichtversicherten**, zu denen neben Rentnern insbesondere Arbeiter, Angestellte sowie Auszubildende, die gegen Entgelt beschäftigt werden, und Arbeitslose sowie Empfänger von ALG II gehören, werden in § 5 SGB V aufgelistet. Versicherungsfrei sind gem. § 6 SGB V vor allem Arbeitnehmer, deren regelmäßiges Jahresentgelt die Jahresarbeitsentgeltgrenze überschreitet, Beamten sowie weitere Personen, die bei Krankheit Ansprüche auf Beihilfe haben. Sie haben die Möglichkeit, sich **freiwillig in der GKV zu versichern** oder sich in der PKV zu versichern. Die Einschränkung der Pflichtversicherung gegenüber den Versicherungsfreien könnte als Einschränkung der zuvor abgeleiteten Gerechtigkeit aufgefasst werden. **Beitragsfrei versichert** nach § 10 SGB V sind im Wesentlichen Ehegatten bzw. Lebenspartner und Kinder eines GKV-Mitglieds sowie die Kinder von familienversicherten Kindern.

Die Beiträge zur GKV werden einkommensabhängig erhoben. Für die Beitragsbemessung versicherungspflichtiger Beschäftigter werden gem. § 226 Abs. 1 SGB V verwendet: Arbeitsentgelt aus einer versicherungspflichtigen Beschäftigung; Zahlbetrag der Rente der gesetzlichen Rentenversicherung; Versorgungsbezüge; Arbeitseinkommen, soweit es neben der Rente einer gesetzlichen Rentenversicherung oder Versorgungsbezügen erzielt wird.

Mit der Bemessung der Beiträge am Einkommen wird deutlich, dass ein mögliches versicherungstechnisches Äquivalenzprinzip von Anfang an durch Solidar- und Sozialziele ergänzt bzw. durchbrochen wurde *(Simon, 2010)*. Obgleich die Hauptaufgabe der GKV die Umverteilung von Gesunden zu Kranken ist, kommt es durch die nicht risiko- und altersgerechte Beitragserhebung insgesamt zu Umverteilungen von Gesunden zu Kranken, von Empfängern hoher Einkommen zu Beziehern niedriger Einkommen, von Alleinstehenden und Kinderlosen zu Familien, von jungen Versicherten zu Alten *(Grabka, 2004, S. 7)*. Dagegen verweist *Simon (2010, S. 79 ff.)* darauf, dass die Umverteilung von Jungen zu Alten bzw. von Alleinstehenden und Kinderlosen zu Familien keine eigenständigen Solidarausgleiche darstellen: Die Umverteilung von Gesunden zu Kranken und der Solidarausgleich zwischen höheren und niedrigeren Einkommen führt zu den weiteren „Schein-Umverteilungen", die lediglich Erscheinungsformen der originären Solidarausgleiche sind. Mit dem Sozialstaatsgebot, dem Subsidiaritätsprinzip, dem Bedarfsdeckungsprinzip, dem Sachleistungsprinzip, der Versicherungspflicht sowie der Selbstverwaltung beruht die soziale Sicherung im Krankheitsfall auf sechs weiteren Prinzipien *(Simon, 2010, S. 74–92)*. Bei den genannten Umverteilungen wird auch vom **Solidarprinzip** gesprochen. Die Betrachtung der Versichertenstruktur der GKV des Jahres 2011 lässt das Ausmaß dieser Umverteilung ersichtlich werden *(BMG, 2012a, S. 112)*: Von den Versicherten der GKV sind knapp über

17,7 Mio. (beitragsfrei) mitversicherte Familienangehörige, dies entspricht 25 % der Versicherten; die Mitgliederzahl der GKV beläuft sich auf knapp 52,8 Mio., von denen knapp 19,2 Mio. Rentner oder Vorruhestandsgeldempfänger (27 % der Versicherten) und 1,9 Mio. krankenversicherte Arbeitslose sind (über 3 % der Versicherten). Im Jahr 2011 waren demnach circa 56 % der Versicherten innerhalb der GKV mitversicherte Familienangehörige, Rentner, Vorruhestandsgeldempfänger und Arbeitslose. D. h., nur 44 % der Versicherten der GKV sind Berufstätige, deren Arbeitsentgelt zur Berechnung des Versicherungsbeitrags genutzt wird. Für die einzelnen Kassenarten ergeben sich die folgenden Mitgliederstrukturen:

Abbildung 3.2: Versichertenstruktur nach Kassen im Jahr 2010

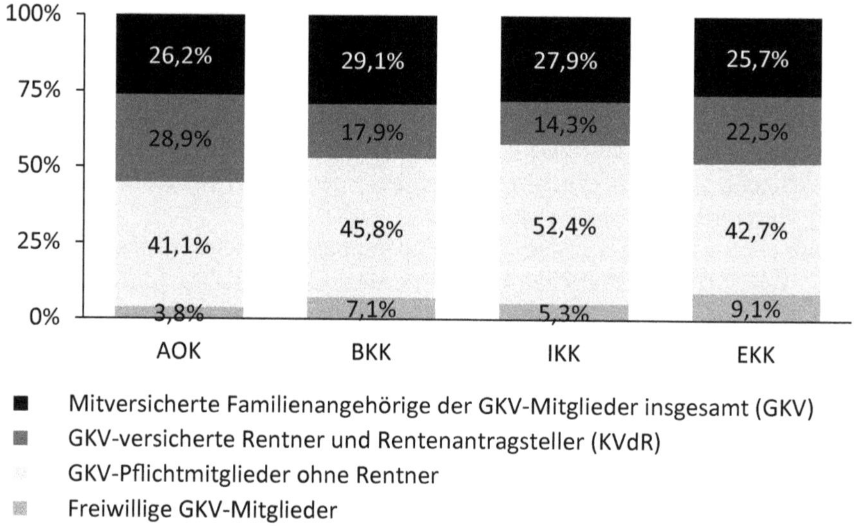

Quelle: Eigene Berechnung, eigene Darstellung, Daten: *BMG (2012a)*.

Besonders relevant für die finanzielle Stärke der Kassen ist der Anteil der freiwilligen GKV-Mitglieder, da mit ihrem relativ hohen Einkommen überdurchschnittliche Beitragseinnahmen verbunden sind *(Simon, 2010, S. 143)*. Darüber hinaus ist bei den Pflichtmitgliedern mit einem gegenüber Rentnern höheren Beitragsaufkommen zu rechnen, während mitversicherte Familienangehörige wie erwähnt keinen Beitrag zahlen. Folgt man dieser Logik, ist die Versichertenstruktur der Betriebskrankenkassen mit ihren überdurchschnittlichen Anteilen an freiwilligen Mitgliedern und Pflichtmitgliedern vorteilhafter als die Versichertenstruktur der allgemeinen Ortskrankenkassen, die jeweils einen unterdurchschnittlichen Anteil an freiwilligen Mitgliedern und Pflichtmitgliedern aufweist.

Der Beitragssatz beträgt gem. § 241 SGB V 15,5 % der relevanten Einkünfte und muss nach §§ 249 und 249a im Wesentlichen paritätisch finanziert werden. Die Krankenkassen erhalten nach § 266 und 270 SGB V Zuweisungen aus dem Gesundheitsfonds. Mit den Zuweisungen aus dem Gesundheitsfonds ist ein morbiditätsorientierter Risikostrukturausgleich (Morbi-RSA) verbunden. Obgleich aus Sicht der Versicherten das Einkommen für die Berechnung der Beiträge maßgeblich ist, erhalten die Krankenkassen Zuweisungen aus dem Gesundheitsfonds, sodass für sie durch Zu- und Abschläge lediglich die Morbiditätsstruktur der Versicherten und nicht deren Einkommensstruktur maßgeblich ist. Über die Zuweisungen hinaus ist ein kassenindividueller Zusatzbeitrag gemäß § 242 SGB V möglich bzw. vorgeschrieben, falls die Zuweisungen aus dem Gesundheitsfonds nicht ausreichen, um den Finanzbedarf der Kasse zu decken. Darüber hinaus sieht § 221 SGB V eine Beteiligung des Bundes an den Aufwendungen in Höhe von 11,8 Mrd. Euro im Jahr 2010 vor, die bis zum Erreichen von jährlich 14 Mrd. Euro pro Jahr um 1,5 Mrd. Euro erhöht werden soll. Zusätzlich verbucht die GKV sonstige Einnahmen. Nachfolgende Tabelle 2.4 gibt eine Übersicht über die Einnahmen der GKV. Es ist deutlich zu erkennen, dass die GKV im Wesentlichen beitragsfinanziert ist. Auch eine Anhebung des Bundeszuschusses auf die Zielmarke von 14 Mrd. Euro führt diesbezüglich nur zu geringen Änderungen – die Zielmarke entspräche etwa 8 % der gesamten Einnahmen des Jahres 2009.

Tabelle 3.2: Einnahmen der GKV in Mrd. Euro

	2000		**2005**		**2009**	
	Mrd. €	**%**	**Mrd. €**	**%**	**Mrd. €**	**%**
Einnahmen insgesamt	133,81		145,74		172,2	
davon Beiträge	130,05	97,2	140,25	96,2	159,8	92,8
davon sonstige Einnahmen	3,76	2,8	2,99	2,1	5,2	3,0
davon Bundeszuschuss	-	-	2,5	1,7	7,2	4,2

Quelle: *BMG (2013).*

Obgleich die Notwendigkeit des morbiditätsorientierten Risikostrukturausgleiches zur Sicherstellung des Kassenwettbewerbs Konsens ist, bestehen unterschiedliche Auffassungen zur detaillierten Ausgestaltung. Wesentliche Vorschläge beziehen sich auf die (Wieder-)Einführung eines Hochrisikopools, die Ausweitung auf alle Krankheiten sowie die Regionalisierung des Morbi-RSA *(Gründer, 2011, S. 250–255)*. Diese Aspekte sollen hier jedoch nicht vertieft werden.

3.1.1.2 *Die private Krankenversicherung*

Es werden verschiedene Formen der privaten Krankenversicherung unterschieden: Krankheitsvollversorgung, Pflegeversicherung, Zusatzversicherungen und Besondere Versicherungsformen *(PKV, 2010a, S. 13 ff.)*. Die **Krankenvollversicherung** ist die Hauptversicherungsart der privaten Krankenversicherung. Sie erfolgt substitutiv zur GKV und ist im Gegensatz zu ihr eine Kostenversicherung. Der Personenkreis, der berechtigt ist, eine private Krankenvollversicherung abzuschließen, ergibt sich aus § 5 und 6 SGB V. Hierzu zählen im Wesentlichen Arbeiter und Angestellte, deren regelmäßiges Einkommen über der Jahresentgeltgrenze, auch Versicherungspflichtgrenze genannt, liegt, Beamte sowie Selbstständige und Freiberufler. Beim Vergleich des durchschnittlichen Jahresverdiensts 2013 in Höhe von 36.156 € *(Statistisches Bundesamt, 2014, S. 5)* und der Jahresentgeltgrenze 2013 in Höhe von 52.200 € wird deutlich, dass sich in der privaten Krankenversicherung vor allem Bürger mit hohem Einkommen versichern können. Private **Zusatzversicherungen** ergänzen den Grundversicherungsschutz der gesetzlichen oder privaten Krankenversicherung. Besondere Versicherungsformen bestehen beispielsweise in der Auslandsreisekrankenversicherung.

Im Gegensatz zu den gesetzlichen Krankenkassen, die Körperschaften des öffentlichen Rechts sind, sind private Krankenkassen gem. § 7 VAG als Aktiengesellschaften (AG) oder als Versicherungsverein auf Gegenseitigkeit (VaG) organisiert. Zu den Aktiengesellschaften zählt auch die Europäische Gesellschaft (SE). Im Verband der privaten Krankenversicherung e. V., dessen Mitgliedsunternehmen nach eigenen Angaben nahezu den gesamten privaten Krankenvoll- und Zusatzversicherungsmarkt Deutschlands abdecken, sind derzeit 19 Versicherungsvereine auf Gegenseitigkeit und 24 Aktiengesellschaften organisiert *(PKV, 2011, S. 10)*. Im Jahr 2010 betrug die Zahl der Versicherten in der Vollversicherung der privaten Krankenversicherung etwa 8,9 Mio., während sich die Beitragseinnahmen der PKV insgesamt auf etwa 33,3 Mrd. Euro beliefen *(PKV, 2011, S. 16)*.

Im Gegensatz zu den Beiträgen der GKV werden die Beiträge auf Basis des versicherungstechnischen Äquivalenzprinzips kalkuliert. Die substitutive Krankenversicherung darf nach § 12 VAG jedoch nur nach Art der Lebensversicherung betrieben werden, dabei sind insbesondere Altersrückstellungen zu bilden. Die Altersrückstellungen dienen dazu, die Versicherungsprämien über den Zeitverlauf konstant zu halten, da mit steigendem Alter von höheren Behandlungskosten auszugehen ist.[40]

---

40 Infolge des GKV-WSG sind private Krankenversicherungen gem. § 12 Abs. 1a des Gesetzes über die Beaufsichtigung der Versicherungsunternehmen (VAG) verpflichtet,

Entgegen dem Sachleistungsprinzip in der GKV ist das vorherrschende Prinzip in der PKV die Kostenerstattung, die wiederum vom gewählten Versicherungstarif abhängig ist *(Simon, 2010, S. 174 ff.)*: Da die privaten Krankenversicherungen keinen Vertrag mit den einzelnen Leistungserbringern abschließen, haben die Versicherten der PKV die freie Wahl und sind Vertragspartner der Leistungserbringer. Entsprechend sind die Versicherten der PKV Schuldner der Leistungserbringer und können Rechnungen anschließend zur Erstattung bei ihrer Krankenversicherung einreichen. Die jeweilige Gebührenordnung des Leistungsbereichs ist i. d. R. Grundlage dieser Rechnung. Die Verträge der PKV sehen jedoch auch Selbstbehalte der Versicherten vor, d. h., die Versicherungen erstattet Kosten erst, nachdem der Versicherte einen bestimmten Teil seiner Behandlungskosten vollständig selbst getragen hat. Gesetzlich vorgeschrieben sind mögliche Selbstbehalte beim Basistarif von 300 Euro, 600 Euro, 900 Euro und 1200 Euro (§ 12 VAG).

Die Versicherungsleistungen der PKV (ohne Pflegeversicherung) beliefen sich 2010 auf rund 21,9 Mrd. Euro. und verteilen sich auf *(PKV, 2011, S. 53 f.)*: **ambulante Leistungen** (45 %), z. B. Arzt- und Heilpraktikerbehandlung, Arznei-, Verbands-, Heil- und Hilfsmittel. Die Leistungen für Arztbehandlungen belaufen sich auf etwa 24,7 % des Gesamtleistungsvolumens, während Leistungen für Arznei- und Verbandmittel 11,3 % des Gesamtleistungsvolumens betragen; **stationäre Leistungen** (30,3 %), z. B. für allgemeine Krankenhausleistungen, Chefarztbehandlungen und Unterkunftswahlleistungen; **Zahnleistungen** (15,2 %), z. B. für Zahnbehandlung, Zahnersatz und Kieferorthopädie. Leistungen für Krankentagegeld, Krankenhaustagegeld, Pflegezusatzversicherung, besondere Versicherungsformen und sonstige Leistungen belaufen sich zusammen auf etwa 9,5 % des gesamten Leistungsvolumens.

Aufgrund der beinhalteten Zusatzversicherungen in den Leistungen der PKV sind diese Zahlen jedoch nicht mit denen der GKV zu vergleichen. Einen abschließenden Vergleich zwischen privater und gesetzlicher Krankenversicherung bietet die folgende Tabelle 3.3.

---

einen Basistarif anzubieten, der in Art, Höhe und Umfang mit der gesetzlichen Krankenkasse vergleichbar ist und dessen Beitrag gem. § 12 Abs. 1c VAG den Höchstbeitrag in der GKV nicht überschreiten darf. Beim Basistarif sieht § 12 Abs. 1b VAG einen Kontrahierungszwang für bestimmte Personen vor, z. B. freiwillig in der gesetzlichen Krankenversicherung, Versicherte innerhalb von sechs Monaten nach Beginn ihrer vorgesehenen Wechselmöglichkeit und insbesondere nicht in der GKV versicherungspflichtige Personen, die keine private Krankheitskostenversicherung haben.

Tabelle 3.3: Unterschiede zwischen GKV und PKV

GKV	PKV
Umlageverfahren	Kapitaldeckungsverfahren
einkommensabhängigem Beitrag mit Risikostrukturausgleich	risikogerechten Beiträgen
Versicherungspflicht	freiwillige Versicherung bzw. Versicherungspflicht bei bestimmten Personengruppen (Basistarif)
rechtliche Privilegien z. B. Arzneimittelrabatt	keine rechtlichen Privilegien
weitestgehend einheitliche Produkte aufgrund des gesetzlich fixierten Leistungskatalogs	Produktvielfalt aufgrund des vertraglich vereinbarten Leistungsumfangs
Kontrahierungszwang mit Wettbewerb	im Wesentlichen Vertragsfreiheit, in einzelnen Bereichen Kontrahierungszwang
Familienmitversicherung	Individualverträge
Sachleistungsprinzip	Kostenerstattungsprinzip
Preisverhandlungen mit Leistungserbringern	freie Preisgestaltung
obligatorische Selbstbeteiligungen	frei zu vereinbarende Selbstbeteiligungsregeln

Quelle: Eigene Darstellung nach *Schulenburg (2005).*

IX. Modellanforderung:
Im Modell müssen innerhalb der PKV einkommensstarke Individuen ohne Umverteilung in der Gruppe dargestellt werden können, während zur Darstellung der GKV Individuen unterschiedlicher Einkommenshöhen mit gruppeninterner Umverteilung modelliert werden müssen.

3.1.1.3 Ausblick auf mögliche Reformen der Finanzierung

Die Einnahmen aller gesetzlichen Krankenkassen werden durch den Anteil der Versicherten im Erwerbs- und Rentenalter sowie mitversicherte Familienangehörige bestimmt. Entsprechend gehen die Gesamteinnahmen der GKV zurück, wenn weniger Erwerbstätige und mehr Rentner über die GKV versichert sind. In Folge des demographischen Wandels und des höheren Anteils Älterer wird demnach von geringeren Einnahmen der gesetzlichen Krankenversicherung bei höheren Ausgaben ausgegangen. Der Altersquotient[41] wird sich von 34 im Jahr 2009

41 Der Altersquotient gibt Auskunft über das Verhältnis von Personen im Rentenalter zu Personen im Erwerbsalter und ist definiert als 65-jährige und Ältere je 100 Personen im Alter von 20 bis 64 Jahren.

bis auf 67 im Jahr 2060 fast verdoppeln *(Statistisches Bundesamt, 2009, S. 20 f.)*. Dagegen steigen die Leistungsausgaben der gesetzlichen Kranken- und Pflegekassen beispielsweise durch den Anstieg der Krankenhausfälle oder den Anstieg der Pflegebedürftigkeit *(Statistisches Bundesamt, 2010, S. 16, 29 f.)*. Infolge des demographischen Wandels ist langfristig ein Finanzierungsproblem der gesetzlichen Krankenkassen absehbar *(Rürup, 2003, S. 51)*. Basierend auf der unterschiedlichen Beitragskalkulation scheint die private Krankenversicherung gegenüber der gesetzlichen Krankenversicherung demographieresistenter.

Aufgrund der resultierenden einnahmeseitigen Probleme lassen sich zwei Reformmöglichkeiten ableiten. Zum einen können die Beiträge zur gesetzlichen Krankenversicherung einkommensunabhängig erhoben werden und zum anderen können die Mitglieder der privaten Krankenversicherung in den Geltungsbereich der gesetzlichen Krankenkassen überführt werden. Die sogenannte **Bürgerversicherung** entspricht der zweiten Möglichkeit. Hier wird eine Einnahmensteigerung der gesetzlichen Krankenkassen durch eine Ausweitung der Versicherungspflicht auf Beamte, Selbstständige und Bezieher von Einkommen oberhalb der Versicherungspflichtgrenze erreicht *(Gerber, Lüngen, Klever-Deichert, Stollenwerk& Lauterbach, 2006, S. 292 f.)*. Die Versicherungspflichtgrenze kann hierfür zunächst erhöht und später abgeschafft werden. Ein Bestandsschutz für bereits privat Versicherte muss erhalten bleiben, langfristig werden jedoch alle Bürger in den gesetzlichen Krankenkassen bzw. der Bürgerversicherung versichert sein *(Gerber et al., 2006, S. 292 f.)*. Mit der Einführung einer Bürgerversicherung wird das zweigliedrige deutsche Gesundheitssystem in ein einsäuliges Konzept überführt. Während in der GKV nur Arbeitseinkommen berücksichtigt werden, wird in einer Bürgerversicherung die gesamte ökonomische Leistungsfähigkeit berücksichtig und die Beitrage können über das Finanzamt abgeführt werden *(Gerber et al., 2006, S. 293)*. Damit das Krankenkassenbudget nicht von der ökonomischen Leistungsfähigkeit der Versicherten abhängt, erfolgt die Umverteilung über einen morbiditätsorientierten Risikostrukturausgleich, sodass die durchschnittliche Morbidität der Versicherten das Krankenkassenbudget bestimmt *(Gerber et al., 2006, S. 293)*. Die gemeinsame bzw. getrennte Beitragserhebung verschiedener Einkunftsarten, die Beitragsbemessungsgrenze, die Freibeträge, die Heranziehung der Einkunftsarten, der Mitversicherung sowie das Verhältnis zur bestehenden privaten Krankenversicherung sind Ausdifferenzierungen unterschiedlicher Vorschläge zur Bürgerversicherung *(Gerber et al., 2006, S. 294 ff.)*.

Entgegen den Beiträgen zur gesetzlichen Krankenversicherung und zur Bürgerversicherung sieht die **Gesundheitsprämie** oder Kopfpauschale eine Prämie in einheitlicher Höhe vor und entspricht somit der ersten genannten Reformoption.

Vor dem Hintergrund, dass SPD und Grüne die Bürgerversicherung befürworten, während Union und FDP das bisherige System unterstützen, ist die Gesundheitsprämie derzeit keine absehbare Reformoption und wird nicht weiter berücksichtigt *(Bündnis 90/Die Grünen, 2013; CDU, 2013; FDP, 2013; SPD, 2013).*

Forschungsfrage: Wie wirkt sich die Einführung der Bürgerversicherung auf die Arzneimittelqualität aus?

3.1.2 Die Arzneimittelpreisbildung

3.1.2.1 Marktzulassung und Herstellerpreis

Als Arzneimittel werden Stoffe[42] oder Zubereitungen aus Stoffen verstanden, die zur Anwendung im oder am menschlichen Körper bestimmt sind und zur Heilung oder Linderung bzw. Verhütung von Krankheiten oder krankhafter Beschwerden verwendet werden (§ 2 des Gesetzes über den Verkehr mit Arzneimitteln (Arzneimittelgesetz AMG) i. V. m. § 3 AMG). Für die Prüfung und die Zulassung von Arzneimitteln in Deutschland, die nicht zur Anwendung an Tieren bestimmt sind, ist gem. § 21 AMG i. V. m. § 77 AMG das Bundesamt für Arzneimittel und Medizinprodukte (BfArM) zuständig, das nach § 13 AMG i. V. m. § 77 AMG auch für die Herstellerzulassung verantwortlich ist. Nach Angaben des BfArM ist die Zulassung von Arzneimitteln ein Schwerpunkt seiner Arbeit *(BfArM, 2011).* Darüber hinaus ist das BfArM auch für die Pharmakovigilianz (Arzneimittelsicherheit) zuständig.

Unmittelbar nach der Zulassung[43] durch die entsprechende Bundesbehörde sind Arzneimittel für alle Versicherten in der GKV mit dem Inverkehrbringen verordnungsfähig *(Hess, 2011, S. 55).* In § 31 SGB V wird geregelt, dass Patienten einen Anspruch auf die Versorgung mit apothekenpflichtigen Arzneimitteln haben, falls keine gesetzlichen Ausschlussgründe (§§ 34 und 92 SGB V) vorliegen. Ausgeschlossen sind nach dem Gesetz z. B. Arzneimittel für Bagatellerkrankungen, Lifestyle-Medikamente sowie Arzneimittel, deren therapeutischer Nutzen nach anerkanntem Stand der medizinischen Kenntnisse nicht nachgewiesen ist. Der Preis eines neuen Medikaments wird zunächst vom Hersteller festgelegt.

42 Zu den Stoffen in diesem Sinne zählen z. B. chemische Elemente, chemische Verbindungen, deren natürlich vorkommende Lösungen sowie Pflanzen, Pflanzenteile, Pilze in bearbeitetem oder unbearbeiteten Zustand und Mikroorganismen sowie deren Bestandteile und Stoffwechselprodukte.

43 Ein genauer Überblick über den Forschungs- und Zulassungsprozess wurde bereits in Kapitel 2.2.2 gegeben.

3.1.2.2 Apothekenabgabepreise

Für die Abgabepreise der Apotheken sind grundsätzlich die Herstellerpreise ausschlaggebend. Es müssen jedoch mehrere Arten der Preisbildung unterschieden werden: die Preisbildung bei verschreibungspflichtigen Medikamenten, die Preisbildung bei Stoffen und Zubereitungen aus Stoffen, die Preisbildung von nicht verschreibungspflichtigen Arzneimitteln, die Preisbildung bei der Bildung von Festbetragsgruppen.

§ 48 Abs. 2 AMG sieht vor, dass die Verschreibungspflicht von Medikamenten aufgehoben werden kann. Medikamente sind z. B. dann **nicht verschreibungspflichtig**, falls sie bei bestimmungsgemäßen Gebrauch die Gesundheit des Anwenders nicht gefährden und wenn sie ohne ärztliche Überwachung angewendet werden können. Nicht verschreibungspflichtige Medikamente werden auch als OTC-Arzneimittel bezeichnet. Dabei leitet sich OTC von „over the counter" – über die Ladentheke – ab. Diese Arzneimittel unterliegen weiterhin der Apothekenpflicht nach § 43 AMG. Das Bundesministerium für Gesundheit entscheidet durch Rechtsverordnung im Einvernehmen mit dem Bundesministerium für Wirtschaft und Technologie mit Zustimmung des Bundesrates über die Ausnahme von der Verschreibungspflicht (§ 48 AMG). Der hierzu zu hörende Ausschuss für Verschreibungspflicht existiert seit 1981, er schlägt dem Bundesministerium für Gesundheit Wirkstoffe zur Entlassung aus der Verschreibungspflicht vor *(Thom, 2011, S. 178)*. Da es sich bei nicht verschreibungspflichtigen Arzneimitteln um bereits verfügbare Arzneimittel, d. h. explizit keine innovativen Arzneimittel im Rahmen der gewählten Definition handelt, werden diese nicht weiter vertieft.

Für die **Abgabe eines Stoffes** – beispielsweise eines chemischen Elements, einer chemischen Verbindung sowie deren natürlich vorkommenden Verbindungen oder Lösungen – erhalten Apotheken einen Festzuschlag von 100 % auf die Apothekeneinkaufspreise ohne Umsatzsteuer für Stoff und erforderliche Verpackung, sofern der Stoff in unveränderten Zustand abgepackt, umgefüllt, abgefüllt oder gekennzeichnet wird (§ 4 AMG). Für die **Zubereitung von Stoffen** erhalten Apotheken einen Festzuschlag von 90 % auf Apothekeneinkaufspreise ohne Umsatzsteuer für Stoff und erforderliche Verpackung sowie einen Rezepturzuschlag, der zwischen 2,50 € für die Herstellung eines Arzneimittels durch Zubereitung aus einem Stoff oder mehreren Stoffen bis zur Grundmenge von 500 g, und 90 € für zytostatikahaltige Lösungen beträgt (§ 5 AMPreisV). Abweichend davon können der Spitzenverband der Apotheker und der GKV-Spitzenverband bzw. Sozialleistungsträger, private Krankenkassen oder deren Spitzenverbände Vereinbarungen über die Höhe der Fest- und Rezeptzuschläge treffen (§ 5 AMPreisV).

Die Versorgung mit **verschreibungspflichtigen Fertigarzneimitteln** erfolgt in Deutschland über Apotheken, die genau wie der Großhandel hierbei an die Aufschlagssätze der Arzneimittelpreisverordnung (AMPreisV) gebunden sind (§ 1 AMPreisV). Arzneimittel unterliegen einer Umsatzsteuer von 19 %. Damit setzt sich der Apothekenabgabepreis für verschreibungspflichtige Arzneimittel aus Herstellerpreis, Großhandelszuschlag, Einzelhandelszuschlag bzw. Apothekenzuschlag und Mehrwertsteuer zusammen: Die **Großhandelshöchstzuschläge** bei Fertigarzneimitteln sind vom Nettoherstellerpreis abhängig und betragen gemäß § 2 AMPreisV zwischen 15 % für Nettoherstellerpreise bis 3 € und 72 € für Nettoherstellerpreise über 1.200 €. Dazwischen erfolgt eine Staffelung gem. § 2 AMPreisV. § 3 AMPreisV legt bei Fertigarzneimitteln für **Apotheken** weiter einen **Festzuschlag** von 3 % auf den um die Mehrwertsteuer bereinigten Herstellerpreis zuzüglich des Großhandelshöchstzuschlags (ohne Mehrwertsteuer) fest. Bei Arzneimitteln, die nur direkt vom Hersteller zu beziehen sind, ist nur der Nettoherstellerpreis maßgeblich. Der prozentuale Zuschlag wird um ein **preisunabhängiges Honorar** von 8,10 € ergänzt.

Der Gewinn des Apothekers ist weitgehend vom Verkaufspreis entkoppelt, wodurch Anreize zur Abgabe hochpreisiger Medikamente durch die Apotheken reduziert wurden *(Drabinski, Eschweiler& Schmidt, 2008, S. 60 f.)*. Ausgehend von den Regelungen der AMPreisV ergeben sich unterschiedliche Gewichtungen der einzelnen Preisbestandteile, die in der folgenden Abbildung 3.3 dargestellt werden:

Abbildung 3.3: Struktur der Apothekenabgabepreise

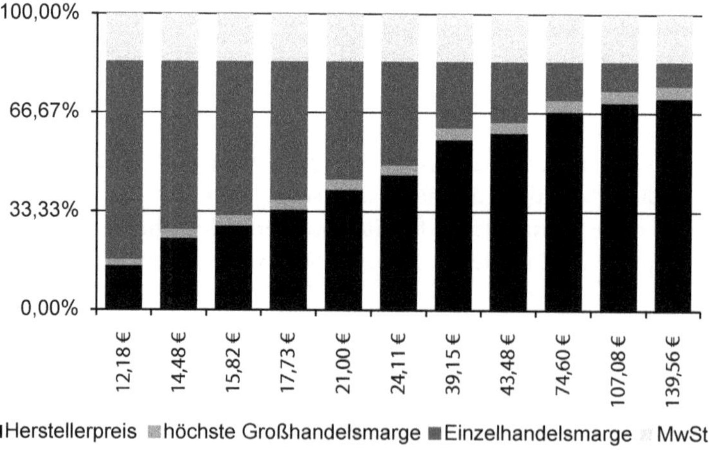

Quelle: Eigene Darstellung.

Basierend auf der Beispielrechnung lassen sich die folgenden Aussagen über die Arzneimittelpreisbestandteile treffen: Der Einzelhandelszuschlag ist bei günstigen verschreibungspflichtigen Fertigarzneimitteln der wesentliche Bestandteil. Bei einem solchen Arzneimittel mit einem Apothekenabgabepreis von 12,18 Euro beträgt der Apothekenzuschlag 8,19 € bzw. 67 %, während der Nettoherstellerpreis von 1,80 € für nur 15 % des Gesamtpreises verantwortlich ist. Der Anteil der Großhandelsspanne und der Mehrwertsteuer beträgt 2 % bzw. 16 %. Bei einem Apothekenabgabepreis von 21 € entfällt jeweils ein Anteil von 40 % auf Nettoherstellerpreis und Apothekenzuschlag. Großhandelsspanne und Umsatzsteuer machen 4 % bzw. 16 % des Abgabepreises aus. Ab einem Nettoherstellerpreis von 50 €, Abgabepreis 74,60 €, beträgt der Nettoherstellerpreis 67 % des Abgabepreises, d. h. 80 % des Nettoabgabepreises und mehr, während der Anteil der Mehrwertsteuer bei 16 % verbleibt und die Groß- und Einzelhandelszuschläge prozentual an Bedeutung verlieren. Der Herstellerpreis eines Spezialpräparats, das für durchschnittlich 529,88 € abgegeben wird, ist mit 76 % des Bruttoabgabepreises bzw. 90 % des Nettoabgabepreises der maßgebliche Bestandteil des Abgabepreises. Auch anhand der Abrechnungen lässt sich zeigen, dass der Herstellerumsatz der entscheidende Preisbestandteil ist. Für die ambulante Krankenversorgung über Apotheken wurden in Deutschland 2009 zu Endpreisen insgesamt 42,2 Mrd. € umgesetzt *(VfA, 2010, S. 44)*: Davon entfielen: 6,7 Mrd. € (16 %) auf die Umsatzsteuer, 10,8 Mrd. € (26 %) auf die Handelszuschläge sowie 24,7 Mrd. € (59 %) auf den Herstellerumsatz.

X. Modellanforderung:
Der Arzneimittelpreis muss durch den Herstellerpreis erklärt werden.

3.1.2.3 Rabatte und Zuzahlungen

Die Versicherten finanzieren den Kauf frei verkäuflicher Arzneimittel in der Regel vollständig selbst, da diese im Rahmen der GKV generell nicht erstattungsfähig sind (§ 34 SGB V). Im Rahmen der PKV erfolgt eine Finanzierung durch Versicherte und Versicherung entsprechend der jeweiligen Vertragsgestaltung, während für die GKV Zuzahlungen und Rabatte gesetzlich vorgeschrieben sind.

Neben den Zuschlagsregelungen der AMPreisV sieht der Gesetzgeber mit §§ 130 und 130a SGB V auch **Rabatte der Apotheken und pharmazeutischen Unternehmer** vor. Für verschreibungspflichtige Fertigarzneimittel beträgt der Rabatt der Apotheken 2,05 € je Arzneimittel. Für sonstige Arzneimittel ist ein Abschlag von 5 % auf den für den Versicherten maßgeblichen Arzneimittelabgabepreis vorgesehen, wenn die Rechnung des Apothekers innerhalb von 10 Tagen durch die Krankenkasse beglichen wird.[44]

Seit dem ersten Januar 2003 erhalten die Krankenkassen zusätzlich einen Abschlag von 6 % auf den Abgabepreis des pharmazeutischen Unternehmers ohne Mehrwertsteuer (§ 130a Abs. 1 SGB V). Infolge zunehmender finanzieller Schwierigkeiten der gesetzlichen Krankenkassen und der Erhebung der ersten Zusatzbeiträge wurden mit dem Gesetz zur Änderung krankenversicherungsrechtlicher und anderer Vorschriften (GKVÄndG) befristet ein **erhöhter Herstellerrabatt** und ein Preismoratorium für dessen Befristung geschaffen *(Penske, 2011, S. 210)*. Damit wird der Abschlag zwischen 1. August 2010 und 31. Dezember 2013 um 10 Prozentpunkte erhöht, wobei die Erhöhung des Abschlags auf bereits bestehende Rabattverträge angerechnet wird (§ 130 Abs. 1a SGB V). Eine Nettopreissenkung gegenüber den Preisen am 1. August 2009 bzw. dem Preis bei Markteinführung, bei einer Markteinführung nach dem 1. August 2010 mindert die Abschlagserhöhung entsprechend. D. h., eine Preissenkung um 10 % und mehr gegenüber dem maßgeblichen alten Preis „befreit" den pharmazeutischen Unternehmer vom erhöhten Abschlag.[45] Die Möglichkeit für weitergehende **Rabattverhandlungen** zwischen Krankenkassen bzw. ihren Verbänden mit den pharmazeutischen Unternehmern wurde mit § 130a Abs. 8 SGB V geschaffen. Die so ausgehandelten Verträge können den gesetzlich vorgeschriebenen Rabatt von 6 % sowie den erhöhten Rabatt von 16 % ersetzen. Preisstopp und Generikarabatt werden davon jedoch nicht berührt.

Mit den Änderungen des AMNOG gelten Herstellerrabatte, insbesondere die neu ausgehandelten Herstellerrabatte im Zuge der Nutzenbewertung, und Preismoratorium auch für die Versicherten der privaten Krankenversicherung *(Dietz, 2010, S. 381)*. Prinzipiell hat die PKV über privatwirtschaftliche Verträge auch die Möglichkeit, Rabatte mit Herstellern zu verhandeln. Diese Möglichkeit konnte aus Sicht der PKV jedoch nicht ausreichend umgesetzt werden, da verbindliche

---

44 Die Apothekerrabatte für Festbetragsarzneimittel entsprechend berechnet und betragen 2,05 € für Fertigarzneimittel. Für sonstige Arzneimittel beträgt der Rabatt 5 % auf den für die Versicherten maßgeblichen Arzneimittelabgabepreis bzw. auf den Festbetrag, falls dieser unter dem maßgeblichen Arzneimittelpreis liegt.

45 Ausgenommen von den beschriebenen Abschlagsregelungen für pharmazeutische Unternehmer sind Impfstoffe für Schutzimpfungen und patentfreie, wirkstoffgleiche Arzneimittel (Generika). Für Generika muss seit dem 1. April 2006 ein Rabatt von 10 % gewährt werden (§ 130a Abs. 3a SGB V), falls der Apothekenabgabepreis inklusive Mehrwertsteuer nicht 30 % oder mehr unter dem jeweiligen Festbetrag liegt.

Kriterien als Verhandlungsbasis fehlen; in der Folge werden die Vertragskompetenzen der PKV auch künftig unwirksam bleiben *(o. V., 2010, S. 7)*.

XI. Modellanforderung: Preisdiskriminierung des Herstellers zwischen Individuen bzw. Versicherungen muss möglich sein.

Die gesetzliche Grundlage für **Zuzahlungen** der gesetzlich Versicherten ist § 31 Abs. 3 i. V. m. § 61 SGB V. Danach leisten Versicherte, die das 18. Lebensjahr noch nicht vollendet haben, keine Zuzahlungen. Ansonsten zahlen Versicherte 10 % des Abgabepreises, jedoch nicht weniger als 5 € und nicht mehr als 10 €.[46] Die folgende Abbildung 3.5 stellt der Apothekenabgabepreisstruktur für verschreibungspflichtige Fertigarzneimittel die jeweilige Finanzierungsstruktur ohne ergänzende Rabattverträge gegenüber. Während die Finanzierung eines verschreibungspflichtigen Arzneimittels mit einem Herstellerpreis von 1,80 € gleichermaßen durch die Versicherten (41 %) und die Krankenkassen (40 %) erfolgt, übernehmen die Krankenkassen bei einem verschreibungspflichtigen Medikament mit einem Herstellerpreis von 50 € 77 % der Finanzierung des Apothekenabgabepreises von rund 75 €. Der Anteil der Arzneimittelhersteller an der Finanzierung liegt für diese Medikamente bei 2 % bzw. 11 % und die Apotheken tragen 17 % bzw. 3 % zur Finanzierung der Abgabepreise bei. Bei günstigen Medikamenten tragen neben Krankenkassen und Patienten Apotheken einen wesentlichen Anteil zur Finanzierung bei. Während der Finanzierungsanteil der Hersteller mit steigendem Arzneimittelpreis steigt, sinken die Finanzierungsanteile von Patienten und Apotheken mit steigenden Arzneimittelpreisen. Krankenkassen tragen somit den maßgeblichen Anteil bei der Finanzierung innovativer Arzneimittel.

46 Zuzahlungen müssen nach § 62 SGB V nur bis zur Höhe von 2 % der jährlichen Bruttoeinnahmen zum Lebensunterhalt des Versicherten geleistet werden. Für chronisch Erkrankte, die sich in Dauerbehandlung befinden, gilt eine ermäßigte Belastungsgrenze von 1 % der jährlichen Bruttoeinnahmen zum Lebensunterhalt. Die Krankenkasse hat eine Bescheinigung zur Zuzahlungsbefreiung auszustellen, falls die Belastungsgrenze innerhalb eines Kalenderjahres erreicht wird.

Abbildung 3.4: Distribution und Finanzierung von Arzneimitteln

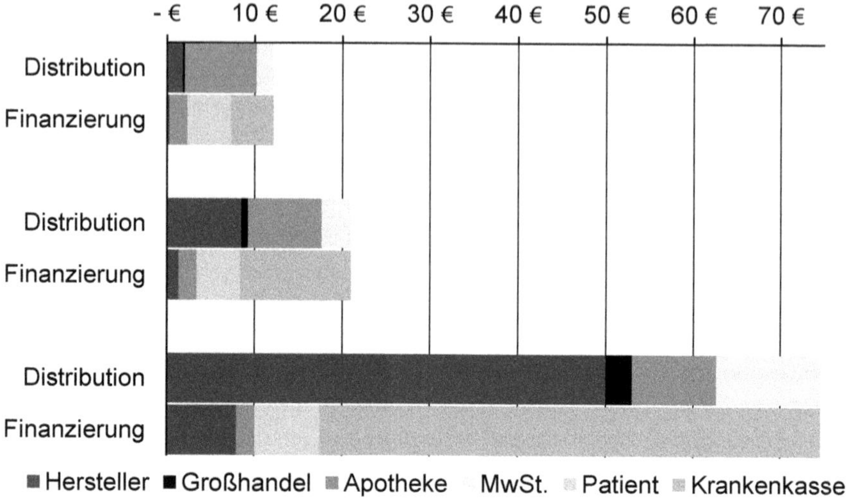

Quelle: Eigene Darstellung.

Insgesamt beliefen sich die Ausgaben für Arzneimittel 2009 in Deutschland auf 42,2 Mrd. € *(VfA, 2010, S. 44)*. Sie verteilen sich auf die Zahlungen der Patienten im Rahmen der Selbstmedikation, Ausgaben der privaten Krankenversicherung und ihrer Versicherten für Arzneimittel und den Anteil des GKV-Systems, inklusive Zuzahlungen der gesetzlich Versicherten und der Hersteller und Handelsrabatte *(VfA, 2010, S. 44)*. Auf die Selbstmedikation mit freiverkäuflichen Arzneimitteln entfielen etwa 4 Mrd. € oder 9 %. Weitere 5,2 Mrd. € oder 12 % entfielen auf Verordnungen der PKV, d. h., sie wurden abhängig vom jeweils gewählten Tarif durch privat Versicherte oder die PKV gezahlt. Damit wurden 2009 33,1 Mrd. € oder 78 % des Arzneimittelmarktes durch das System der GKV finanziert: Die Ausgaben der Gesetzlichen Krankenkassen selbst beliefen sich auf 28,6 Mrd.€, d. h., sie finanzierten den GKV-Anteil zu 86 % und die Gesamtausgaben zu 68 %, da die gesetzlich Versicherten Zuzahlungen in Höhe von 1,6 Mrd. € oder 5 % des GKV-Anteils leisteten und die Hersteller und Handelsrabatte sich auf 2,9 Mrd. € oder 9 % des GKV-Anteils beliefen.

Werden freiverkäufliche Arzneimittel sowie Hersteller- und Handelsrabatte heraus gerechnet, ergeben sich Arzneimittelkosten innerhalb der GKV in Höhe von 30,2 Mrd. € bzw. 431 € je Versichertem, während sich die Arzneimittelkosten innerhalb der PKV auf 5,2 Mrd. € bzw. 591 € je Versichertem belaufen. Damit betragen die Arzneimittelausgaben je Versicherten in der PKV das 1,4-fache der entsprechenden Ausgaben innerhalb der GKV, womit die Anforderung der Preisdiskriminierungsmöglichkeit noch einmal unterstrichen wird.

3.1.2.4 Nutzenbewertung und Herstellerpreisbildung nach AMNOG

3.1.2.4.1 Herstellerpreisbildung nach AMNOG

Die Nutzenbewertung wurde mit dem GKV-Modernisierungsgesetz (GMG) zum Jahr 2004 eingeführt. Sie ist international kein Novum, jedoch setzten das Institut für Qualität und Wirtschaftlichkeit im Gesundheitswesen (IQWiG) sowie der gemeinsame Bundesausschuss (G-BA) mit der Forderung regelhaft randomisierter kontrollierter Studien mit patientenrelevanten Eckpunkten zum Nachweis eines Zusatznutzens methodisch strenge Maßstäbe an. Gleichzeitig war jedoch unklar, welche Parameter G-BA bzw. IQWiG als Zusatznutzenbeleg anerkennen *(Wegener, Lietz, & Gerbsch, 2011, S. 155 f.)*. Während z. B. *Simon (2010, S. 244)* in der mit dem GKV-Wettbewerbsstärkungsgesetz eingeführten Nutzenbewertung eine „vierte Hürde“[47] bei der Arzneimittelzulassung ansieht, soll sie nach dem BMG ausdrücklich keine vierte Hürde darstellen *(Drabinski et al., 2008; Simon, 2010, S. 49 f.)*. Mit Inkrafttreten des Arzneimittelneuordnungsgesetzes erfolgt nach § 35a SGB V eine Nutzenbewertung direkt im Anschluss an die Markteinführung eines Arzneimittels mit neuem Wirkstoff. Abhängig davon, ob ein Zusatznutzen vorliegt, beginnen danach Rabattverhandlungen zwischen GKV-Spitzenverband unter Beteiligung der PKV und Arzneimittelherstellern. Dazu müssen die Arzneimittelhersteller zunächst ein Dossier zur Nutzenbewertung einreichen, auf dessen Grundlage der G-BA dann binnen drei Monaten einen Entwurf über den Beleg eines Zusatznutzens veröffentlicht. Nach einer Anhörung von Experten und Herstellern beschließt der G-BA die Nutzenbewertung. Die folgende Abbildung 3.5 veranschaulicht den Ablauf:

47 Die weiteren „Hürden“ sind der Nachweis der Wirksamkeit, der Unbedenklichkeit und der pharmazeutischen Qualität des Arzneimittels *(Simon, 2010, S. 244)*.

Abbildung 3.5: Preissetzung nach AMNOG

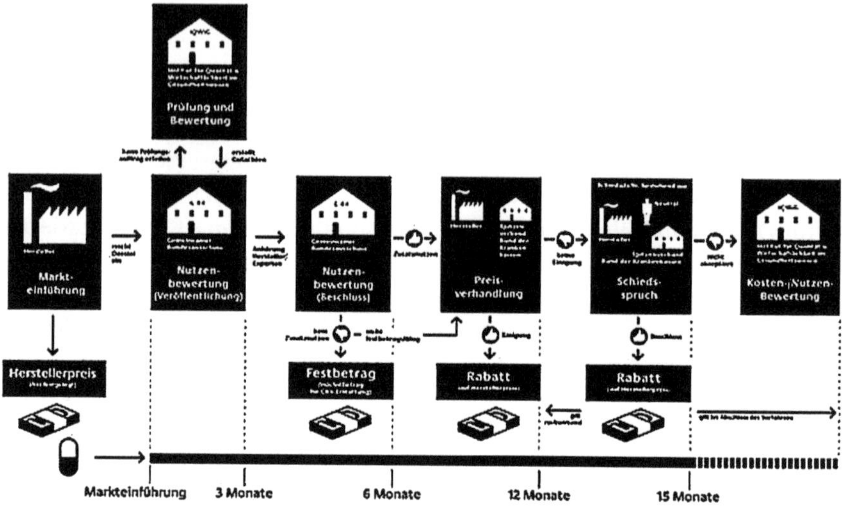

Quelle: *BMG (2012b).*

Liegt kein Zusatznutzen eines neu eingeführten Arzneimittels vor, wird das Arzneimittel Bestandteil der Festbetragsgruppe der zweckmäßigen Vergleichstherapie. Ist das Arzneimittel nicht festbetragsfähig, erfolgen gemäß § 130b Abs. 3 SGB V Rabattverhandlungen zwischen GKV-Spitzenverband und Hersteller unter Beteiligung der PKV, bei denen ein Rabatt auf den Herstellerpreis ausgehandelt wird. Die Preisverhandlungen erfolgen gemäß § 130b Abs. 1 SGB V ebenfalls, wenn ein Zusatznutzen belegt wurde. Die Krankenkassen erhalten gemäß §§ 35a und 130b SGB V frühestens 12 Monate nach Markteinführung einen Rabatt auf das Medikament mit neuer Wirkstoffgruppe. Die ausgehandelten Rabatte gelten entsprechend für Apotheken und Großhandel (§ 130b Abs. 1 SGB V). Damit bleibt die zuvor dargestellte Arzneimittelpreisstruktur unverändert. Von den Erstattungsbeträgen und Preisnachlässen profitieren sowohl die GKV als auch die PKV „einheitlich und gemeinsam" *(Henke, 2015, S. 17).*

Können sich Arzneimittelhersteller und GKV-Spitzenverband nicht auf einen Rabatt einigen, wird gemäß § 130b Abs. 4 SGB V ein Schiedsverfahren eingeleitet, das binnen weiterer drei Monate zu einem Schiedsspruch kommt, dieser gilt rückwirkend zum Beginn des Schiedsverfahrens. Falls auch der Schiedsspruch nicht akzeptiert wird, erfolgt gemäß § 130b Abs. 8 SGB V eine Kosten-Nutzen-Bewertung des IQWiG.

3.1.2.4.2 Nutzenbewertung nach AMNOG

Spätestens zum Zeitpunkt des Inverkehrbringens neuer Medikamente müssen die pharmazeutischen Unternehmen ein Dossier zur Nutzenbewertung beim Gemeinsamen Bundesausschuss einreichen (§ 35a SGB V). Das Dossier umfasst dabei insbesondere Angaben über den medizinischen Nutzen, den medizinischen Zusatznutzen im Verhältnis zur zweckmäßigen Vergleichstherapie und die Anzahl der Patienten und Patientengruppen, für die ein therapeutisch bedeutender Zusatznutzen besteht. Mit dem Dossier sind ferner vorzulegen: der Ergebnisbericht der Zulassungsstudien einschließlich der Studienprotokolle und des Bewertungsberichts der Zulassungsbehörde, alle Studien, die der Zulassungsbehörde übermittelt worden sind, alle Ergebnisse, Studienberichte und Studienprotokolle von Studien zum Arzneimittel, die vom pharmazeutischen Unternehmer gesponsert wurden, alle verfügbaren Angaben über laufende oder abgebrochene Studien, die vom pharmazeutischen Unternehmer gesponsert wurden, sowie entsprechende Angaben über Studien von Dritten, falls diese verfügbar sind.

Eine therapeutische Verbesserung liegt nach § 35 Abs. 1b SGB V vor, wenn das neue Arzneimittelgegenüber pharmakologisch-therapeutisch vergleichbaren Festbetragsarzneimitteln als zweckmäßige Therapie regelmäßig vorzuziehen ist, weil es einen höheren therapierelevanten Nutzen aufweist als andere Arzneimittel der Wirkstoffgruppe oder eine geringere Häufigkeit bzw. einen geringeren Schweregrad der therapierelevanten Nebenwirkungen aufweist. Ist ein neues Arzneimittel pharmakologisch-therapeutisch nicht mit Festbetragsarzneimitteln vergleichbar, muss der Zusatznutzen auf Grundlage von Unterlagen zum Nutzen des Arzneimittels in den zugelassenen Anwendungsgebieten nachgewiesen werden (§ 5 Verordnung über die Nutzenbewertung von Arzneimitteln nach § 35a Absatz 1 SGB V für Erstattungsvereinbarungen nach § 130b SGB V (Arzneimittel-Nutzenbewertungsverordnung (AM-NutzenV)). Die Nutzenbewertung nimmt nach § 35a SGB V der G-BA vor. § 7 AM-NutzenV regelt hierzu, dass die Nutzenbewertung auf Basis des eingereichten Dossiers erfolgt. Zur Nutzenbewertung selbst wird geprüft, ob der Zusatznutzen des zu prüfenden Arzneimittels gegenüber der Vergleichstherapie belegt ist, welcher Zusatznutzen für welche Patientengruppen in welchem Ausmaß belegt ist, wie die vorliegende Evidenz zu bewerten ist und mit welcher Wahrscheinlichkeit der Beleg jeweils erbracht ist (§ 7 AM-NutzenV).

Damit liegt die Beweislast hinsichtlich Ausmaß und Belegbarkeit des Zusatznutzens beim Hersteller, während der G-BA nur noch prüft, ob der Beleg korrekt erfolgt ist. Der GBA legt im 5. Kapitel seiner Verfahrensordnung, das am 29. Juni 2011 im Bundesanzeiger veröffentlicht wurde, die Ausprägungen für das **Ausmaß des Zusatznutzens** als erheblicher Zusatznutzen, beträchtlicher Zusatznutzen und geringer Zusatznutzen fest *(Bundesanzeiger (BAnz), 63. Jahrgang, Nr. 95a/2011).* Lässt die wissenschaftliche Datengrundlage die Quantifizierung des Zusatznutzens nicht zu, liegt ein Zusatznutzen (nicht quantifizierbar) vor. Es ist auch möglich, dass kein Zusatznutzen belegt ist oder ein geringerer Nutzen als die zweckmäßige Vergleichstherapie vorliegt. Der Zusatznutzen gilt nach § 35a SGB V ebenfalls als nicht belegt, falls das pharmazeutische Unternehmen den Nachweis trotz Aufforderung des G-BA nicht oder nicht rechtzeitig erbracht hat. In seinen Allgemeinen Methoden legt das IQWiG einen Beleg, einen Hinweis, einen Anhaltspunkt als Abstufungen zur **Belegbarkeit des Zusatznutzens** fest *(IQWiG, 2011b, S. 37 f.).* Es ist ebenso möglich, dass die eingereichten Daten keine Aussage zur Belegbarkeit zulassen. Im Hinblick auf die Forschungsfragen können alle Arzneimittel mit Beleg, Hinweis oder Anhaltspunkt auf einen Zusatznutzen als innovatives Arzneimittel gewertet werden. Die folgende Tabelle fasst die bisherigen Bewertungen des GBA bzw. des IQWiG hinsichtlich Belegbarkeit und Ausmaß des Zusatznutzens zusammen.

Kritik an der Nutzenbewertung entsprechend des AMNOG konzentriert sich im Wesentlichen auf zwei Punkte. Zum einen wird der Zeitpunkt der Nutzenbewertung kritisiert, zu dem noch keine gesicherten Erkenntnisse zur Verfügung stehen, weshalb lediglich von einer Nutzenprognose gesprochen werden könne *(Deutscher Ethikrat, 2011, S. 54).* Zum anderen wird insbesondere von Gesundheitsökonomen der Ansatz der Effizienzgrenzen des IQWiG kritisiert *(Ausschuss für Gesundheitsökonomie im Verein für Socialpolitik & Deutsche Gesellschaft für Gesundheitsökonomie, 2009; Breyer et al., 2008).*

Tabelle 3.4: Bisherige Bewertung des Zusatznutzens

	Beleg	**Hinweis**	**Anhaltspunkt**	**Orphan**
Erheblicher Zusatznutzen				
Beträchtlicher Zusatznutzen	Fidaxomicin Ticagrelor	Abirateronacetat Abirateronacetat* Belimumab Ipilimumab Vemurafenib	Crizotinib Pertuzumab	Ivacaftor
Geringer Zusatznutzen	Emtricitabin, Rilpivirin, Tenofovirdisoproxil Rilpivirin	Aflibercept (metastasiertes kolorektales Karzinom) Apixaban Apixaban* Axitinib Belatacept Cabazitaxel	Eribulin Extrakt aus Cannabis Sativa Fingolimod Saxagliptin Saxagliptin/ Metformin Sitagliptin Sitagliptin/ Metformin Vandetanib**	Decitabin Pasireotid Ruxolitinib Tafamidis Meglumin
Zusatznutzen nicht quantifizierbar		Boceprevir Telaprevir		Brentuximab Vedotin Pirfenidon
Kein Zusatznutzen	Aliskiren/Amlodipin; Fampridinx; Linagliptin*; Mikrobielle Collagenase aus Clostridium histolyticum; Pitavastatin; Regadenoson; Retigabin; Tegafur, Gimeracil, Oteracil; Vandetanib			

* Bewertung neues Anwendungsgebiet ** Bewertung nach Absatz 5b

Quelle: Eigene Darstellung in Anlehnung an *Nguyen und Rohlf (2012, S. 26)*.[48]

48 Die Entscheidungen zu den Nutzenbewertungen wurden veröffentlicht in: *BAnz AT 02.05.2012 B3, BAnz AT 13.08.2013 B3, BAnz AT 02.05.2013 B1, BAnz AT 27.06.2013 B3, BAnz AT 26.09.2013 B2, BAnz AT 18.06.2012 B2, BAnz AT 03.07.2012 B2, BAnz AT 01.08.2013 B4, BAnz AT 22.04.2013 B3, BAnz AT 03.05.2012 B3, BAnz AT 27.08.2012 B1, BAnz AT 19.09.2012 B3, BAnz Nr. 52 (S. 1269) vom 30.03.2012, BAnz AT 25.06.2013 B6, BAnz Nr. 31 (S. 749) vom 23.02.2012, BAnz AT 11.05.2012 B1, BAnz AT 03.06.2013 B2, BAnz AT 16.07.2013 B2, BAnz AT 29.05.2013 B6, BAnz AT 28.08.2012 B3, BAnz AT 15.06.2012 B3, BAnz AT 11.07.2012 B2, BAnz AT 21.08.2012 B3, BAnz AT 02.08.2013 B7, BAnz AT 04.05.2012 B3, BAnz AT 01.08.2013 B5, BAnz AT 29.08.2012 B6, BAnz AT 05.03.2013 B1, BAnz AT 03.05.2012 B4, BAnz AT 25.03.2013 B4, BAnz AT 11.06.2013 B5, BAnz AT 16.05.2012 B3, BAnz AT 21.01.2013 B3, BAnz AT 26.03.2013 B4, BAnz*

3.2 Internationaler Vergleich

Während die Arzneimittelpreise innovativer Originalpräparate in Deutschland vor Einführung des AMNOG noch allein durch die pharmazeutischen Unternehmen bestimmt wurden, werden in anderen europäischen Ländern die Preise für diese Arzneimittel mit der Industrie ausgehandelt (beispielsweise in Frankreich oder Italien) bzw. direkt oder indirekt durch die Staaten festgesetzt (beispielsweise in Spanien, Großbritannien und den Niederlanden) *(Drabinski et al., 2008, S. 65, 71, 73, 75f., 78f.)*.

Die Preise für patentgeschützte Medikamente variieren innerhalb der EU-Mitgliedsstaaten zum Teil erheblich *(Kanavos et al., 2011, S. S. 23ff.)*: Beim Vergleich der fünf größten Arzneimittelmärkte innerhalb der EU (Deutschland, Großbritannien, Frankreich, Italien und Spanien) zeigt sich, dass Deutschland die höchsten Verkaufspreise aufweist. Diese Vergleiche sind jedoch im Wesentlichen auch von Verkaufszahlen, Wechselkursschwankungen und Zusammensetzung der Arzneimittelausgaben abhängig. Darüber hinaus zeigt sich eine zunehme Konvergenz der Arzneimittelpreise, die durch Referenzpreissetzung begründet werden kann *(Kanavos et al., 2011, S. 23 ff.)*. Auch zwischen Kanada und den USA bestehen erhebliche Preisunterschiede im Bereich der Markenarzneimittel *(Gooi & Bell, 2008, S. 19)*. Patentgeschützte Arzneimittel sind auch in Deutschland, dem Vereinigten Königreich, Italien und Frankreich günstiger als in den USA, lediglich in Japan sind die Preise für patentgeschützte Arzneimittel höher als in den USA *(Greß, Niebuhr, & Wasem, 2005, S. 20)*. *Schulenburg, Vandoros und Kanavos (2011)* untersuchen anhand von ACE-Hemmern den Einfluss verschiedener Arzneimittelpreisregulierungen. Sie zeigen unter anderem, dass die generische Konkurrenz nach Patentablauf erst verzögert auf den Preis der Originalpräparate wirkt, während der Einfluss von Festbetragsgruppen (interne Referenzpreissysteme) nicht nachweisbar ist *(Schulenburg et al., 2011, S. 7)*. *Rector, Finch, Danzon, Pauly und Manda (2003, S. 398–406)* zeigen, dass Zuzahlungen eine preisdämpfende Wirkung haben.

Die Beiträge zur Krankenversicherung werden nicht nur in Deutschland einkommensabhängig erhoben. Auch in den Niederlanden sind die Beiträge zur Krankenversicherung (teilweise) vom Einkommen abhängig *(Kyre, 2010, S. 456f.)*. Insgesamt basieren die Gesundheitssysteme innerhalb der Europäischen Union

---

AT 16.04.2012 B6, BAnz Nr. 126 (S. 2947) vom 23.08.2011, BAnz AT 11.06.2013 B6, BAnz AT 27.04.2012 B3, BAnz AT 01.06.2012 B6, BAnz AT 24.08.2012 B2, BAnz AT 10.04.2013 B5, BAnz AT 05.06.2013 B2, BAnz AT 27.06.2012 B3, BAnz AT 30.01.2013 B4, BAnz AT 10.05.2012 B3, BAnz Nr. 11 (S. 254) vom 19.01.2012, BAnz AT 21.09.2012 B3 sowie *BAnz AT 24.10.2012 B4.*

auf Sozialversicherungen oder sind steuerfinanziert, mit Ausnahme von Deutschland, Schweden und dem Vereinigten Königreich nutzen alle Mitgliedsstaaten internationale Referenzpreise *(Kanavos et al., 2011, S. 19 und 35)*. Eine Übersicht, welche Referenzländer für die Bildung der Referenzpreise genutzt werden, bieten *Kanavos et al. (2011, S. 80 f.)*. Aufgrund dieser Referenzpreisbildung sind für die ausländische Preisbildung und die nationale Versorgung negative Wechselwirkungen durch einer Preissenkung infolge der Preisbildung nach AMNOG möglich *(Henke, 2015, S. 19 f.)*. Zum Vergleich der deutschen Regelungen mit anderen europäischen Staaten werden relevante Aspekte der Arzneimittelpreisregulierung in Tabelle 3.5 dargestellt. Die abweichenden Zuzahlungs- bzw. Erstattungsregelungen für Arzneimittel in den weiteren großen Arzneimittelmärkten innerhalb der Europäischen Union werden im Folgenden kurz thematisiert.

Im ebenfalls beitragsfinanzierten Gesundheitssystems **Frankreich**s werden Kostenerstattungssätze von 0, 15, 35, 65 oder 100 % für Arzneimittel gewährt *(Drabinski et al., 2008, S. 38 und 69)*. Im steuerfinanzierten Gesundheitssystem **Spanien**s erfolgen Zuzahlungen zu Arzneimitteln von 40 % bzw. 60 %, jedoch maximal 2,67 € *(Drabinski et al., 2008, S. 38 und 72)*. Im steuerfinanzierten Gesundheitssystem **Italien**s entfallen Zuzahlungen für patentgeschützte innovative Originalpräparate in der Regel mit Ausnahme einer Rezeptgebühr von 1,55 € bzw. 3,10 € *(Drabinski et al., 2008, S. 38 und 77)*. Im steuerfinanzierten Gesundheitssystem **Großbritannien**s werden Zuzahlungen zu Arzneimitteln in Höhe von circa 10 € fällig *(Drabinski et al., 2008, S. 38 und 81)*.

Tabelle 3.5: Länderüberblick

	Gesundheitssystem-finanzierung		**relevante Aspekte der Arzneimittelpreisregulierung**	
Land	**Maßgeblich Beiträge**	**Maßgeblich Steuern**	**Zuzahlungen**	**internationale Referenzpreise**
Belgien	Ja	Nein	Ja	Ja
Dänemark	Nein	Ja	Ja	Ja
Deutschland	Ja	Nein	Ja	Nein
Finnland	Nein	Ja	Ja	Ja
Frankreich	Ja	Nein	Ja	Ja
Irland	Nein	Ja	Ja	Ja
Italien	Nein	Ja	Ja	Ja
Niederlande	Ja	Nein	(Ja)	Ja
Österreich	Ja	Nein	Ja	Ja
Schweden	Nein	Ja	Ja	Nein

	Gesundheitssystem-finanzierung		relevante Aspekte der Arzneimittelpreisregulierung	
Land	**Maßgeblich Beiträge**	**Maßgeblich Steuern**	**Zuzahlungen**	**internationale Referenzpreise**
Spanien	Nein	Ja	Ja	Ja
Vereinigtes Königreich	Nein	Ja	Ja	Nein

Quelle: Eigene Darstellung, Daten: *Drabinski et al. (2008), Brekke, Holmås und Straume (2011a), European Observatory on Health Systems and Policies (2014).*

Allen betrachteten Ländern gemein ist eine (indirekte) Subventionierung einkommensschwacher Bürger über ein steuerfinanziertes Gesundheitssystem oder einen Steuerzuschuss zum beitragsfinanzierten Gesundheitssystem mit (einkommensabhängigen) Beiträgen. Die Zuzahlungen zu Arzneimitteln variieren dagegen stark über die Staaten, sind jedoch in den Niederlanden nahezu vernachlässigbar *(Kanavos et al., 2011, S. 49)*. Damit zerfällt der Arzneimittelpreis in den betrachteten Ländern in zwei Teile: zum einen in eine direkte Zahlung, d. h. Zuzahlungen der Versicherten, und in den arzneimittelbezogenen Anteil der Krankenversicherungsbeiträge, zum anderen in eine Subvention, die sich aus der Steuerfinanzierung, den einkommensabhängigen Beiträgen zum Sozialversicherungssystem bzw. durch einem Steuerzuschuss zur Sozialversicherung ergibt.

XII. Modellanforderung:
Der Arzneimittelpreis besteht aus direkten Zahlungen sowie einer Subvention für einkommensschwache Individuen.

Auch die aufgezeigte Preisdiskriminierung innerhalb des deutschen Gesundheitssystems zwischen Versicherten der gesetzlichen Krankenkassen und der privaten Krankenversicherungen ist kein rein deutsches Spezifikum. So besteht auch innerhalb des US-amerikanischen Gesundheitssystems die Möglichkeit der Preisdiskriminierung *(Baker & Krueger, 1995)*.

Da internationale Referenzpreise in nahezu allen betrachteten Ländern außer Deutschland, Schweden und dem Vereinigten Königreich genutzt werden, ist darüber hinaus fraglich:

Forschungsfrage: Stellen die aktuellen Preisunterschiede patentgeschützter Arzneimittel innerhalb der europäischen Staaten eine effiziente Methode dar, die Versorgung mit innovativen Arzneimitteln zu gewährleisten, oder sind Referenzpreissysteme eine effiziente Methode, die Versorgung mit innovativen Arzneimitteln innerhalb Europas zu gewährleisten?

4 Forschungsfragen und Methodik

4.1 Forschungsfragen

Die in den vorangehenden Abschnitten aufgeworfenen Forschungsfragen werden im folgenden Abschnitt zur Übersicht strukturiert zusammengefasst. Anschließend werden die festgehaltenen Modellanforderungen wiederholt. Zuletzt wird die aus Forschungsfragen und Anforderungen resultierende Methodik zur Beantwortung der Forschungsfragen abgeleitet und in die Literatur eingeordnet.

Sloan und Hsieh (2008, S. 233–237) argumentieren unter Hinweis auf Grenzkosten und Grenzerträge, dass Pull- und Push-Anreize zur Förderung der Erforschung, Entwicklung und Markteinführung von Arzneimitteln einander weder unterlegen noch überlegen sind. Hierauf wurde in Abschnitt 2.2.3 eingegangen. Andererseits stellen *Vega-Jurado et al. (2008)* fest, dass je nach Industrie unterschiedliche Faktoren für die Innovationsleistung maßgeblich sind. Bei diesen Untersuchungen, die ebenfalls im Abschnitt 2.2.3 behandelten wurden, wird die Arzneimittelqualität in der Regel nicht beachtet. Damit stellt sich im Hinblick auf die Spezifika des Arzneimittelmarktes die erste Forschungsfrage:

1. Sind die gängigen staatlichen Innovationsanreize geeignet, die Arzneimittelqualität zu steigern?

Damit einher geht die Fragestellung:

1.1. Unterscheiden sich die staatlichen Innovationsanreize in ihrer Wirkung auf die Arzneimittelqualität, d. h., sind einzelne Anreize anderen bezüglich der zu erwartenden Arzneimittelqualität überlegen?

In Abschnitt 2.2.3.3 wurde thematisiert, dass die jeweiligen Gesetzgebungen in Europa und den USA zur Förderung von Arzneimitteln für seltene Leiden sich hinsichtlich ihrer Anreize unterscheiden. Auf Basis der resultierenden Ergebnisse muss dann ggf. gefragt werden:

1.2. Beinhaltet der ODA oder die VO (EG) Nr. 141/2000 die stärkeren Anreize zur Arzneimittelqualitätssteigerung?

Bezugnehmend auf die von *Cooper (2009)* sowie *Skinner et al. (2009)* geführte Diskussion um den Zusammenhang zwischen Ausgabenträgern und Behandlungsqualität (Abschnitt 2.1) folgt die Forschungsfrage:

2. Kann die Arzneimittelqualität durch die Arzneimittelausgabenaufteilung auf verschiedene Kostenträger theoretisch beeinflusst werden?

Auf die These von *Cutler und McClellan (2001a, 2001b)*, dass Politikmaßnahmen, die Verschwendungen im Gesundheitssystem bekämpfen bzw. den Mehrwert von Behandlungen erhöhen sollen, direkt oder indirekt den technischen Fortschritt bremsen können, wurde in Abschnitt 2.1 verwiesen. Ein solches Maßnahmenpaket wurde mit dem AMNOG, dessen zentraler Bestandteil Arzneimittelpreisverhandlungen sind, jüngst umgesetzt und betrifft ebenfalls die Aufteilung der Arzneimittelausgaben auf verschiedene Kostenträger. Darüber hinaus besteht weiterhin der Reformvorschlag einer Bürgerversicherung, wie in Abschnitt 3.1 aufgezeigt wurde. Um die These *Cutlers und McClellans (2001a, 2001b)* zur Fortschrittsreduktion im Hinblick auf die Änderungen der deutschen Gesetzgebung zu überprüfen, muss zunächst der Status quo analysiert werden. Konkret ergibt sich die weiterführende Forschungsfrage:

2.1. Wie wirkt das zweigliedrige deutsche Gesundheitssystem auf die Arzneimittelqualität?
2.2. Welche Änderung der Arzneimittelqualität ist durch die Neuerungen des AMNOG zu erwarten?
2.3. Welche Änderung der Arzneimittelqualität wäre durch eine Bürgerversicherung zu erwarten?

Bei Gültigkeit der These kann darüber hinaus zu klären sein, ob die Bürger unterschiedlich stark betroffen sind, d. h., welche Wohlfahrtswirkungen für privat bzw. gesetzlich Krankenversicherte zu erwarten sind. Im Hinblick auf die in Abschnitt 3.2 dargestellte Nutzung internationaler Referenzpreise in einigen Ländern der Europäischen Union ist auch für diesen Bereich die Gültigkeit der These *Cutlers und McClellans (2001a, 2001b)*, dass die Bekämpfung von Ineffizienzen im Gesundheitssystem direkt oder indirekt zu einer Reduktion der Innovation führt, zu prüfen:

3. Gilt die These *Cutlers und McClellans (2001a, 2001b)* für die Nutzung europäischer Referenzpreise?
    3.1. Stellen die aktuellen Preisunterschiede patentgeschützter Arzneimittel innerhalb der europäischen Staaten eine effiziente Methode dar, die Versorgung mit innovativen Arzneimitteln zu gewährleisten?
    3.2. Sind Referenzpreissysteme eine effiziente Methode, die Versorgung mit innovativen Arzneimitteln innerhalb Europas zu gewährleisten?

4.2 Die Analyse der Arzneimittelqualität

4.2.1 Anforderungen an die Analyse der Arzneimittelqualität und Einordnung in die Literatur

Eine Analyse der Arzneimittelqualität muss nach den bisherigen Betrachtungen sowohl verschiedenen Annahmen genügen als auch bestimmte Anforderungen und deren Variationen ermöglichen. Zu den Annahmen zählt, dass die Gesundheitsausgaben der Individuen einen abnehmenden Grenzertrag aufweisen müssen (I). Eine Qualitätsdiskriminierung seitens des pharmazeutischen Herstellers ist aufgrund des Zulassungsprozesses nicht möglich (II). Forschungskosten stellen die wesentlichen Kosten der Produktion innovativer Arzneimittel dar und sind uneinbringlich, falls das Arzneimittel nicht in den Markt eingeführt wird (III). Zwischen traditionellen pharmazeutischen Unternehmen und Biotechnologieunternehmen wird hinsichtlich der Forschungseffizienz nicht unterschieden (IV). Es wird von abnehmenden Grenzerträgen der Arzneimittelforschung ausgegangen (V). Der Hersteller eines innovativen Arzneimittels erlangt, infolge des Patentschutzes, eine Monopolstellung (VI).[49,50] Der Arzneimittelpreis muss durch den Herstellerpreis erklärt werden (X). Preisdiskriminierung des Herstellers zwischen Individuen bzw. Versicherungen oder Staaten muss möglich sein (XI). Der Arzneimittelpreis besteht aus einer direkten Zahlung der Konsumenten sowie einer Subvention für einkommensschwache Bürger (XII).

Zu den weiteren Anforderungen bzw. deren Variationen zählt, dass Subventionen als Determinanten der Arzneimittelqualität zu berücksichtigen sind (VII). Ebenfalls müssen Forschungs- und Entwicklungskostenerstattungen sowie eine Zulassungskostenerstattung im Modell berücksichtigt werden können (VIII).

---

49 Unabhängig von der Bedeutung der Patente führen auch hohe Fixkosten, hohe Marketingausgaben, langwierige und kostspielige Zulassungsprozesse sowie der Umstand, dass viele Arzneimittel die Gewinnschwelle nie erreichen, zu einer natürlichen Monopolbildung *(Drabinski, Eschweiler, & Schmidt, 2008, S. 5). Nelson (1970)* verweist darauf, dass für die Monopolbildung ebenso die Konsumenteninformationen relevant sind: Haben die Konsumenten lediglich eine Einschätzung zur Qualität weniger Markenprodukte, wächst damit die Monopolmacht der Hersteller. Vor diesem Hintergrund sind hohe Werbeausgaben im pharmazeutischen Markt sowohl für bereits etablierte als auch für neu eingeführte Arzneimittel nachvollziehbar.

50 Es sollte in diesem Zusammenhang beachtet werden, dass es nicht einen Markt für Arzneimittel gibt, sondern hunderte Märkte, die sich zum Teil überlappen. Ohne Frage konkurrieren Antidepressiva (Serotoninaufnahmehemmer) nicht mit Statinen (CSE-Hemmer: Cholesterinsenkern)*(Carpenter, Moffitt, Moore, Rynbrandt, & Ting, 2010, S. 517).*

Im Modell müssen innerhalb der PKV einkommensstarke Individuen ohne Umverteilung innerhalb der Gruppe ebenso dargestellt werden können wie Individuen unterschiedlicher Einkommenshöhen mit gruppeninterner Umverteilung innerhalb der GKV (IX).

Die Qualitätsbetrachtung in Angebotsmonopolen geht auf *Mussa und Rosen (1978)* zurück. Sie zeigen, dass die Qualität in Monopolen grundsätzlich niedriger ist als in Wettbewerbslösungen. Darauf aufbauend schließen sich verschiedene Untersuchungen zur Qualitätsdifferenzierung an. *Gabszewicz und Thisse (1979)* analysieren die Nachfrage unterschiedlicher Qualitäten in Abhängigkeit vom Einkommen. Haben Konsumenten unterschiedliche Zahlungsbereitschaften (absolut und marginal), ist es für einen Monopolisten gewinnbringend, sowohl am unteren als auch am oberen Ende von den gesamtwirtschaftlich optimalen Qualitäten abzuweichen *(Donnenfeld & White, 1988)*. Allerdings hat ein Monopolist keinen Anreiz, durch Qualitätsdifferenzierung die Informationsmängel einiger schlecht informierter Verbraucher auszunutzen, wenn alle Verbraucher dieselbe Qualitätspräferenz haben *(Cooper & Ross, 1985)*. Mindestqualitätsstandards führen dazu, dass ein Teil der Konsumenten vom Markt ausgeschlossen wird *(Besanko, Donnenfeld, & White, 1987)*. Später konnten *Kim und Kim (1996)* unter Berücksichtigung externer Effekte zeigen, dass eine höhere Zahlungsbereitschaft nicht notwendigerweise zu einer höheren angebotenen Qualität führt. *Lambertini und Orsini (2000)* zeigen, dass die Anreize zu Innovationen eines Sozialplaners höher sind als die eines Monopolisten. *Acharyya (1998)* stellt zur Qualitätsdifferenzierung fest, dass ohne Einschränkung der Kostenfunktion und der Verteilung der Konsumententypen nicht zwingend von der Qualitätsdiskriminierung eines Monopolisten ausgegangen werden kann. Eine Qualitätsdiskriminierung wurde infolge des Zulassungsprozesses allerdings ausgeschlossen, wodurch sich eine nähere Betrachtung dieses Literaturzweigs erübrigt.

Acharyya und García-Alonso (2008) untersuchen den Einfluss von Parallelimporten auf die Innovation bzw. Arzneimittelqualität in zwei Staaten mit unterschiedlicher Einwohnerzahl und unterschiedlichen Pro-Kopf-Einkommen zwischen den Staaten und gleichen Pro-Kopf-Einkommen innerhalb der Staaten. Dazu ergänzen sie die Monopolbetrachtung, die nun für zwei Staaten vorgenommen wird, um eine spieltheoretische Betrachtung, bei der die Staaten sich zwischen den Strategien, Preisdiskriminierung des pharmazeutischen Unternehmensüber die Staaten zuzulassen oder Parallelimporte zu ermöglichen, entscheiden müssen. Entgegen den bisherigen Betrachtungen wird die Analyse auf ein Arzneimittel beschränkt, dessen Qualität durch den Innovator festgelegt wird und bei dem eine Qualitätsdifferenzierung ausgeschlossen ist. Allerdings beinhaltet die Analyse zunächst keine

Einkommensunterschiede innerhalb der Staaten. Später analysieren *Acharyya und García-Alonso (2009; 2014)* mittels des gleichen Modells die Wirkung von Arzneimittelkonsumsubventionen und Parallelimporten bei symmetrischen Staaten.[51] In dieser Modellierung bestehen zwar Einkommensunterschiede innerhalb der Staaten, jedoch identische Bevölkerungsstrukturen, Volkseinkommen und gleiche Pro-Kopf-Einkommen der Staaten. In späteren Untersuchungen wird die Annahme der identischen Volks- und Pro-Kopf-Einkommen fallen gelassen *(Acharyya & García-Alonso, 2010, 2012a)* und unterschiedliche Arzneimittelhersteller werden in den Wohlfahrtüberlegungen berücksichtigt *(Acharyya & García-Alonso, 2012b)*. Damit entspricht der Ansatz von *Acharyya und García-Alonso* den zuvor abgeleiteten Voraussetzungen an die Betrachtung der Arzneimittelqualität bzw. kann entsprechend modifiziert werden. Dieser Ansatz wird im Folgenden eingehend dargestellt, zuvor stellt Tabelle 4.1 die genannten Modelle hinsichtlich Bevölkerungsstrukturen und Einkommensdifferenzen gegenüber und grenzt die Forschungslücke hiervon ab.

Tabelle 4.1: Forschungslücke innerhalb der Modelle zur Monopolqualität ohne Qualitätsdiskriminierung mit internationaler Preisdiskriminierung

Autoren	**Identische Bevölkerungsstruktur und Einwohnerzahl der Staaten**	**Nicht-identische Bevölkerungsstruktur und Einwohnerzahl der Staaten**	**Internationale Einkommensdifferenz**	**intranationale Einkommensdifferenz**
Acharyya und García-Alonso (2008)		Ja	Ja	
Acharyya und García-Alonso (2009, 2014)	Ja			Ja
Acharyya und García-Alonso (2012a)	Ja		Ja	Ja
Forschungslücke		Ja	Ja	Ja

51 Zwischen Einreichung und Drucklegung der Dissertation wurde das Arbeitspapier von Acharyya und García-Alonso (2009) publiziert: *Acharyya und García-Alonso (2014)*. An den entsprechenden Stellen werden daher sowohl das Arbeitspapier als auch der später veröffentlichte Artikel zitiert.

4.2.2 Grundlegende Annahmen des Modells

Einkommensunterschiede existieren im Modell von *Acharyya und García-Alonso (2008)* zunächst nur zwischen den Staaten. Dabei werden ein einkommensstarkes Land (R) und ein einkommensschwaches Land der dritten Welt (T) betrachtet. Die Länder sind dann durch das Pro-Kopf-Einkommen y_R bzw. y_T und die Anzahl der Konsumenten n_R bzw. n_T definiert. Der Nutzen des Arzneimittelkaufs eines Konsumenten in Land j mit $j = T, R$ hängt im Modell von seinem Einkommen und der Qualität (s) des Arzneimittels ab:

$$U_j = u\left(y_j, s\right). \qquad \text{(AG 1)}$$

Dabei wird von einem abnehmenden Grenznutzen der Arzneimittelqualität ausgegangen:

$$\frac{\partial u}{\partial s} > 0, \frac{\partial^2 u}{\partial s^2} \leq 0. \qquad \text{(AG 2)}$$

Ausgehend von $y_T < y_R$ gilt:

$$u\left(y_T, s\right) < u\left(y_R, s\right) \forall s \qquad \text{(AG 3)}$$

In (AG 3) kommt zum Ausdruck, dass ein Konsument des einkommensstarken Landes einen höheren Nutzen aus der gleichen Arzneimittelqualität zieht als ein Konsument des einkommensschwachen Landes *(Acharyya & García-Alonso, 2008, S. 62)*. Aufgrund der Annahme (AG 1), dass der Nutzen eines Konsumenten durch die Arzneimittelqualität und sein Einkommen bestimmt wird, ist dies jedoch wenig überraschend. Annahme (AG 3) steht auch im Einklang mit den Ergebnissen des Grossman-Modells, nach dem eine geringere Zahl an Krankheitstagen in zweierlei Hinsicht nutzenstiftend ist *(Grossman, 1972, S. 228)*: Einerseits erhöht zusätzlich gesund verbrachte Zeit direkt den Nutzen eines Individuums; andererseits wird hierdurch auch zusätzliche marktliche und nicht-marktliche Aktivität möglich, die den Nutzen der Individuen erhöhten.[52] Dabei profitieren die Konsumenten des einkommensstärkeren Landes infolge der hohen Einkommen stärker von diesen Aktivitäten.

Ausgehend vom höheren Nutzen eines Konsumenten aus dem einkommensstarken Land nehmen *Acharyya und García-Alonso (2008)* unter Bezug auf die

52 Der beobachtete Unterschied des Gesundheitsstatus zwischen einkommensstarken und einkommensschwachen Bürgern *(Allanson, Gerdtham, & Petrie, 2010, S. 78; Trabert, 2012, S. 347)* ergibt sich im Modell zunächst nicht durch unterschiedliche Krankheitswahrscheinlichkeiten, sondern durch die Versorgung bzw. Nichtversorgung mit dem neuen Arzneimittel.

zugrunde liegende Literatur[53] ebenfalls eine höhere Zahlungsbereitschaft des einkommensstarken Konsumenten für eine Steigerung der Arzneimittelqualität an:

$$\frac{\partial u(y_R, s)}{\partial s} > \frac{\partial u(y_T, s)}{\partial s} \forall s.^{54} \qquad \text{(AG 4)}$$

Mit der konkreten Nutzenfunktion

$$u(y_j, s) = y_j s, \qquad \text{(AG 1a)}$$

die die Gleichungen (AG 2) bis (AG 4) erfüllt, werden die Resultate dargestellt *(Acharyya & García-Alonso, 2008, S. 62)*. Ausgehend von einem Reservationsnutzen von null kauft ein Konsument das Arzneimittel, falls gilt:

$$P \leq y_j s.^{55} \qquad \text{(AG 5)}$$

Für einen pharmazeutischen Konzern wird die Kostenfunktion

$$C = \frac{1}{2} s^2 \qquad \text{(AG 6)}$$

angenommen, nach der die Forschungs- und Entwicklungskosten mit zunehmender Zielqualität des Arzneimittels steigen *(Acharyya & García-Alonso, 2008, S. 62)*. Die Nutzung von (AG 6) impliziert den von *Chen und Sappington (2011, S. 199)* geforderten abnehmenden Grenzertrag der Forschungs- und Entwicklungsausgaben.[56]*Acharyya und García-Alonso (2008, S. 63)* nehmen keine weiteren Kosten

---

53 Zu der zugrundeliegenden Literatur zählen *Mussa und Rosen (1978)*, *Shaked und Sutton (1982)*, *Cooper (1984)* sowie *Acharyya (1998, 2005)*.

54 Da sich der Bedarf nach medizinischen Neuerungen aus der wahrgenommenen Krankheitslast ableitet, führt ein Anstieg der Wahrnehmung zu einer erhöhten Nachfrage nach medizinischen Innovationen *(Lichtenberg, 2005a, S. 663 f.)*. Nehmen die Gutverdiener ihre Krankheitslast aufgrund ihres höher bewerteten Ausfalls an marktlichen und nicht-marktlichen Aktivitäten ebenfalls höher wahr, ergibt sich auch so die gesteigerte Zahlungsbereitschaft gegenüber den Normalverdienern.

55 Vgl. auch *Zweifel (2010, S. 160)*. An dieser Stelle muss angemerkt werden, dass die Konsumentensouveränität im Gesundheitsbereich vielfach in Abrede gestellt wird. Jedoch wird aufgrund der Funktion des Arztes davon ausgegangen, dass der Patient ausreichend über die Qualität der Arzneimittel informiert ist. Die Nutzentransivität konnte im Gesundheitsbereich nicht widerlegt werden *(Schmidt & Stolpe, 2008)*. Es ist offensichtlich, dass zwischen Arzneimittelpreis und Arzneimittelqualität ein positiver Zusammenhang besteht. Das entspricht auch den Ergebnissen von *Bate, Jinund Mathur (2011, S. 1150–1163)*.

56 Interessanterweise verweist das IQWiG im Rahmen der Diskussion um seine Methoden zur Kosten-Nutzen-Analyse nicht auf abnehmenden Grenzertrag, sondern auf die

außer (AG 6) an. Diese Kosten sind uneinbringlich, falls das Medikament nicht auf dem Markt eingeführt wird. Die Annahme vernachlässigbarer Produktionskosten steht auch im Einklang mit weiterer Literatur zur Arzneimittelforschung *(Bardey et al., 2010; Brekke, Grasdal, et al., 2009; Brekke, Königbauer& Straume, 2007; Jelovac & Bordoy, 2005, S. 8; Miraldo, 2009, S. 178).*[57] In Anbetracht der Ergebnisse zur Unterscheidung zwischen Biotechnologie und „traditioneller" pharmazeutischer Industrie in Kapitel 2.2 ist eine Differenzierung der Kostenfunktion nach Sektoren nicht geboten. Das dargestellte Modell setzt nach Entdeckung einer aktiven Gruppe am Ende der vorklinischen Phase der Arzneimittelentwicklung an.

Ausgehend von diesen Annahmen werden nun Umsätze und Gewinne des pharmazeutischen Unternehmens berechnet, das seinen Gewinn aufgrund des gegebenen Marktvolumens lediglich durch Variation der bereitgestellten Arzneimittelqualität optimieren kann. Hierbei gehen *Acharyya und García-Alonso (2008, S. 62 ff.)* zunächst von der Möglichkeit internationaler Preisdiskriminierung aus und untersuchen im zweiten Schritt die Wirkung von Parallelimporten, mit denen eine internationale Preisdiskriminierung unmöglich wird:[58] Es wird festgestellt, dass Parallelimporte die Arzneimittelqualität senken. Allerdings senken sie entgegen der Lehrmeinung die Arzneimittelpreise im Dritte-Welt-Land. Zu diesem Widerspruch ist allerdings anzumerken, dass das Paradigma zur Arzneimittelpreiswirkung von Parallelimporten auf dem Arbitragekalkül beruht, sodass die Arzneimittelpreise in Ländern mit hohem Preisen sinken und vice versa *(Kanavos & Vandoros, 2010, S. 326).* Während bei diesem Arbitragekalkül von bereits erhältlichen Arzneimitteln ausgegangen wird, untersuchen *Acharyya und García-Alonso (2008)* explizit die Wirkung auf noch in der Entwicklung befindliche Arzneimittel, wodurch der von ihnen postulierte Widerspruch zum gängigen

Zunahme der Grenzkosten bei geringerem Nutzensteigerungen *(IQWiG, 2009, S. 56 f.).* Ein inhaltlicher Unterschied ergibt sich daraus jedoch nicht, wie insbesondere durch Umformen von (AG 6) klar wird. Damit erfüllt die Kostenfunktion (AG 6) auch die in der Literatur übliche Annahme von steigenden Grenzkosten der Qualität *(Besanko, Donnenfeld, & White, 1987, S. 745; R. Cooper & Ross, 1985, S. 441; Lambertini & Orsini, 2000, S. 334).*

57 Lediglich *Brekke, Holmås und Straume (2011b)* integrieren Produktionskosten in ihre Betrachtung. Ihre Ergebnisse stehen jedoch nicht im Widerspruch zu *Brekke, Grasdal und Holmås (2009)*, deren Betrachtung sie erweitern. Auch *García-Alonso und García-Mariñoso (2008)* berücksichtigen Produktionskosten, untersuchen jedoch eine staatliche Erstattungsentscheidung im Anschluss an die Markteinführung eines neuen Medikaments.

58 Die einzelnen Schritte erfolgen analog innerhalb der Darstellung der folgenden Modellerweiterungen und sollen hier nicht „doppelt" erscheinen.

Paradigma infrage zu stellen ist. Bemerkenswert ist in diesem Zusammenhang auch, dass *Kanavos und Vandoros (2010)* für europäische Staaten gezeigt haben, dass Parallelimporte weniger Einfluss auf die Arzneimittelpreisunterschiede als Preisregulierungen haben. Auch *Maskus (2000, S. 1283)* verweist darauf, dass Preisregulierungen von Arzneimitteln der wesentliche Grund für Preisunterschiede bei Arzneimitteln sind, weshalb der Parallelimport von Arzneimitteln nicht gestattet werden sollte.

Die Annahme völliger inländischer Einkommenshomogenität wird mit der Einführung einer dritten Einkommensgruppe, deren Pro-Kopf-Einkommen zwischen den Pro-Kopf-Einkommen der beiden Länder liegt, abgeschwächt *(Acharyya & García-Alonso, 2008, S. 67 ff.)*. Damit besteht die Bevölkerung des einkommensschwachen Staates aus Bürgern der unteren und mittleren Einkommensschicht, während die Bevölkerung des einkommensstarken Staates aus Bürgern der mittleren und hohen Einkommensschicht besteht. Allerdings ist diese Modellerweiterung nicht geeignet, die Anforderung VIII (die Anwendbarkeit auf das zweigliedrige deutsche Gesundheitssystem sowie ein Vergleich europäischer Staaten) zu erfüllen. Sie wird daher nicht eingehend betrachtet. Das Ergebnis, dass Parallelimporte bei ex-ante-Vollversorgung, d. h. einer Versorgung aller Bürger mit dem Medikament, zu einem Wohlfahrtsverlust in beiden Ländern führen *(Acharyya & García-Alonso, 2008, S. 71)*, ist jedoch zu einem späteren Zeitpunkt mit der gewählten Modellerweiterung abzugleichen.

In ihrer spieltheoretischen Analyse zweier identischer Staaten übernehmen *Acharyya und García-Alonso (2009, S. 4 f., 2014, S. S77 ff.)* die oben dargestellten Annahmen (AG 1) bis (AG 6). Allerdings werden die Bevölkerungsgruppen n_T und n_R im Gegensatz zur obigen Betrachtung nun gleichmäßig auf die zwei Länder verteilt. Damit stehen nicht zwei Länder mit internationaler Einkommensdifferenz und vollkommener inländischer Einkommenshomogenität, sondern zwei Länder mit inländischer Einkommensdifferenz und identischen Volks- und Pro-Kopf-Einkommen im Zentrum der Analyse. Weiter wird von einem minimalen Einkommensunterschied

$$y_R > \frac{n_R + n_T}{n_R} y_T \equiv y_R^* \qquad \text{(AG 7)}$$

ausgegangen *(Acharyya & García-Alonso, 2009, S. 6; Acharyya & García-Alonso, 2014, S. S79)*.[59] Aufgrund des Einkommensunterschieds (AG 7) und der

59 Die Unterschreitung dieses minimalen Einkommensunterschieds führt zu einer Vollversorgung durch das pharmazeutische Unternehmen ohne zusätzliche staatliche Anreize.

resultierenden Preisstrategie des pharmazeutischen Monopolisten ist eine Arzneimittelkonsumsubvention (γ) der Bezieher niedriger Einkommen notwendig, um ihnen den Kauf dieser Arzneimittel zu ermöglichen.[60] Wird die Arzneimittelkonsumsubvention berücksichtigt, folgt für (AG 5) in den Ländern i, $i = 1,2$:

$$y_j s \geq P_i - \gamma_{ji}. \qquad \text{(AG 5a)}$$

Es wird keine Subvention an die Bezieher hoher Einkommen gezahlt, d. h., $\gamma_{iR} = 0$ *(Acharyya & García-Alonso, 2009, S. 5)*. Wird die Produzentenrente des pharmazeutischen Unternehmens nicht berücksichtigt, besteht die Wohlfahrt der Länder ausschließlich aus den Konsumentenrenten:

$$W_i = n_R \left(y_R s - P_i \right) + n_T \left(y_T s - P_i \right). \qquad \text{(AG 8)}$$

Die Subvention ist dabei kein direkter Bestandteil der Wohlfahrtsfunktion, sondern durch die Umverteilung zwischen den Bevölkerungsgruppen und dem Staat in Preis und Qualität des Arzneimittels implizit enthalten *(Acharyya & García-Alonso, 2009, S. 5; Acharyya & García-Alonso, 2014, S. S78)*. Mit dieser Modellierung ist eine mehrstufige spieltheoretische Betrachtung verbunden, die durch Rückwärtsinduktion reduziert werden kann.[61]

4.2.3 Grundlegende Modellstruktur und resultierende Aussagen des Modells

Zunächst entscheiden die Staaten unabhängig voneinander über das Ausmaß der Subvention, mit der sie eine Versorgung der Bürger aus der unteren Einkommensschicht mit dem Medikament sicherstellen. Anschließend entscheidet der pharmazeutische Monopolist ausgehend vom zu erwartenden Marktvolumen über die Zielqualität des Arzneimittels, bevor zuletzt die Konsumenten über

60 *Goldman, Jena, Philipson und Sun (2008)* verweisen darauf, dass hohe Arzneimittelpreise insbesondere die Therapietreue der ärmeren Patienten senkt, woraus hohe Cholesterinspiegel, unbehandelte psychiatrische Erkrankungen, resistente Bakterien usw. folgen. Diese externen Effekte können neben den gesellschaftlichen Zielen ein weiterer Grund zur Einführung einer Arzneimittelkonsumsubvention sein.
Gruber, Hendren und Townsend (2014) zeigen, dass eine Beschränkung der Zuzahlungen notwendig ist, damit die armen Bevölkerungsschichten am Gesundheitssystem teilhaben können. In diesem Sinne kann die Subvention auch als Begrenzung der Zuzahlung interpretiert werden.

61 Eine ausführlichere Darstellung der Rückwärtsinduktion für die in Abschnitt 5.2.2.2 dargestellte Modellerweiterung ist *bei Nguyen und Rohlf (2012)* oder *Rohlf (2013)* zu finden.

den Kauf des Arzneimittels entscheiden *(Acharyya & García-Alonso, 2008, S. 6; Acharyya & García-Alonso, 2014, S. S78; Nguyen & Rohlf, 2012, S. 26 f.; Rohlf, 2013, S. 69 f.)*. Aus diesen Einzelentscheidungen resultieren dann unterschiedliche Arzneimittelpreise und Qualitäten, Subventionshöhen, Wohlfahrtsniveaus und Versorgungsumfänge der Staaten sowie Gewinne des pharmazeutischen Unternehmens *(Nguyen & Rohlf, 2012, S. 26 f.; Rohlf, 2013, S. 73)*. Dabei wird von einer Vollversorgung (FC) gesprochen, wenn (aufgrund der Subvention) die Mitglieder beider Einkommensgruppen mit dem Medikament versorgt werden. Es wird von Teilversorgung (PC) gesprochen, wenn lediglich die einkommensstarken Bürger das Medikament kaufen können. Die Entscheidung der Konsumenten, das betrachtete Arzneimittel zu kaufen oder nicht zu kaufen, ist durch (AG 5a) gegeben, was durch das pharmazeutische Unternehmen bei der Preissetzung berücksichtigt werden kann. Damit ergibt sich bei der Möglichkeit, die Preise über die Länder zu diskriminieren[62], und im Fall der Subvention durch beide Staaten ein Gewinn des pharmazeutischen Unternehmens von:[63]

$$\pi_{FC}^{D} = (n_R + n_T)(y_T s + \gamma_1) + (n_R + n_T)(y_T s + \gamma_2) - \tfrac{1}{2}s^2. \qquad \text{(AG 9)}$$

Aus dem Gewinnmaximierungskalkül des Unternehmens kann mit univariater Optimierung die Zielqualität des Arzneimittels in Höhe von

$$s_{FC}^{D} = 2(n_R + n_T)\, y_T \qquad \text{(AG 10)}$$

bestimmt werden. Diese Arzneimittelqualität hängt nicht von den jeweiligen Subventionen der Staaten ab. Ist eine Preisdiskriminierung möglich und erfolgt eine Subvention nur in einem Staat, folgt daraus ein Gewinn des pharmazeutischen Monopolisten in Höhe von:[64]

$$\pi_{FCi}^{D} = (n_R + n_T)(y_T s + \gamma_i) + n_R y_R s - \tfrac{1}{2}s^2 \qquad \text{(AG 11)}$$

---

62 *Danzon (1997, S. 306)* argumentiert, dass die Möglichkeit der Preisdiskriminierung aus der Monopolstellung des pharmazeutischen Unternehmens resultiert. Da es dem pharmazeutischen Unternehmen mit einer Preisdiskriminierung dritten Grades über die Ländergrenzen möglich ist, einen Teil der Konsumentenrente zu vereinnahmen, wird das pharmazeutische Unternehmen auch Preisdiskriminierung betreiben *(Ganslandt & Maskus, 2007, S. 18 f.)*.

63 Dabei indizieren *D* und *FC* die Lösung bei Preisdiskriminierung und umfassender Vollversorgung.

64 *D* und *FCi* stehen hierbei für die Lösung bei Preisdiskriminierung und Vollversorgung in Land *i*.

mit der resultierenden Arzneimittelqualität von:

$$s_{FCi}^{D} = \left(n_R + n_T\right) y_T + n_R y_R. \qquad \text{(AG 12)}$$

Aufgrund des symmetrischen Spielaufbaus bei *Acharyya und García-Alonso (2009, S. 7 f., 2014, S. S79 f.)* ist es für die Arzneimittelqualität unerheblich, welcher Staat eine Vollversorgung seiner Bürger durch eine Subvention bereitstellt. Stellt keiner der Staaten eine Subvention zur Vollversorgung seiner Bürger bereit, resultiert der Gewinn des Arzneimittelherstellers[65]

$$\pi_{PC}^{D} = 2 n_R y_R s - \tfrac{1}{2} s^2, \qquad \text{(AG 13)}$$

mit dem die Arzneimittelqualität

$$s_{PC}^{D} = 2 n_R y_R \qquad \text{(AG 14)}$$

verbunden ist. Mit (AG 7) zeigen *Acharyya und García-Alonso*, dass

$$s_{PC}^{D} > s_{FCi}^{D} > s_{FC}^{D}.$$

D. h., die Arzneimittelqualität sinkt mit dem Versorgungsumfang. Aus Sicht der Arzneimittelqualität wäre daher ein möglichst geringer Versorgungsumfang wünschenswert *(Acharyya & García-Alonso, 2008, S. 8)*. Festzuhalten ist, dass alle drei möglichen Arzneimittelqualitäten zwar von der Subventions- bzw. Versorgungsentscheidung abhängen jedoch nicht von der individuellen Höhe der gewählten Subventionen. D. h., auch die Qualitätsentscheidung des multinationalen pharmazeutischen Unternehmens lässt sich mittels Rückwärtsinduktion bestimmen und die betrachteten Größen hängen ausschließlich von den Entscheidungen der beiden Staaten ab.

Damit die Subvention erfolgreich ist, muss das pharmazeutische Unternehmen aufgrund der Subvention eine Vollversorgung anstelle einer Teilversorgung bereit stellen. Für eine Vollversorgung in beiden Ländern muss gelten *(Acharyya & García-Alonso, 2009, S. 8; Acharyya & García-Alonso, 2014, S. S80)*:

$$\pi_{FC}^{D} \geq \pi_{PC}^{D},$$

woraus folgt, dass:

$$\gamma^{C} = \frac{\left(n_R y_R\right)^2 - \left(\left(n_R + n_T\right) y_T\right)^2}{n_R + n_T}. \qquad \text{(AG 15)}$$

65 *D* und *PC* stehen hierbei für die Lösung bei Preisdiskriminierung und Teilversorgung in beiden Ländern.

Entsprechend kann die Subventionshöhe für eine unilaterale Vollversorgung mit Hilfe von

$$\pi_{FCi}^{D} \geq \pi_{PC}^{D}$$

als

$$\gamma^{D} = \frac{\left(2n_R y_R\right)^2 - \left(\left(n_R + n_T\right) y_T + n_R y_R\right)^2}{2\left(n_R + n_T\right)} \qquad \text{(AG 16)}$$

berechnet werden *(Acharyya & García-Alonso, 2009, S. 9; Acharyya & García-Alonso, 2014, S. S81)*. Als minimale Subvention berechnen *Acharyya und García-Alonso (2009, S. 9, 2014, S. S81)* die Subventionshöhe für einen Wechsel von unilateraler Vollversorgung auf bilaterale Vollversorgung mit der Voraussetzung

$$\pi_{FC}^{D} \geq \pi_{FCi}^{D}$$

zu

$$\gamma^{\min} = \frac{\left(\left(n_R + n_T\right) y_T + n_R y_R\right)^2 - \left(2\left(n_R + n_T\right) y_T\right)^2}{2\left(n_R + n_T\right)}. \qquad \text{(AG 17)}$$

Da gilt, dass $\gamma^{\min} = 2\gamma^{C} - \gamma^{D}$ ist, folgt, dass die Subventionen zur Sicherstellung einer bilateralen Vollversorgung

$$\gamma_i \geq 2\gamma^{C} - \gamma_j \text{ und}$$

$$\gamma_i \geq \gamma^{\min} = 2\gamma^{C} - \gamma^{D}$$

mit $i = 1,2$ und $j \neq i$ genügen muss *(Acharyya & García-Alonso, 2009, S. 9f.; Acharyya & García-Alonso, 2014, S. S81)*. Neben diesen Minimum-Bedingungen, die die Wirkung der Subventionen sicherstellen, dürfen die Subventionen allerdings auch nicht so hoch sein, dass sie zu Wohlfahrtsverlusten der Staaten führen (Acharyya & García-Alonso, 2009, S. 10). Mittels der Wohlfahrtsfunktion lässt sich die maximale Subventionshöhe

$$\gamma_{FC}^{\max} = 2n_R\left(y_R - y_T\right) y_T$$

ableiten, aus der mit

$$\tilde{y}_R = \frac{\left(n_R + n_T\right) y_T + y_T \sqrt{\left(n_R + n_T\right) 2n_T}}{n_R} \qquad \text{(AG 18)}$$

der maximale Einkommensunterschied resultiert *(Acharyya & García-Alonso, 2009, S. 10; Acharyya & García-Alonso, 2014, S. S82)*.[66] In der Folge sind für $y_R \in \left]y_R^*, \tilde{y}_R\right[$ alle Subventionskombinationen (γ_1, γ_2) teilspielperfekte Nash-Gleichgewichte und bewirken eine bilaterale Vollversorgung, für die gilt *(Acharyya & García-Alonso, 2009, S. 11; Acharyya & García-Alonso, 2014, S. S82)*:

$$\gamma_1 + \gamma_2 = 2\gamma^C \text{ und } \gamma_i \le \min\left\{\gamma^D, \gamma_{FC}^{\max}\right\} \text{ mit } i = 1,2.$$

Damit sind trotz völlig identischer Staaten nicht nur identische Subventionshöhen, sondern auch unterschiedliche Subventionshöhen möglich, um die bilaterale Vollversorgung sicherzustellen *(Acharyya & García-Alonso, 2009, S. 11; Acharyya & García-Alonso, 2014, S. S82)*. Auf Basis der oben dargestellten Subventionskombinationen lassen sich optimale Antwortfunktionen als graphische Umsetzung ableiten:

Abbildung 4.1: Beste Antwortfunktion

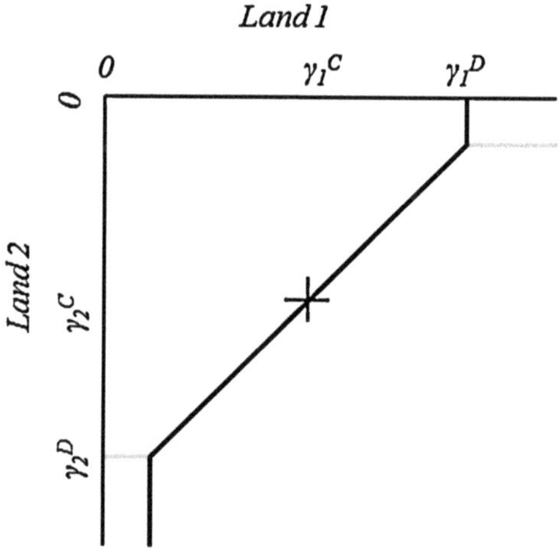

Quelle: Eigene Darstellung in Anlehnung an *Acharyya und García-Alonso (2009, S. 12, 2014, S. S83).*

66 Das Problem lässt sich nach *Hartmann-Besche (2000, S. 212)* auch als moralisches Problem schildern: Einerseits ist es unmoralisch, Patienten die höheren Heilungschancen aufgrund von Kostensteigerungen vorzuenthalten. Andererseits ist es unmoralisch, die Ressourcen der Gesellschaft auf eine kleine Gruppe zu konzentrieren, wodurch andere Behandlungs- oder Konsummöglichkeiten ausgeschlossen sind.

Acharyya und García-Alonso (2009, 2014) analysieren darüber hinaus noch die Wirkung von Parallelimporten von Arzneimitteln, auf die nicht weiter eingegangen werden soll.

4.2.4 Modellerweiterungen

In ihrer Betrachtung über Parallelimporte zwischen einkommensstarken und einkommensschwachen Ländern weiten *Acharyya und García-Alonso (2012a)* die dargestellte Analyse auf Länder mit unterschiedlichen Pro-Kopf-Einkommen aus. Zusätzlich werden die Produzentenrenten des Arzneimittelherstellers in die Wohlfahrtsfunktion des einkommensstärkeren Landes aufgenommen.[67] Im Modell werden zu diesem Zweck die Einkommen y_R über die Länder variiert, wobei die symmetrische Verteilung der Einkommensgruppen bestehen bleibt *(Acharyya & García-Alonso, 2012a, S. 28 f.)*. Aufgrund der unterschiedlichen Bevölkerungsgrößen der Länder Europas und der deutlich asymmetrischen Verteilung zwischen gesetzlich und privat Krankenversicherten in Deutschland scheint diese Modellerweiterung für die weitere Betrachtung nicht zielführend. Das Ergebnis, dass die Möglichkeit von Parallelimporten den Wohlstand im einkommensschwachen Land steigern kann, selbst wenn kein Gebrauch von ihr gemacht wird *(Acharyya & García-Alonso, 2012a)*, ist jedoch bei der Betrachtung europäischer Referenzpreise zu berücksichtigen. In ihrer Analyse des internationalen Patentschutzes ergänzen *Acharyya und García-Alonso (2012b)* zusätzlich einen Generikahersteller im einkommensschwachen Land. Diese Analyse steht somit außerhalb des Betrachtungsfeldes innovativer Arzneimittel.

4.2.5 Limitationen

Die zentralen Limitationen des Modells wurden bereits in den vorangegangen Abschnitten thematisiert, sollen an dieser Stelle jedoch noch einmal gesondert hervorgehoben werden. Zunächst stellen die aufgestellten Anforderungen I bis VI und X bis XII zugleich Limitationen des Modells dar. Drei weitere zentrale Limitationen betreffen die Einkommensverteilung der Staaten. Zunächst ist die Analyse von *Acharyya und García-Alonso (2008)* nur für die Länder vollkommener inländischer Einkommenshomogenität geeignet, während die Modellierung von *Acharyya und García-Alonso (2009, 2014)* völlig identische Staaten vorsieht. Die Erweiterung um unterschiedliche Pro-Kopf-Einkommen der Staaten bei

67 Die Analyse beruht auf dem gleichnamigen Arbeitspapier aus dem Jahr 2010: *Acharyya und García-Alonso (2010)*.

intranationaler Einkommensdifferenz *(Acharyya & García-Alonso, 2010, 2012a, 2012b)* reduziert diese Einschränkung zwar, jedoch bleibt die Beschränkung auf Staaten identischer Bevölkerungsgröße und Struktur erhalten. Die Betrachtung Deutschlands und weiterer europäischer Staaten ist damit ohne Abwandlung des Modells nicht möglich. Eine weitere zentrale Einschränkung des Modells stellt die Annahme des minimalen Einkommensunterschieds (AG 7) dar. Ebenso wie der minimale Einkommensunterschied stellt der maximale Einkommensunterschied (AG 18) eine zentrale Limitation des Modells dar, die vor der Anwendung des Modells zu prüfen ist. Wesentlicher als die genannten Beschränkungen ist jedoch die Fokussierung auf ein in der Entwicklung befindliches Arzneimittel, sodass das Modell keine Aussagen zu Qualitätsänderungen bereits zugelassener Arzneimittel trifft.

5 Die Wirkung staatlicher Anreize auf die Qualität innovativer Arzneimittel

5.1 Die Entwicklung der Arzneimittelqualität bei unterschiedlicher Ausgestaltung staatlicher Innovationsanreize von Arzneimitteln für seltene Leiden

5.1.1 Fragestellung und resultierende Modellerweiterungen

Im Zentrum der folgenden Analyse steht die Fragestellung, ob die gängigen staatlichen Innovationsanreize geeignet sind, die Arzneimittelqualität zu erhöhen (Forschungsfrage 1).[68] Zu diesen Maßnahmen zählt neben der (anteiligen) Erstattung der Forschungs- und Entwicklungskosten auch die Erstattung von Zulassungskosten (vgl. Kapitel 3). Die Integration der Erstattung von Forschungs- und Entwicklungskosten erfolgt durch die Aufnahme des Erstattungssatzes $\rho \in \left]0;1\right[$. Neben den ohne Markteinführung uneinbringlichen Kosten für Forschung und Entwicklung werden Zulassungskosten $\left(AC\right)$ als weiterer Kostenfaktor im Modell gesondert berücksichtigt, um die Wirkung einer Zulassungskostenerstattung $\left(\Delta AC\right)$ analysieren zu können.[69]

Diese Analyse fokussiert zunächst nur ein einzelnes Land, dessen Einkommensverteilung auf Normalverdiener mit einem Einkommen unterhalb des durchschnittlichen Pro-Kopf-Einkommens (*U*) und Gutverdiener mit einem Einkommen oberhalb des durchschnittlichen Pro-Kopf-Einkommens (*O*) reduziert wird. Einkommensdifferenzen innerhalb dieser Gruppen bleiben unberücksichtigt. Für die Einkommen gilt $y_O > y_U$ und die Anzahl der Bürger ist $n = n_O + n_U$. Arzneimittelqualität, Kosten, etc. werden entsprechend der Notation von *Acharyya und García-Alonso* übernommen, sodass für (AG 1a) gilt:

$$u\left(y_j, s\right) = y_j s \text{ mit } j = O,U. \qquad (1)$$

68 Teile des Kapitels wurden bereits in *Nguyen und Rohlf (2013)* veröffentlicht.

69 Vor dem Hintergrund des Forschungs- und Entwicklungsprozesses von Arzneimitteln ist allerdings auch die Annahme vertretbar, dass die Zulassungskosten Bestandteil der Forschungs- und Entwicklungskosten sind. Da die Zulassungskostenerstattung die Zulassungskosten jedoch nicht überschreiten kann, sind die Zulassungskosten zunächst gesondert zu berechnen.

Entsprechend folgen

$$u_s > 0, u_{ss} \leq 0 \tag{2}$$

$$u(y_O, s) > u(y_U, s) \forall s \tag{3}$$

$$\frac{\partial u(y_O, s)}{\partial s} > \frac{\partial u(y_U, s)}{\partial s} \forall s \tag{4}$$

$$u(y_j, s) = y_j s \geq P \text{ mit } j = O, U \tag{5}$$

$$C = \frac{1}{2} s^2 \tag{6}$$

5.1.2 Modellanalyse für ein Land

Ohne weitere staatliche Aktivität, wie eine Umverteilung im Rahmen eines staatlichen Gesundheitssystems, führt die Gewinnmaximierungsabsicht des pharmazeutischen Unternehmens entsprechend des gängigen Paradigmas zur Monopolrente zu einer Rationierung des Angebots. *Chen und Rizzo (2012)* gehen davon aus, dass bei Arzneimitteln geringerer Qualität eine Marktdurchdringungsstrategie seitens der pharmazeutischen Unternehmen erfolgt, während diese bei Arzneimitteln hoher Qualität eine Hochpreisstrategie wählen, wenn am Markt eine hohe Qualitätsdifferenzierung erkennbar ist. Dieser Effekt kann anhand von Antidepressiva für die Marktdurchdringungsstrategie nicht widerlegt werden *(Chen & Rizzo, 2012, S. 296 f.)*. Im vereinfachten Modell maximiert das pharmazeutische Unternehmen ohne die Möglichkeit einer Preisdiskriminierung innerhalb des Landes seinen Gewinn, indem es ausgehend von der Zahlungsbereitschaft (5) der Bezieher unterdurchschnittlicher Einkommen den Preis $P^U = y_U s$ wählt und so eine Vollversorgung (*FC*) der Bevölkerung mit dem Arzneimittel gewährleistet. D. h., es werden sowohl die Bezieher von Einkommen unterhalb und oberhalb des Durchschnittseinkommens mit dem Medikament versorgt, was der Marktdurchdringungsstrategie entspricht. Alternativ wählt der Monopolist in der Hochpreisstrategie die Zahlungsbereitschaft der Bezieher überdurchschnittlicher Einkommen als Preis $P^O = y_O s$ und gewährleistet so lediglich eine Teilversorgung (*PC*). D. h., nur die Bezieher von Einkommen oberhalb des Durchschnittseinkommens können sich den Konsum des Arzneimittels leisten. Abhängig von der Wahl des Preises folgt für den Gewinn des pharmazeutischen Monopolisten unter Berücksichtigung von Zulassungskosten (*AC*) und der Erstattung von Forschung- und Entwicklungskosten mit dem Erstattungssatz ρ:

$$\pi_{FC}(s)=\sum_{k=U,O}\left[n_k y_U s\right]-\frac{1-\rho}{2}s^2-AC \text{ bzw.} \tag{7}$$

$$\pi_{PC}(s)=n_O y_O s-\frac{1-\rho}{2}s^2-AC. \tag{8}$$

Ohne staatliche Intervention wird das pharmazeutische Unternehmen über die Wahl der Marktdurchdringungsstrategie eine Vollversorgung gewährleisten, falls (7) > (8) gilt, oder über die Hochpreisstrategie lediglich eine Teilversorgung bereitstellen, falls (8) > (7) gilt. Aus (7) und (8) folgt, dass das pharmazeutische Unternehmen eine Teilversorgung bei gegebener Arzneimittelqualität präferieren wird, falls die Einkommen hinreichend differieren:

$$y_O>\frac{n_O+n_U}{n_O}y_U\equiv y_O^{\min}. \tag{9}$$

Für den Fall, dass die über- und unterdurchschnittlichen Einkommen nicht hinreichend differieren, erfolgt damit eine Vollversorgung der Bürger mit dem innovativen Arzneimittel aufgrund der Gewinnmaximierungsabsicht des pharmazeutischen Unternehmens. Dabei entspricht (9) (AG 7) und stellt den minimalen Einkommensunterschied dar, ab dem der Staat gezwungen ist, zu intervenieren, um eine Vollversorgung, d h. eine Versorgung beider Einkommensgruppen, sicherzustellen. Die allgemein angenommene Rationierung des Angebots erfolgt in diesem Fall nicht. Ist dagegen die Universalität des Zugangs zur Gesundheitsversorgung und damit auch der Zugang zu innovativen Arzneimitteln staatliches Ziel, hat ein Land unter (9) die Möglichkeit, durch Subventionierung (γ) des Arzneimittelkonsums der Normalverdiener deren Zahlungsbereitschaft zu erhöhen oder eine (anteilige) Erstattung der Zulassungskosten (ΔAC) bei Vollversorgung durch das pharmazeutische Unternehmen zu gewährleisten. Für den Arzneimittelpreis folgt dann:

$$P=\begin{cases} y_O s & \text{, } \mathit{falls}\ PC \\ y_U s+\gamma & \text{, } \mathit{sonst} \end{cases}. \tag{10}$$

Dabei gilt $\gamma=0$, falls $\Delta AC\neq 0$. Eine staatliche Intervention ist jedoch nur sinnvoll, solange damit kein Wohlfahrtsverlust einhergeht. Dies ist konsistent mit der Analyse *Acharyyas und García-Alonsos* (AG 18) und es gilt:

$$y_O^{\min}\leq y_O\leq y_O^{\max}. \tag{11}$$

Nach (5) kaufen die jeweiligen Patienten ein Arzneimittel nur, wenn der Nutzen die Kosten überwiegt. Die höchste Zahlungsbereitschaft haben die Gutverdiener als Bezieher überdurchschnittlicher Einkommen, folglich hat das pharmazeutische Unternehmen keinen Anreiz, einen höheren Preis zu verlangen als deren Zahlungsbereitschaft zulässt und diese Patienten werden, falls ein Medikament auf dem Markt eingeführt wird, immer versorgt. Die Patienten mit unterdurchschnittlichen Einkommen werden dagegen nicht in jedem Fall versorgt. Ohne eine Arzneimittelversorgung verbessert sich ihre Wohlfahrt nicht und sie erreichen ein (Netto-)Wohlfahrtsniveau von null. Für die Wohlfahrt des Landes ergibt sich unter Berücksichtigung der verschiedenen Versorgungsmöglichkeiten und der Kosten für Subvention, Zulassungskostenerstattung sowie Forschungs- und Entwicklungskostenzuschüssen analog zu (AG 8):

$$W = n_O\left(y_O s - P\right) + \max\left(n_U y_U s - P, 0\right) - n_U \gamma - \Delta AC - \rho C. \tag{12}$$

Vor dem Hintergrund eines weltweiten Produktionsanteils der deutschen Pharmaproduktion von 8 % im Jahr 2008[70] bleiben die Gewinne des pharmazeutischen Unternehmens entgegen der bisherigen Modellerweiterung *(Acharyya & García-Alonso, 2010, 2012a, 2012b)* unberücksichtigt. Für die Arzneimittelqualität folgt aus (9) und (10):[71]

$$s_{FC} = y_U\left(n_O + n_U\right) \text{ und} \tag{13}$$

$$s_{PC} = y_O n_O. \tag{14}$$

Ist (9) erfüllt, präferiert der Monopolist eine Teilversorgung, daraus folgt:

$$s_{PC} > s_{FC}. \tag{15.1}$$

Hat der Monopolist eine Präferenz für die Teilversorgung, ist die Arzneimittelqualität bei Teilversorgung der Arzneimittelqualität bei Vollversorgung überlegen. Ist dagegen (9) nicht erfüllt, bevorzugt das pharmazeutische Unternehmen eine Vollversorgung und es gilt:

$$s_{FC} > s_{PC}. \tag{15.2}$$

Auch hier gilt, dass der vom Unternehmen bevorzugte Versorgungsumfang mit der höheren Arzneimittelqualität verbunden ist. Damit produziert das pharmazeutische Unternehmen ohne staatliche Intervention immer die höhere Arzneimittelqualität und die Angebotsmenge wird entgegen der allgemeinen Lehrmeinung zum Monopolangebot nur unter (9) rationiert. Das Absinken der Arzneimittelqualität ist damit nicht, wie von *Acharyya und García-Alonso* postuliert, durch

70 Auf die USA und Japan entfallen dagegen zusammen 45 % *(VfA, 2010, S. 7)*.
71 Die Herleitungen der Formeln dieses Abschnitts sind Anhang 1.1 zu entnehmen.

den zunehmenden Versorgungsumfang begründet, sondern ihr Ergebnis der mit zunehmenden Versorgungsumfang abnehmenden Arzneimittelqualität ist in erster Linie die Folge ihrer Modelllimitationen.

Unter der Annahme von (9) folgt mit (10), (12) und (14) ein Wohlfahrtsniveau von null, da das pharmazeutische Unternehmen die volle Zahlungsbereitschaft der Bezieher hoher Einkommen vereinnahmt, eine Versorgung der Bezieher niedriger Einkommen nicht erfolgt und keine Kosten für staatliche Interventionen entstehen. Ist der Einkommensunterschied dagegen geringer als in (9) angenommen, resultiert aus (10), (12) und (13) das Wohlfahrtsniveau:

$$W = n_O s_{FC} \left(y_O - y_U \right).$$

Sollen Zulassungskosten eingeführt werden, darf deren Höhe nicht zum Zusammenbruch der Versorgung führen. D. h., die Umsätze des pharmazeutischen Unternehmens müssen langfristig nicht nur die Forschungs- und Entwicklungskosten, sondern zusätzlich auch die Zulassungskosten übersteigen. Mit (13) folgt aus (7) > 0 bzw. mit (14) aus (8) > 0:

$$AC < \frac{1}{2} s_{FC}^2 \text{ bzw.} \tag{16}$$

$$AC < \frac{1}{2} s_{PC}^2. \tag{17}$$

Bei einer fixen Zulassungskostenhöhe ($AC = \eta$) folgt durch Einsetzen aus (16) und (17):

$$s_{\min} \geq \sqrt{2\eta}. \tag{18}$$

Da die Umsätze von Arzneimitteln geringerer Qualität die Zulassungskosten nicht decken, werden Arzneimittel unterhalb der Qualität (18) nicht in den Markt eingeführt, da sie nicht rentabel sind. Die Einführung von Zulassungskosten geht mit einer Mindestqualität der Arzneimittel einher, die die aus dem von *Acharyya und García-Alonso (2008, 2009, 2014)* angenommenen Reservationsnutzen von null resultierende Mindestqualität überschreiten kann. Dieser Mindestqualitätsstandard führt zum Ausschluss von Patienten, die durch umsatzschwache Arzneimittel zu behandeln wären, beispielsweise Patienten mit seltenen oder vernachlässigten Leiden. Dieses Zwischenergebnis ergänzt das Ergebnis von *Besanko et al. (1987)*, nach dem die Einführung von Mindestqualitätsstandards zum Ausschluss von Konsumenten führt, wenn Qualitätsdiskriminierung möglich ist. Sodass die Einführung von Mindeststandards zum Ausschluss von Konsumenten führt, unabhängig davon, ob Qualitätsdiskriminierung möglich ist oder nicht.

5.1.2.1 *Wirkung einer Zulassungskostenerstattung*

Eine Zulassungskostenerstattung kann maximal bis zur Höhe der Zulassungskosten eingeführt werden. Im Fall der **freiwilligen Vollversorgung** $\left(y_O < y_O^{\min}\right)$ kommt es zu keiner Änderung der angebotenen Qualität (13). Allerdings sinkt die Mindestqualität auf:

$$s_{\min}^{\Delta AC} \geq \sqrt{2\left(\eta - \Delta AC\right)}, \qquad (18\ \text{A})$$

da die Zulassungskosten durch die Zulassungskostenerstattung auf $AC = \eta - \Delta AC$ sinken. Bei vollständiger Erstattung der Zulassungskosten sinkt die Mindestarzneimittelqualität auf null. Die Zulassungskostenerstattung führt zu einer verstärkten Markteinführung von Arzneimitteln, die aufgrund der geringen Qualität zuvor nicht produziert wurden. Die Wohlfahrt sinkt dadurch auf:

$$W^A = n_O s_{FC}\left(y_O - y_U\right) - \Delta AC. \qquad (12\ \text{A})$$

Im Fall der **Teilversorgung**, d. h. unter (9), folgt mit einer Zulassungskostenerstattung ΔAC ebenfalls keine Änderung der bereitgestellten Arzneimittelqualität (14). Auch hier sinkt die angebotene Mindestqualität mit den beschriebenen Folgen für das Arzneimittelangebot. Eine Vollversorgung folgt aus der Zulassungskostenerstattung nicht und aus (9) folgt mit (10), (12) sowie (14) ein Wohlfahrtsniveau geringer als null.

Sollen die Zulassungskosten nur erstattet werden, falls das pharmazeutische Unternehmen eine Vollversorgung anstelle der bisherigen Teilversorgung unter (9) gewährleistet sind zwei Aspekte zu berücksichtigen:

1. Die Erstattungshöhe muss ausreichend sein, um dem Monopolisten einen Anreiz zur Vollversorgung zu setzen (Minimum).
2. Der Umfang der Erstattung darf weder zu einem Wohlfahrtsverlust führen, noch die Höhe der Zulassungskosten übersteigen (Maximum).

Die Bereitstellung der Vollversorgung erfolgt, wenn das pharmazeutische Unternehmen die Vollversorgung gegenüber der Teilversorgung präferiert. Die Voraussetzung hierfür ist, dass sein Gewinn bei Vollversorgung mit Zulassungskostenerstattung mindestens dem Gewinn bei Teilversorgung ohne Zulassungskostenerstattung entspricht, mit den Gewinnfunktionen (7) bzw. (8) folgt daraus:

$$\Delta AC \geq \frac{1}{2}\left(s_{PC}^2 - s_{FC}^2\right).$$

Gleichzeitig darf die Zulassungskostenerstattung die Höhe der Zulassungskosten nicht überschreiten. Diese sind aus (17) bekannt, sodass für die Zulassungskostenerstattung insgesamt gilt:

$$\frac{1}{2}s_{PC}^2 > AC \geq \Delta AC \geq \frac{1}{2}\left(s_{PC}^2 - s_{FC}^2\right).^{72} \qquad (19)$$

Die Zulassungskostenerstattung wird neben der Höhe der maximalen Zulassungskosten auch durch die Anforderung begrenzt, dass die Einführung einer Zulassungskostenerstattung nicht zu einem Wohlfahrtsverlust führen darf. Aus (12 A) folgt mit $W^A \geq 0$ für ΔAC:

$$\Delta AC \leq n_O s_{FC}\left(y_O - y_U\right).$$

Die Zulassungskostenerstattung

$$\Delta AC \geq \frac{1}{2}\left(s_{PC}^2 - s_{FC}^2\right) \qquad (20)$$

erfüllt diese Bedingung immer, solange der maximale Einkommensunterschied

$$y_O < y_O^{\min} + \frac{\sqrt{2n_U^2 + 2n_O n_U}}{n_O} y_U \equiv y_O^{\max}$$

nicht überschritten wird. Hiermit gilt für (11):

$$\frac{n_O + n_U}{n_O} y_U < y_O < \left(\frac{n_O + n_U}{n_O} + \frac{\sqrt{2n_U^2 + 2n_O n_U}}{n_O}\right) y_U.$$

D. h., bei Erfüllung des minimalen und des maximalen Einkommensunterschieds aus (11) ist es aufgrund des Wohlfahrtsgewinns für einen Staat immer sinnvoll, eine Vollversorgung seiner Bürger über die minimale Zulassungskostenerstattung zu gewährleisten, obwohl damit nach (15.1) eine geringere Arzneimittelqualität verbunden ist.

Da mit dem Wechsel von Teilversorgung zu Vollversorgung nach Gewährung der Zulassungskostenerstattung eine Steigerung des Versorgungsumfangs bei Reduktion der zu erwartenden Arzneimittelqualität verbunden ist, rationiert der Monopolist nicht die Angebotsmenge, sondern die Qualität des Angebots. Dass die Arzneimittelqualität mit steigendem Versorgungsumfang sinkt, scheint

---

72 Da die Zulassungskosten mindestens der Kostenerstattung ΔAC entsprechen müssen, ist nun ein Minimum der Zulassungskosten und der Arzneimittelqualität bestimmt. Aufgrund von (9) gilt nun $s_{PC} > s_{FC}$.

zunächst im Widerspruch zu den in Kapitel 2 diskutierten Ergebnissen von *Lichtenberg und Waldfogel (2003, S. 7, 16)* sowie *Acemoglu und Linn (2004, S. 1050 f., 1068–1072)* zu stehen. Diese Autoren kommen jeweils zu dem Ergebnis, dass die Innovationen mit zunehmendem Marktvolumen steigen. Allerdings sind Versorgungsumfang und Marktvolumen nicht gleichzusetzen. Die Betrachtung der Arzneimittelqualitäten (13) und (14) offenbart, dass bei gegebener Versorgungsentscheidung die Arzneimittelqualität mit zunehmendem Marktvolumen steigt. Mit Hilfe von (9) kann auch allgemein gezeigt werden, dass die Arzneimittelqualität mit steigendem Umsatz, d. h. mit steigendem Marktvolumen, zunimmt. Die Ergebnisse des Modells liefern eine weitere theoretische Erklärung für die empirischen Ergebnisse von *Lichtenberg und Waldfogel (2003)* sowie *Acemoglu und Linn (2004)*.

Die Wohlfahrt (12 A) lässt sich durch Einsetzen der Zulassungskostenerstattung (20) genauer bestimmen zu:

$$W^A = n_O s_{FC}\left(y_O - y_U\right) - \frac{1}{2}\left(s_{PC}^2 - s_{FC}^2\right).$$

Für den Gewinn des Monopolistenergibt sich nach Einsetzen von (20) in (7):

$$\pi_{FC}^A\left(s_{FC}\right) = \frac{1}{2}s_{FC}^2. \qquad (7\text{ A})$$

Einsetzen der Zulassungskostenerstattung (20) in Mindestarzneimittelqualität (18 A) liefert:

$$s_{\min}^{\Delta AC} \geq \sqrt{2\left(\eta - \frac{1}{2}\left(s_{PC}^2 - s_{FC}^2\right)\right)}.$$

5.1.2.2 Wirkung einer Arzneimittelkonsumsubvention

Die Subventionierung zur Sicherstellung der Vollversorgung ist nur unter (9) notwendig. Um die Wirkung der Arzneimittelsubvention zu untersuchen, muss zunächst der Fall der ursprünglichen **Teilversorgung** betrachtet werden, während der Fall der freiwilligen Vollversorgung praktisch unberücksichtigt bleiben kann. Damit die Subvention (γ) bei ursprünglicher Teilversorgung erfolgreich eine Vollversorgung sicherstellt, muss das pharmazeutische Unternehmen mit Einführung der Subvention die Vollversorgung gegenüber der Teilversorgung bevorzugen. D. h., wie für (19) muss (7) > (8) gelten:

$$\pi_{FC}^S = \left(n_O + n_U\right)\left(y_U s_{FC} + \gamma\right) - \frac{1}{2}s_{FC}^2 \geq n_O y_O s_{PC} - \frac{1}{2}s_{PC}^2 = \pi_{PC}.$$

Hieraus kann die Mindestsubventionshöhe berechnet werden:

$$\gamma \geq \frac{s_{PC}^2 - s_{FC}^2}{2\left(n_O + n_U\right)}. \tag{21}$$

Weiter sollte der Arzneimittelpreis bei Vollversorgung den Preis der Teilversorgung nicht überschreiten:

$$P^{FC} = y_U s_{FC} + \gamma \leq y_O s_{FC}.$$

Damit folgt eine maximale Subvention in Höhe von

$$\gamma^{\max} \leq \frac{y_O}{y_U}.$$

Mit der Zahlung dieser Subvention ist jedoch ein Wohlfahrtsverlust in Höhe von $n_U \gamma$ verbunden, wie mit Hilfe von (12) gezeigt werden kann. Damit in Folge der Subventionierung kein Wohlfahrtsverlust entsteht, darf nach (12) nur eine Subvention der Höhe

$$\gamma^{\max} = \frac{n_O s_{FC}\left(y_O - y_U\right)}{n_O + n_U}$$

gezahlt werden. Gleichsetzen mit der Subvention (21) liefert analog zur minimalen Einkommensdifferenz die maximale Einkommensdifferenz, ausgedrückt im Verhältnis der beiden Einkommenshöhen des Modells:

$$y_O^{\max} = \frac{n_O + n_U}{n_O} y_U + \frac{\sqrt{2n_U^2 + 2n_O n_U}}{n_O} y_U.$$

Dabei entspricht der erste Term der rechten Seite dem minimalen Einkommensunterschied $y_O^{\min}$. Damit bilden die minimale und die maximale Einkommensdifferenz die rechnerischen Modellgrenzen. Sie resultieren aus der modellendogenen Überlegung, dass eine Subventionierung des Arzneimittelkonsums der Normalverdiener sicher zu einem Wohlfahrtsverlust führt, wenn das Verhältnis zwischen überdurchschnittlichen und unterdurchschnittlichen Einkommen außerhalb dieser Grenzen liegt. Aufgrund ihrer Konstruktion als Einkommensverhältnis bilden der minimale und der maximale Einkommensunterschied den Einkommenskorridor, innerhalb dessen das überdurchschnittlichen Einkommen liegen darf, damit eine Subvention nicht sicher zu einem Wohlfahrtsverlust führt.

$$y_O^{\max} - y_O^{\min} = \Delta y = \frac{\sqrt{2n_U^2 + 2n_O n_U}}{n_O} y_U$$

bildet die Strecke zwischen minimaler und maximaler Einkommensdifferenz und wird als Einkommensspanne bezeichnet. Der Einkommenskorridorwird in Abbildung 5.1 dargestellt. Er weitet sich mit steigender Anzahl der Normalverdiener. Damit nimmt die Einkommensspanne zu, was ebenfalls für die minimale Einkommensdifferenz gilt. Dagegen sinkt die Einkommensspanne wie auch der minimale Einkommensunterschied mit steigender Anzahl der Gutverdiener. Sowohl die minimale Einkommensdifferenz $y_O^{\min}$ als auch die maximale Einkommensdifferenz $y_O^{\max}$ streben mit zunehmender Anzahl der Gutverdiener gegen das unterdurchschnittliche Einkommen. Der Einkommenskorridor verjüngt sich. Für eine zunehmende Anzahl der Normalverdiener weisen weder die minimale Einkommensdifferenz noch die maximale Einkommensdifferenz einen solchen Grenzwert auf. Als kritische Grenze der Subventionslösung in einkommensschwachen Staaten ist die Bezahlbarkeit der Subventionshöhen und somit die maximale Einkommensdifferenz zu erwarten. Dagegen ist als kritische Grenze in einkommensstarken Staaten der Wohlfahrtsverlust der subventionierenden Bürger, also der minimale Einkommensunterschied, zu erwarten. Eine Subvention ist in einkommensschwachen Staaten nur bei ausreichender Einkommensdifferenz nötig, weil das pharmazeutische Unternehmen aufgrund des relativ hohen Umsatzpotentials der unteren Einkommensschicht eher bereit ist, eine Vollversorgung zu gewährleisten. In einkommensstarken Staaten dagegen hat der Monopolist aufgrund des relativ geringeren Umsatzpotentials der unteren Einkommensschicht eher Anreize zur Teilversorgung und Wohlfahrtsverluste treten schon bei geringeren Subventionshöhen auf.

Abbildung 5.1: Einkommenskorridor

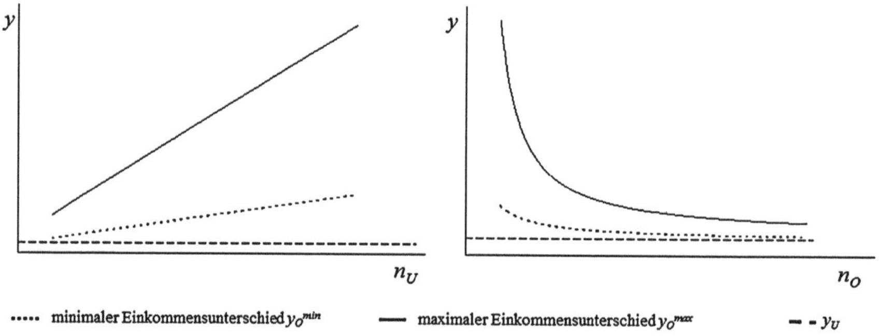

Quelle: Eigene Darstellung.

Es wird allgemein angenommen, dass eine Verschiebung der erwarteten Nachfragekurve zu einer Verschiebung der Grenzrenditekurve nach oben und damit

c. p. zu einer Ausweitung der Forschungs- und Entwicklungskosten führt *(Sloan & Hsieh, 2008, S. 235)*. Die Verschiebung der erwarteten Nachfragekurve kann durch einen exogenen Anstieg der Marktgröße infolge der Entscheidung, das neue Produkt in den Versicherungsschutz privater und/oder gesetzlicher Krankenversicherungsträger aufzunehmen, bedingt sein *(Sloan & Hsieh, 2008, S. 235)*. Im Modell steigen zwar ebenfalls Gewinn des Monopolisten und dessen Anreiz, neue Arzneimittel zu entwickeln. Allerdings sinkt dagegen die erwartete Qualität der Arzneimittel. Diese Ergebnisse entsprechen in dieser Hinsicht den Ergebnissen der Zulassungskostenerstattung. Obwohl das Subventionsvolumen geringer ausfällt als die Zulassungskostenerstattung, sind der Gewinn des pharmazeutischen Unternehmens und die Wohlfahrt des Landes identisch zum Fall der Zulassungskostenerstattung zur Vollversorgung:

$$\pi_{FC}^{S}\left(s_{FC}\right)=\frac{1}{2}s_{FC}^{2} \text{ bzw.} \tag{7 S}$$

$$W^{S}=n_{O}s_{FC}\left(y_{O}-y_{U}\right)-\frac{1}{2}\left(s_{PC}^{2}-s_{FC}^{2}\right). \tag{12 S}$$

Ohne Preisdiskriminierung innerhalb des Landes zahlen die Mitglieder der oberen Einkommensschicht ebenfalls den um die Subvention erhöhten Arzneimittelpreis. Der Gewinn des Monopolisten steigt damit um mehr als das Subventionsvolumen und das Wohlfahrtsniveau des Landes sinkt um mehr als das Subventionsvolumen. Insgesamt sind die Wirkungen von Subvention und Zulassungskostenerstattung zur Sicherstellung der Vollversorgung hinsichtlich Medikamentenqualität, Wohlfahrt und Gewinn des pharmazeutischen Unternehmens völlig identisch.

Wird die Subvention (γ) gezahlt, obwohl eine Vollversorgung durch das pharmazeutische Unternehmen bereits gewährleistet wird, d. h. im Fall der **freiwilligen Vollversorgung**, hat dies keine Änderung der Qualität (13) zur Folge. Damit verbunden ist wiederum eine Senkung der Mindestarzneimittelqualität:

$$s_{\min}^{\gamma}\geq\sqrt{2\left(\eta-\left(n_{O}+n_{U}\right)\gamma\right)}. \tag{18 S}$$

Einsetzen der Subventionshöhe (21) liefert:

$$s_{\min}^{\gamma}\geq\sqrt{2\left(\eta-\frac{1}{2}\left(s_{PC}^{2}-s_{FC}^{2}\right)\right)}.$$

Die Mindestarzneimittelqualität bei Subvention (21) und bei Zulassungskostenerstattung (20) sind identisch. In beiden Fällen wird der Qualitätsanreiz der Zulassungskosten für das pharmazeutische Unternehmen durch staatliche

Intervention gesenkt. In diesem Fall führt die Arzneimittelkonsumsubvention zu der bereits beschriebenen Ausweitung der Arzneimittelproduktion. Eine solche Arzneimittelkonsumsubvention führt zu einem Wohlfahrtsverlust.

5.1.2.3 *Wirkung eines Forschungs- und Entwicklungszuschusses*

Wird anstelle einer Zulassungskostenerstattung ein Forschungs- und Entwicklungskostenerstattungssatz (ρ) gewährt, folgt für die angebotene Mindestqualität:

$$s_{\min} \geq \sqrt{2(1-\rho)\eta}. \tag{18 R}$$

Auch die Erstattung für Forschungs- und Entwicklungskosten führt zu einer Reduktion der Arzneimittelmindestqualität, die umso größer ist, je höher der Erstattungssatz (ρ) ist. Da $\rho \in]0;1[$, unterschreitet die angebotene Mindestqualität null jedoch nicht. Auch hier kommt es zur bereits beschriebenen Ausweitung des Angebots von Arzneimitteln geringerer Qualität. Gegenüber den bisher betrachteten Anreizen führt die anteilige Erstattung der Forschungs- und Entwicklungskosten zu einer Änderung der angebotenen Arzneimittelqualitäten:

$$s_{FC}^{\rho} = \frac{1}{1-\rho} s_{FC} = \frac{1}{1-\rho} y_U \left(n_O + n_U\right) \text{ und} \tag{13 R}$$

$$s_{PC}^{\rho} = \frac{1}{1-\rho} s_{PC} = \frac{1}{1-\rho} y_O n_O. \tag{14 R}$$

Die Einführung der (anteiligen) Kostenerstattung für Forschungs- und Entwicklungskosten (ρ) führt zu einer Steigerung der Arzneimittelqualitäten um den Faktor $\frac{1}{1-\rho}$. Für den Gewinn des Monopolisten folgt:

$$\pi_{FC}^{\rho} = \frac{1}{2} \frac{1}{1-\rho} s_{FC}^{2} - AC, \text{ bzw.} \tag{7 R}$$

$$\pi_{PC}^{\rho} = \frac{1}{2} \frac{1}{1-\rho} s_{PC}^{2} - AC. \tag{8 R}$$

Gegenüber der Ausgangssituation ohne staatliche Intervention steigt der Gewinn des Monopolisten. Bevorzugt das pharmazeutische Unternehmen eine **Teilversorgung** mit neuen Medikamenten, führt die Kostenerstattung von Forschungs- und Entwicklungskosten aufgrund der vollständigen Abschöpfung der Zahlungsbereitschaft zu einem Wohlfahrtsverlust, wie mit (12) gezeigt werden kann. Bevorzugt der pharmazeutische Monopolist ohne staatliche Intervention eine **Vollversorgung**, führt der Kostenerstattungssatz

$$\rho^* \leq 1 - \frac{y_U(n_O + n_U)}{2n_O(y_O - y_U)} \tag{22}$$

zu einer Wohlfahrtssteigerung, während ein höherer Kostenerstattungssatz zu einem Wohlfahrtsverlust führt. Da neben (22) auch $\rho^* \in \left]0;1\right[$ gelten muss, gilt:

$$0 < 1 - \frac{y_U(n_O + n_U)}{2n_O(y_O - y_U)} \text{ und}$$

$$1 > 1 - \frac{y_U(n_O + n_U)}{2n_O(y_O - y_U)}.$$

Damit kann ρ^* nur existieren, falls $n_O < n_U$, andernfalls führt die Einführung eines Kostenerstattungssatzes für Forschungs- und Entwicklungskosten zu einem Wohlfahrtsverlust.

5.1.2.4 Vergleich der einzelnen Anreize

Um wirksam Anreize zur Entwicklung neuer Medikamente zu generieren, müssen entsprechende Programme drei Voraussetzungen erfüllen *(Grabowski, 2005, S. 475)*:

1. Der Kostenanreiz muss groß genug sein, damit die unzureichenden Umsätze die Kosten für Forschung und Entwicklung decken können.
2. Arzneimittel müssen in den betreffenden Ländern zu einem Preis verkauft werden, der die Versorgung der betroffenen Bürger noch sicherstellt.
3. Die Programme müssen so strukturiert sein, dass sie die Unterstützung bedeutender Wählergruppen und somit politische Unterstützung erhalten.

Die Implikationen des vorgestellten Modells werden nun genutzt, um die Anreize anhand der oben genannten drei Kriterien (Kostenanreiz, Versorgung der Bürger und politische Unterstützung) zu überprüfen. Zunächst führt die Erhebung von Zulassungskosten implizit zur Arzneimittelmindestqualität (18), da der Umsatz qualitativ weniger hochwertiger Arzneimittel nicht ausreicht, die Zulassungskosten zu decken.

Es wurde gezeigt, dass sowohl eine **Zulassungskostenerstattung** als auch eine **Arzneimittelkonsumsubvention** grundsätzlich gleich wirken. Mit (18 A) bzw. (18 S) kann gezeigt werden, dass beide Anreize durch die Senkung der impliziten Mindestqualität für ein zusätzliches Angebot von Arzneimitteln geringerer

Qualität sorgen. Es folgt eine geringere Qualität der Arzneimittel, die weder durch die Kostenerstattung noch die durch Subventionen des Arzneimittelkaufs gesteigert werden kann. Im **Fall der freiwilligen Vollversorgung** durch das pharmazeutische Unternehmen ist der Kostenanreiz der Zulassungskostenerstattung nach (7) groß genug, so dass die bisher unzureichenden Arzneimittelumsätze die Kosten decken. Das Arzneimittel wird ohnehin zu einem Preis bereitgestellt, der die Versorgung im Land gewährleistet. Damit werden jedoch nur zusätzlich Arzneimittel angeboten, deren Qualität unterhalb der impliziten Mindestqualität (18) liegt, während die zu erwartende Arzneimittelqualität (13) unverändert bleibt. Jedoch sollte der resultierende Wohlfahrtsverlust (12 A) dazu führen, dass die Unterstützung bedeutender Wählergruppen ausbleibt. Somit ist die Zulassungskostenerstattung in diesem Fall ungeeignet, wirksam Anreize zur Entwicklung neuer Medikamente zu generieren.

Im **Fall der Teilversorgung**, d. h., wenn der Einkommensunterschied (9) übersteigt, folgt mit einer Zulassungskostenerstattung ΔAC keine Änderung der bereitgestellten Arzneimittelqualität (14). Auch hier sinkt die angebotene Mindestqualität (18) mit ähnlichen Folgen für das Arzneimittelangebot. Gleichzeitig folgt aus der Zulassungskostenerstattung direkt keine Vollversorgung, und es besteht unter der Annahme von (9) mit (10), (8) sowie (12) ein Wohlfahrtsniveau geringer als null. Dieser Wohlfahrtsverlust sollte wiederum dazu führen, dass die Unterstützung bedeutender Wählerschichten ausbleibt, Zusätzlich ist die (Voll-)Versorgung mit neuen Arzneimitteln nicht gesichert. Auch in diesem Fall ist die Zulassungskostenerstattung nicht geeignet, Anreize zur Entwicklung neuer Medikamente wirksam zu generieren. Wird die **Zulassungskostenerstattung nur bei einem Wechsel zur Vollversorgung** gewährt, d. h., werden die neuen Arzneimittel zu einem Preis verkauft, der die (Voll-)Versorgung noch gewährleistet, dann sollte die Unterstützung bedeutender Wählergruppen aufgrund des Wohlfahrtsgewinns (12 A1) gesichert sein. Der Kostenanreiz ist bei korrekter Setzung der Zulassungskostenerstattung groß genug, die Vollversorgung ist unkritisch. Eine solche Zulassungskostenerstattung dürfte erfolgreich sein. Allerdings führen die Anreize nun zur Entwicklung von Arzneimitteln geringerer Qualität. Wie in den beiden bisher betrachteten Fällen scheint die Zulassungskostenerstattung allein somit nicht geeignet, wirksam Anreize zur Entwicklung qualitativ hochwertiger neuer Medikamente zu generieren. Die Wirkungen von Subvention und Zulassungskostenerstattung hinsichtlich Medikamentenqualität, Wohlfahrt und Gewinn des pharmazeutischen Unternehmens sind völlig identisch. Folglich muss auch die Bewertung identisch ausfallen: Die Subvention ist nicht geeignet, wirksam Anreize zur Entwicklung qualitativ hochwertiger neuer Medikamente für seltene Leiden zu generieren.

Bei einer **Vollversorgung** durch das pharmazeutische Unternehmen ist der Kostenanreiz eines staatlichen **Kostenerstattungssatzes für private Forschungs- und Entwicklungskosten** nach (7) groß genug, dass die bisher unzureichenden Umsätze die Kosten für Forschung und Entwicklung überdecken können. Entgegen der Erstattungs- und der Subventionslösung ist darüber hinaus mit einer Steigerung der zu erwartenden Arzneimittelqualität (13 R) zu rechnen. Die ohnehin sichergestellte Versorgung wird nicht gefährdet. Außerdem tritt mit (22) ein Wohlfahrtsgewinn ein, falls mehr Bezieher unterdurchschnittlicher als überdurchschnittlicher Einkommen das Arzneimittel konsumieren. In diesem Fall generiert allein eine anteilige Kostenerstattung für private Forschungs- und Entwicklungskosten durch den Staat wirksame Anreize zur Entwicklung neuer Medikamente höherer Qualität. Sind dagegen mehr Bezieher überdurchschnittlicher als unterdurchschnittlicher Einkommen von der zu behandelnden Krankheit betroffen, ist aufgrund des Wohlfahrtsverlustes nicht davon auszugehen, dass wirksame Anreize für die Entwicklung neuer Medikamente hoher Qualität generiert werden.

Im Fall der **Teilversorgung** durch den Monopolisten ist der Kostenanreiz einer anteiligen Übernahme der privaten Forschungs- und Entwicklungskosten durch den Staat ebenfalls groß genug, damit die bisher unzureichenden Umsätze die Kosten für Forschung und Entwicklung decken können. Darüber hinaus steigt die zu erwartende Arzneimittelqualität. Allerdings führt die anteilige Kostenübernahme nicht zu einer Sicherstellung der Vollversorgung und es ist aufgrund des Wohlfahrtsverlustes damit zu rechnen, dass die Unterstützung bedeutender Wählerschichten ausbleibt. Somit ist die Forschungs- und Entwicklungskostenerstattung in diesem Fall alleine nicht geeignet, einen wirksamen Anreiz zur Entwicklung neuer hochwertiger Arzneimittel zu generieren. Tabelle 5.1 fasst die Ergebnisse der Analyse zusammen:

Tabelle 5.1: Wirkung staatlicher Anreize auf Wohlfahrt, Arzneimittelqualität und Arzneimittelmindestqualität

		W	**s**	$\mathbf{s}_{min}$
FC	ΔAC	-	=	-
	γ	-	=	-
	ρ	+ falls $n_O > n_U$	+	-
PC	ΔAC	+ falls → FC	=	-
	γ	+ falls → FC	=	-
	ρ	-	+	-

Quelle: Eigene Darstellung.

5.1.2.5 Vergleich der Gesetzgebung zu seltenen Leiden

Ziel der EG-Verordnung über Arzneimittel für seltene Leiden war es, wie in Kapitel 2 dargestellt, Anreize für die Erforschung, Entwicklung und Markteinführung von Arzneimitteln für seltene Leiden zu schaffen. Neben organisatorischen Vereinfachungen wurden hierfür die Erstattung von Zulassungskosten sowie eine zehnjährige Marktexklusivität eingeräumt. Weiter steht es den Mitgliedsstaaten der Europäischen Union frei, zusätzliche Anreize zu schaffen. Dagegen setzt die US-amerikanische Gesetzgebung mit dem ODA neben der Einräumung einer siebenjährigen Marktexklusivität auf die anteilige Erstattung von Forschungs- und Entwicklungskosten mittels Steuergutschrift.

Die in beiden Gesetzen vorgesehene **Marktexklusivität** wirkt sich positiv auf die Arzneimittelqualität aus. Im Modell erhöhen sich n_O und n_U, somit steigen auch die Arzneimittelqualitäten (13) und (14). Da Patienten keine Ausweichmöglichkeit auf Konkurrenzarzneimittel haben, vergrößert sich das Marktvolumen und somit der Anreiz zur Entwicklung neuer Arzneimittel, sofern deren Qualität nicht unter der impliziten Mindestqualität (18) liegt. Die Versorgung aller betroffenen Patienten ist jedoch nicht sichergestellt und von weiteren Faktoren wie der Bevölkerungsstruktur abhängig. Damit ist die Marktexklusivität nur geeignet, Anreize zur Entwicklung von Arzneimitteln für seltene Leiden zu generieren, falls ohnehin eine Vollversorgung durch das pharmazeutische Unternehmen präferiert oder flankierende Maßnahmen zur Sicherstellung der Vollversorgung ergriffen werden.

Der europäische Anreiz der **Zulassungskostenerstattung** wirkt ähnlich der in Europa ohnehin gewährten **Arzneimittelkonsumsubvention** und ist nicht geeignet die Arzneimittelqualität zu erhöhen. Dagegen ist der US-amerikanische

Anreiz der **Forschungs- und Entwicklungskostenerstattung** mittels Steuergutschrift unter bestimmten Voraussetzungen geeignet, die Arzneimittelqualität zu erhöhen. Damit sind die Anreize des ODA besser geeignet, die Erforschung, Entwicklung und Markteinführung von Arzneimitteln hoher Qualität für seltene Leiden zu fördern als die Regelungen der entsprechenden europäischen Richtlinie. Insofern liefert die theoretische Betrachtung gewisse Zweifel am Erfolg der europäischen Gesetzgebung über Arzneimittel für seltene Leiden, der sich an der Anzahl der Anträge zu zeigen scheint. Die gestiegenen Zulassungszahlen können nur zum Teil durch die im Modell gezeigte Angebotsausweitung von bisher für den Markt qualitativ unzureichender Arzneimittel begründet werden.

Eine Unterstützung dieser modelltheoretischen Sicht bieten *Carpenter, Moffitt, Moore, Rynbrandt und Ting (2010, S. 517, 530 f., 540)*, die die Protektion etablierter Marktteilnehmer infolge längerer Zulassungsverfahren der späteren Konkurrenzarzneimittel untersuchen: Neben ihrem empirischen Ergebnis, dass die Dauer des Zulassungsverfahrens eine monoton steigende Funktion der bisher für den Markt zugelassenen Arzneimittel ist, verweisen sie auch darauf, dass Anbieter einen Anreiz haben, sich zunächst auf die Einführung in Nischenmärkten zu konzentrieren, auch wenn dies kurzfristig zu Verlusten führt. Zusätzlich verweist *Rzakhanov (2008, S. 674)*. darauf, dass für Biotechnologieunternehmen ein Anreiz besteht, Arzneimittel zunächst zur Behandlung seltener Leiden einzuführen, um von der staatlichen Förderung zu profitieren, und anschließend weitere Behandlungsmöglichkeiten außerhalb der seltenen Leiden zu erschließen.

5.1.3 Modelllimitationen und Anknüpfungspunkte für die zukünftige Forschung

Die Anforderungen I bis VI und X bis XII an die Modellbetrachtung stellen zum Teil gleichzeitig Limitationen des Modells dar. D. h., die Analyse beschränkt sich auf eine Monopolbetrachtung, in der der Monopolist nicht in der Lage ist, eine Qualitätsdiskriminierung durchzuführen. Eine Preisdiskriminierung innerhalb des Landes wurde nicht zugelassen. Zusätzlich erfolgt eine Analyse nur aus Sicht eines Staates und jeweils eines Anreizes. Abweichend von den zugrundeliegenden Analysen *Acharyyas und García-Alonsos (2008, 2009, 2014)* wurden die möglichen Einkommensverteilungen betrachtet. Diese stellen demnach keine Limitation des Modells dar. Auch die von *Nguyen und Rohlf (2013)* vorgenommene Beschränkung auf Arzneimittel für seltene Leiden kann ohne Änderung der Analyse fallengelassen werden.

Mit den Limitationen bieten sich verschiedene Anknüpfungspunkte für die zukünftige Forschung. Einerseits kann die Möglichkeit der inländischen

Preisdiskriminierung in das Modell eingeführt werden. Andererseits kann die Analyse auf eine spieltheoretische Betrachtung zweier Staaten ausgeweitet werden. Interessant wäre bei der spieltheoretischen Analyse insbesondere, die Pfadabhängigkeit der Anreizsetzung zu prüfen, d.h., konkret der Frage nachzugehen, welche Forschungs- und Entwicklungsanreize in einem Land bei gegebener Anreizwahl in einem anderen Land zu präferieren sind. Eventuell kann damit gezeigt werden, dass die europäische Verordnung zu Arzneimitteln für seltene Leiden eine optimale Antwort auf den in den USA bestehenden ODA darstellt. Zusätzlich kann die Kombination verschiedener Anreize auch auf einzelstaatlicher Ebene untersucht werden. Allerdings besteht auch die Möglichkeit, die Modellimplikationen anhand einer empirischen Betrachtung der einzelnen Arzneimittel, die ihren Status als Arzneimittel für seltene Leiden verloren haben, zu überprüfen.

5.1.4 Handlungsempfehlungen für die Gesundheitspolitik

Unter Bezugnahme auf die Forschungsfragen konnte gezeigt werden, dass ein Forschungs- und Entwicklungskostenzuschuss geeignet ist, die Arzneimittelqualität zu steigern, während mit einer Arzneimittelkonsumsubvention sowie einer Zulassungskostenerstattung keine Steigerung der zu erwartenden Arzneimittelqualität einhergeht (Forschungsfrage 1). Damit ist der Forschungs- und Entwicklungskostenzuschuss den anderen Anreizen hinsichtlich der Arzneimittelqualität überlegen (Forschungsfrage 1.1). Hieraus resultierend beinhaltet der ODA gegenüber der VO (EG) Nr. 141/2000 die stärkeren Anreize zur Arzneimittelqualitätssteigerung (Forschungsfrage 1.2). Es ist also zu empfehlen, die VO (EG) Nr. 141/2000 entsprechend zu überarbeiten.

Um die Arzneimittelqualität zu steigern, besteht für die Gesundheitspolitik jedoch auch die Option, die Förderung von Forschungskooperationen zwischen Universitäten sowie anderen staatlichen Forschungseinrichtungen und Unternehmen voranzutreiben. Solche Kooperationen sollten ähnlich wie die Erstattung von Forschungs- und Entwicklungskosten wirken. Durch sie werden die Innovationskosten, insbesondere die Kosten der präklinischen Phase, auf mehrere Träger verteilt, sodass es zu einer erheblichen Kostensenkung der Entwicklungskosten kommt. Dies wird auch von den Ergebnissen *Freels (2003, S. 761)* gestützt, der feststellt, dass vor allem Kooperation mit Universitäten und Firmengröße signifikante Faktoren für Produktinnovationen wissensbasierter Unternehmen darstellen.[73]

---

73 Demgegenüber stehen zwar die empirischen Ergebnisse von *Vega-Juardo et al. (2008, S. 629)*, die Unternehmenskooperationen mit Forschungs- und Entwicklungseinrichtungen sowie eigene Forschung als Substitute sehen. Berücksichtigt man jedoch, dass

5.2 Die Entwicklung der Arzneimittelqualität bei Einführung einer Bürgerversicherung

5.2.1 Fragestellung und resultierende Modellerweiterung

Im Zentrum des folgenden Abschnitts steht die zweite Forschungsfrage zur Gültigkeit der These *Cutlers und McClellans* bei Einführung einer Bürgerversicherung. Insbesondere soll geklärt werden, wie sich das zweigliedrige deutsche Gesundheitssystem auf die Arzneimittelqualität auswirkt, und welche Änderung der Arzneimittelqualität durch eine Bürgerversicherung zu erwarten ist.[74] Damit eine Betrachtung des zweigliedrigen deutschen Gesundheitssystems vorgenommen werden kann, ist im Gegensatz zur vorangegangenen Analyse eine Aufteilung auf privat und gesetzlich Versicherte erforderlich. Dazu können GKV und PKV entsprechend des Ansatzes von *Acharyya und García-Alonso (2008, 2009, 2014)* als zwei Staaten (GKV vs. PKV) modelliert werden. Allerdings sind unterschiedliche Pro-Kopf-Einkommen und Populationen zu berücksichtigen.

Zur Ergänzung wird ein weiteres Land mit identischen Einkommensklassen angenommen. Abweichend von der bisherigen Literatur soll jedoch die Anzahl der Einkommensbezieher in den jeweiligen Einkommensklassen divergieren, sodass eines der Länder ein höheres Pro-Kopf-Einkommen aufweist als das andere.[75] Damit Land 1 sowohl ein höheres Pro-Kopf-Einkommen als auch ein höheres Volkseinkommen aufweist muss gelten: $n_{1O} > n_{2O}$ und $\frac{n_{1O}}{n_{1U}} \geq \frac{n_{2O}}{n_{2U}}$. Da eine

---

nach der Definition *Vega-Juardos et al. (2008)* wissensbasierte Unternehmen neben pharmazeutischen und chemischen Unternehmen auch Unternehmen der Elektroindustrie beinhalten, ist fraglich, in welchem Maße diese gegensätzlichen empirischen Ergebnisse auf die Pharmabranche übertragbar sind.

74 Teile des Kapitels wurden bereits in *Nguyen und Rohlf (2012)* und *Rohlf (2013)* publiziert.

75 Wie bereits ausgeführt wurde, kreieren *Acharyya und García-Alonso (2010, 2012a, 2012b)* unterschiedliche Pro-Kopf-Einkommen, indem sie bei identischer Bevölkerungsstruktur und identische niedrige Einkommen annehmen, das hohe Einkommen jedoch über die Staaten variieren lassen. Beispielhaft für Länder mit unterschiedlichen Pro-Kopf-Einkommen sind nach ihrer Überlegung die USA und Indien. Unabhängig davon, dass die Einwohnerzahl Indiens die der USA etwa um das Vierfache übersteigt, ist es für den angestrebten Fokus geboten, Einkommensdifferenzen über die Anzahl der Mitglieder in den einzelnen Einkommensschichten zu modellieren. Insbesondere bei der deutschlandzentrierten Sichtweise, in der Bezieher niedriger Einkommen in der PKV aufgrund der Jahresentgeltgrenze nahezu nicht existent sind, ist die Modellierung über die Mitgliederzahl der Einkommensklassen geboten. Auch für die europäische Sichtweise, bei der infolge der vier Grundfreiheiten langfristig von einer Konvergenz

Umverteilung bzw. Subvention zur Sicherstellung der Versorgung in Deutschland erfolgt, wird (9) für die weitere theoretische Analyse gegeben angenommen. D. h., ohne staatliche Maßnahmen wird lediglich eine Teilversorgung der Bürger mit innovativen Arzneimitteln in beiden Staaten gegeben sein. Dabei muss (9) für beide Staaten erfüllt sein:

$$y_O > \frac{n_{iO} + n_{iU}}{n_{iO}} y_U \equiv y_O^{\min} \text{ mit } i = 1,2$$

Aufgrund des Patentschutzes ist das pharmazeutische Unternehmen in der Lage, Preisdiskriminierung (D) über die Länder zu betreiben *(Danzon, 1997, S. 306).* Dies entspricht auch der in Kapitel 3 herausgestellten Preisdifferenzierung zwischen GKV und PKV. Die Länderpreise werden mit i bzw. j indiziert. Da es dem pharmazeutischen Monopolisten mit einer Preisdiskriminierung dritten Grades über die Ländergrenzen möglich ist, einen Teil der Konsumentenrente zu vereinnahmen, wird das Unternehmen auch Preisdiskriminierung betreiben *(Ganslandt & Maskus, 2007, S. 18 f.).* Neben der Preisdiskriminierung kann das pharmazeutische Unternehmen seinen Gewinn nur durch die Wahl der Medikamentenqualität beeinflussen, da diese Preis und Umsatz bestimmt. Dabei sind Einkommensverteilung und eine etwaigen Subvention bzw. Zulassungskostenerstattung durch das Unternehmen nicht zu beeinflussen. Entsprechend der vorausgehenden Annahmen ist es möglich, dass

1. in keinem der beiden Länder eine Vollversorgung angestrebt wird. D. h., in beiden Ländern werden nur die Bezieher überdurchschnittlicher Einkommen das Arzneimittel konsumieren können. Dieser Zustand wird im Folgenden auch als **bilaterale Teilversorgung** bezeichnet.
2. nur eines der beiden Länder eine Vollversorgung mit Hilfe einer Subvention bzw. einer (anteiligen) Erstattung der Zulassungskosten anstrebt. D. h., in dem Land, das eine Vollversorgung anstrebt, werden bei geeigneter Subvention bzw. Zulassungskostenerstattung die Mitglieder *beider* Einkommensgruppen das Medikament konsumieren können, während im anderen Land nur die Bezieher überdurchschnittlicher Einkommen in der Lage seien werden, das Arzneimittel zu kaufen. Dieser Zustand wird im Folgenden auch als **unilaterale Vollversorgung** bezeichnet.
3. beide Länder mit Hilfe einer Subvention des Arzneimittelkonsums der Normalverdiener bzw. einer (anteiligen) Erstattung der Zulassungskosten eine

der Einkommen in den einzelnen Branchen auszugehen ist, steht die gewählte Modellierung in geringerem Widerspruch zur Realität.

Vollversorgung anstreben. D. h., in beiden Ländern werden die Mitglieder beider Einkommensgruppen das Arzneimittel konsumieren können. Dieser Zustand wird im Folgenden auch als **bilaterale Vollversorgung** bezeichnet.

5.2.2 Modellanalyse für zwei Länder

5.2.2.1 Modellanalyse für zwei Länder bei Zulassungskostenerstattung

5.2.2.1.1 Unternehmensgewinn und Arzneimittelqualität

Streben beide Länder mittels Zulassungskostenerstattung eine Vollversorgung an, maximiert der Monopolist seinen Gewinn

$$\pi_{FC}^{D}(s) = y_U s \sum_{i=1}^{2} \left(n_{iO} + n_{iU}\right) - \frac{1}{2}s^2 - AC_{FC} \qquad (7\ A2)$$

mit der Medikamentenqualität[76]

$$s_{FC} = y_U \sum_{i=1}^{2} \left(n_{iO} + n_{iU}\right).^{77} \qquad (13\ A2)$$

Hierbei bestehen die gesamten Zulassungskosten des pharmazeutischen Monopolisten aus den Zulassungskosten der beiden Länder: $AC_{FC} = AC_{iFC} + AC_{jFC}$. Wie aus (13 A2) ersichtlich ist, hat die Höhe der Zulassungskosten bzw. einer Zulassungskostenerstattung auch in diesem Fall keinen Einfluss auf die Arzneimittelqualität. Wählt dagegen nur Land *i* die (anteilige) Erstattung der Zulassungskosten bei Vollversorgung, maximiert das Unternehmen seinen Gewinn

$$\pi_{FCi}^{D}(s) = y_U s\left(n_{iO} + n_{iU}\right) + y_O s n_{jO} - \frac{1}{2}s^2 - AC_{FCi} \qquad (23\ A2)$$

durch die Medikamentenqualität

$$s_{FCi} = y_U\left(n_{iO} + n_{iU}\right) + y_O n_{jO}. \qquad (24\ A2)$$

Dabei gilt $AC_{FCi} = AC_{iFCi} + AC_{jPC}$. Auch hier beeinflusst die Höhe der Zulassungskosten bzw. der Zulassungskostenerstattung nicht die präferierte Arzneimittelqualität des pharmazeutischen Unternehmens. Bei Teilversorgung in beiden Ländern maximiert das pharmazeutische Unternehmen seinen Gewinn

$$\pi_{PC}^{D}(s) = y_O s \sum_{i=1}^{2} n_{iO} - \frac{1}{2}s^2 - AC_{PC}\ (\text{mit} AC_{PC} = AC_{iPC} + AC_{jPC}) \qquad (8\ A2)$$

76 Die Herleitung der Formeln zu diesem Abschnitt ist Anhang 1.2 zu entnehmen.

77 Die Arzneimittelqualität im Fall der Subventionslösung entspricht der Arzneimittelqualität im Fall der Zulassungskostenerstattungslösung, wie später gezeigt wird.

durch die Wahl der Medikamentenqualität

$$s_{PC} = y_O \sum_{i=1}^{2} n_{iO}. \qquad (14\ A2)$$

Auch diese Arzneimittelqualität ist nicht direkt von der Höhe der Zulassungskosten bzw. der Höhe der Zulassungskostenerstattung beeinflusst. Die Länder entscheiden durch die Wahl der Zulassungskosten und der Erstattungshöhen nur indirekt über die bereitgestellte Medikamentenqualität und somit letztlich auch über den Gewinn des pharmazeutischen Unternehmens, den (Netto-)Nutzen der Bürger sowie die Wohlfahrt in beiden Ländern. Mit Hilfe des minimalen Einkommensunterschieds (9) lässt sich wiederum zeigen, dass die Medikamentenqualität mit zunehmendem Grad der Versorgung sinkt:

$$s_{PC}^{D} \geq s_{FCi}^{D} \geq s_{FC}^{D}.$$

Auch im Zwei-Staaten-Modell wird nicht die Angebotsmenge sondern die Qualität des Angebots durch den pharmazeutischen Monopolisten rationiert. Wie bereits in der Modellanalyse für einen Staat gezeigt wurde, steht die sinkende Arzneimittelqualität bei steigendem Versorgungsumfang nicht im Widerspruch zu den Ergebnissen von *Lichtenberg und Waldfogel (2003, S. 7, 16)* sowie *Acemoglu und Linn (2004, S. 1050 f., 1068–1072)* Diese Autoren kommen jeweils zu dem Ergebnis, dass die Innovationen mit zunehmendem Marktvolumen steigen. Letztlich zeigen hier die Minuenden der Gewinnfunktionen (7 A2), (23 A2) und (8 A2), die den Umsatz repräsentieren, dass die Arzneimittelqualität mit steigendem Umsatz, also mit steigendem Marktvolumen, zunimmt.

Die konkreten Gewinne des pharmazeutischen Unternehmens können durch Einsetzen der Arzneimittelqualitäten bestimmt werden:

$$\pi_{FC}^{D} = \frac{1}{2} s_{FC}^{2} - AC_{FC} \qquad (7.1\ A2)$$

$$\pi_{FCi}^{D} = \frac{1}{2} s_{FCi}^{2} - AC_{FCi} \qquad (23.1\ A2)$$

$$\pi_{PC}^{D} = \frac{1}{2} s_{PC}^{2} - AC_{PC}. \qquad (8.1\ A2)$$

Die Gewinne des pharmazeutischen Monopolisten steigen mit der Höhe der Arzneimittelqualität und sinken mit zunehmender Höhe der Zulassungskosten.

5.2.2.1.2 *Höhe der Zulassungskostenerstattung und maximaler Einkommensunterschied*

Soll eine Vollversorgung über die (partielle) Erstattung der Zulassungskosten induziert werden, sind für die Länder, wie im einfacheren Fall, zwei Aspekte zu berücksichtigen:

1. Die Erstattungshöhe muss ausreichend sein, um dem Monopolisten einen Anreiz zur Vollversorgung zu setzen (Minimum).
2. Der Umfang der Erstattung darf nicht zu einem Wohlfahrtsverlust führen und darf gleichzeitig die Höhe der Zulassungskosten nicht übersteigen (Maximum).

Die Bereitstellung der Vollversorgung durch die Staaten gelingt, wenn das pharmazeutische Unternehmen seinerseits die Vollversorgung gegenüber der Teilversorgung präferiert. D. h. der Unternehmensgewinn bei unilateraler Vollversorgung in Land *i* muss höher sein als der Unternehmensgewinn bei bilateraler Teilversorgung. Mit $\pi^D_{FCi} \geq \pi^D_{PC}$ gilt offensichtlich:

$$\frac{1}{2}s^2_{FCi} - AC_{FCi} \geq \frac{1}{2}s^2_{PC} - AC_{PC} \Leftrightarrow AC_{PC} - AC_{FCi} \geq \frac{s^2_{PC} - s^2_{FCi}}{2}. \qquad (25\ A2)$$

Soll eine bilaterale Vollversorgung durch das pharmazeutische Unternehmen präferiert werden, muss das pharmazeutische Unternehmen diese sowohl gegenüber einer bilateralen Teilversorgung als auch gegenüber einer unilateralen Vollversorgung präferieren, d. h., für den Gewinn des Unternehmens müssen $\pi^D_{FC} \geq \pi^D_{PC}$ und $\pi^D_{FC} \geq \pi^D_{FCj}$ gelten:

$$\pi^D_{FC} \geq \pi^D_{PC} \Leftrightarrow \frac{1}{2}s^2_{FC} - AC_{FC} \geq \frac{1}{2}s^2_{PC} - AC_{PC} \Leftrightarrow AC_{PC} - AC_{FC} \geq \frac{s^2_{PC} - s^2_{FC}}{2} \qquad (26\ A2)$$

und

$$\pi^D_{FC} \geq \pi^D_{FCj} \Leftrightarrow \frac{1}{2}s^2_{FC} - AC_{FC} \geq \frac{1}{2}s^2_{FCj} - AC_{FCj} \Leftrightarrow AC_{FCj} - AC_{FC} \geq \frac{s^2_{FCj} - s^2_{FC}}{2} \qquad (27\ A2)$$

Die Zulassungskosten fallen jedoch nicht zentral an, sondern werden, wie bereits in (7 A2), (23 A2) und (8 A2) zum Ausdruck kam, von den einzelnen Ländern erhoben. Grundsätzlich gilt, dass eine Erstattung der Zulassungskosten in einem Land nicht für die Vollversorgung im anderen Land geleistet wird:

$$AC_{PC} = AC_{iPC} + AC_{jPC}$$

$$AC_{FCi} = AC_{iFCi} + AC_{jPC}$$

$$AC_{FCj} = AC_{iPC} + AC_{jFCj}$$

$$AC_{FC} = AC_{iFC} + AC_{jFC}$$

Damit gilt für (25 A2):

$$AC_{PC} - AC_{FCi} = AC_{iPC} + AC_{jPC} - \left(AC_{iFCi} + AC_{jPC}\right) = AC_{iPC} - AC_{iFCi} \geq \frac{s_{PC}^2 - s_{FCi}^2}{2}.$$

D. h., für den Übergang von bilateraler Teilversorgung zu unilateraler Vollversorgung in Land i muss Land i eine Zulassungskostenerstattung in Höhe von:

$$\Delta AC_i^{PC \to FCi} = AC_{iPC} - AC_{iFCi} \geq \frac{1}{2}\left(s_{PC}^2 - s_{FCi}^2\right) \qquad (25.1\ A2)$$

leisten. Die Erstattungshöhe ist zwar von der zu erwartenden Arzneimittelqualität bzw. deren Änderung abhängig, nicht jedoch von der Höhe der Zulassungskosten im Ausland. Für (26 A2) gilt:

$$AC_{iPC} + AC_{jPC} - \left(AC_{iFC} + AC_{jFC}\right) = AC_{iPC} - AC_{iFC} + AC_{jPC} - AC_{jFC} \geq \frac{1}{2}\left(s_{PC}^2 - s_{FC}^2\right).$$

Wird die Zulassungskostenerstattung für den Übergang von bilateraler Teilversorgung auf bilaterale Vollversorgung als $\Delta AC_i^{PC \to FC} = AC_{iPC} - AC_{iFC}$ bzw. $\Delta AC_j^{PC \to FC} = AC_{jPC} - AC_{jFC}$ bezeichnet, gilt für (26 A2) weiter:

$$\Delta AC_i^{PC \to FC} \geq \frac{1}{2}\left(s_{PC}^2 - s_{FC}^2\right) - \Delta AC_j^{PC \to FC}. \qquad (26.1\ A2)$$

Darüber hinaus gilt mit (27 A2) und der Änderung der Zulassungskosten in Land j für den Übergang von unilateraler Vollversorgung in Land j zu bilateraler Vollversorgung $\Delta AC_j^{FCj \to FC} = AC_{jFCj} - AC_{jFC}$:

$$\Delta AC_i^{PC \to FC} \geq \frac{1}{2}\left(s_{FCj}^2 - s_{FC}^2\right) - \Delta AC_j^{FCj \to FC}. \qquad (27.1\ A2)$$

Mit (26.1 A2) und (27.1 A2) gibt es zwei gleichwertige Definitionen für die Zulassungskostenerstattung in Land i bei Übergang von bilateraler Teilversorgung zu bilateraler Vollversorgung. Aufgrund von $s_{PC} > s_{FCj}$ ist aus den Gleichungen erkennbar, dass Land i die Höhe seiner Zulassungskostenerstattung bei Übergang von unilateraler Vollversorgung in Land i auf bilaterale Vollversorgung reduzieren kann. Da eine Zulassungskostenerstattung bei bilateraler Teilversorgung nicht erfolgt, gilt insgesamt:

$$\Delta AC_i^{FCi} \geq \Delta AC_i^{FC} \geq \Delta AC_i^{PC} = 0.$$

Staaten werden die Erstattung der Zulassungskosten jedoch nur wählen, falls damit eine **Steigerung der Wohlfahrt**

$$W_i = n_{iO}\left(y_O s - P\right) + \max\left(n_{iU} y_U s - P, 0\right) - n_{iU}\gamma_i - \Delta AC_i - \rho_i C \qquad \text{(12 A2)}$$

verbunden ist. Da das pharmazeutische Unternehmen im Fall der Teilversorgung die volle Zahlungsbereitschaft der Gutverdiener abschöpft und die Normalverdiener nicht mit dem Arzneimittel versorgt werden, ist die Wohlfahrt bei Teilversorgung gleich null. Mit Einsetzen des Preises (10) lässt sich die maximale Höhe der Zulassungskostenerstattung aus (12 A2) ermitteln:

$$0 \leq W_i = n_{iO}\left(y_O s - P\right) - \Delta AC_i$$

$$\Leftrightarrow \Delta AC_i \leq n_{iO} s\left(y_O - y_U\right) = \Delta AC_i^{\max}.$$

Die Zulassungskostenerstattung von Land *i* im Fall der Vollversorgung in Land *i* übersteigt die Zulassungskostenerstattung von Land *i* im Fall der bilateralen Vollversorgung, wie bereits oben angemerkt wurde. Damit es in diesem Fall nicht zu einem Wohlfahrtsverlust in Land *i* kommt, muss gelten:

$$n_{iO} s_{FCi}\left(y_O - y_U\right) \geq \frac{1}{2}\left(s_{PC}^2 - s_{FCi}^2\right).$$

Durch Auflösen dieser Anforderung nach y_O lässt sich der maximale Einkommensunterschied bestimmen, bei dem Land *i* noch bereit ist, eine Vollversorgung seiner Bürger durch eine Zulassungskostenerstattung zu gewährleisten:

$$y_O^{\max} = y_O^{\min} + \frac{n_{iU} n_{jO} + \sqrt{\left(n_{iO}^2 + n_{iO} n_{iU} + n_{iU} n_{jO}\right)^2 + n_{iO}^2 n_{iU}^2 - n_{iO}^4}}{n_{iO}^2} y_U. \qquad \text{(11 A2)}$$

Die Vollversorgung der Bürger über eine Zulassungskostenerstattung ist demnach nur notwendig, wenn der minimale Einkommensunterschied $y_O^{\min}$ überschritten wird. Darüber hinaus ist eine Zulassungskostenerstattung nur mit einem Wohlfahrtsgewinn verbunden, falls der maximale Einkommensunterschied $y_O^{\max}$ nicht überschritten wird. Die Einkommensgrenzen stellen damit die endogenen Grenzen der Anwendbarkeit des Modells dar.

5.2.2.1.3 Die Höhe der Zulassungskosten

Die Höhe der Zulassungskosten wurde mit der Anforderung, dass die Zulassungskostenerstattung die Zulassungskosten nicht überschreiten darf, bisher nur implizit berücksichtigt und soll nun genauer bestimmt werden. Die Zulassungskosten in den einzelnen Ländern müssen so bemessen sein, dass

1. die Zulassungskosten mögliche Erstattungen übersteigen (Minimum) und
2. die Höhe der Zulassungskosten Innovationsanreize nicht unterbindet. D. h., es muss noch lohnend für das pharmazeutische Unternehmen sein, ein neues Medikament zu entwickeln und auf dem Markt einzuführen (Maximum).

Aus der ersten Bedingung folgt, dass die Zulassungskosten mindestens der höchsten Zulassungskostenerstattung entsprechen müssen:

$$AC_{iPC} \geq \Delta AC_i^{FCi} = \frac{1}{2}\left(s_{PC}^2 - s_{FCi}^2\right). \tag{28 A2}$$

Die zweite Bedingung fordert die Begrenzung der Zulassungskosten durch den jeweiligen Gewinn- und Innovationsanreiz des Monopolisten. Diese werden im Folgenden näher beleuchtet. Aus dem Gewinn- und Innovationsanreiz für bilaterale Teilversorgung (8.1 A2) folgt die Anforderung für die maximale Höhe der Zulassungskosten:

$$AC_{iPC} \leq \frac{1}{2}s_{PC}^2 - AC_{jPC}.$$

Gleichzeitig folgt aus dem Gewinnanreiz für unilaterale Vollversorgung mit (23.1 A2) die weitere Anforderung an die maximale Höhe der Zulassungskosten:

$$AC_{iPC} \leq \frac{1}{2}s_{FCj}^2 - AC_{jFCj} = \frac{1}{2}s_{FCj}^2 - AC_{jPC} + \Delta AC_j^{PC\to FCj},$$

für die Höhe der Zulassungskosten gilt damit insgesamt:

$$\min\left(\frac{1}{2}s_{FCj}^2 - AC_{jPC} + \Delta AC_j^{PC\to FCj}; \frac{1}{2}s_{PC}^2 - AC_{jPC}\right) \geq AC_{iPC} \geq \frac{1}{2}\left(s_{PC}^2 - s_{FCi}^2\right)$$

$$\Leftrightarrow \min\left(\frac{1}{2}s_{FCj}^2 + \Delta AC_j^{PC\to FCj}; \frac{1}{2}s_{PC}^2\right) - AC_{jPC} \geq AC_{iPC} \geq \frac{1}{2}\left(s_{PC}^2 - s_{FCi}^2\right),$$

$\Delta AC_j^{PC\to FCj}$ ist aus (25.1 A2) bekannt und es gilt weiter:

$$\min\left(\frac{1}{2}s_{FCj}^2 + \frac{1}{2}\left(s_{PC}^2 - s_{FCj}^2\right); \frac{1}{2}s_{PC}^2\right) - AC_{jPC} \geq AC_{iPC} \geq \frac{1}{2}\left(s_{PC}^2 - s_{FCi}^2\right),$$

also

$$\frac{1}{2}s_{PC}^2 - AC_{jPC} \geq AC_{iPC} \geq \frac{1}{2}\left(s_{PC}^2 - s_{FCi}^2\right)$$

Das Minimum für AC_{jPC} ist aus (28 A2) bekannt und für die Höhe der Zulassungskosten gilt:

$$\frac{1}{2}s_{FCj}^2 \geq AC_{iPC} \geq \frac{1}{2}\left(s_{PC}^2 - s_{FCi}^2\right).$$

Da mit den Zulassungskosten und deren Erstattung lediglich ein Anreiz zur Versorgung geschaffen werden soll, werden im Folgenden die jeweils geringstmöglichen Zulassungskosten angenommen:

$$AC_{iPC} = \frac{1}{2}\left(s_{PC}^2 - s_{FCi}^2\right).$$

5.2.2.1.4 Erstattungsstrategien und resultierende Wohlfahrtsniveaus

Unter der Annahme, dass sowohl der minimale als auch der maximale Einkommensunterschied gegeben sind, haben die Länder nun jeweils folgende Möglichkeiten: Erstens keine Zulassungskosten zu erstatten, womit die sichere Teilversorgung ihrer Bürger verbunden ist; zweitens eine anteilige Erstattung der Zulassungskosten zu wählen, die bei entsprechender Zulassungskostenerstattung des anderen Landes zu bilateraler Vollversorgung führt und ohne ausreichende Zulassungskostenerstattung des anderes Landes zu bilateraler Teilversorgung führt; oder drittens die volle Erstattung der Zulassungskosten, die sicher zur Vollversorgung der Bürger des Landes führt. Die resultierenden Erstattungsstrategien sind:

$$\sigma_i = \left(0; \Delta AC_i^{FC}; AC_{PCi}\right). \tag{29 A2}$$

Sichere Teilversorgung im eigenen Land $\sigma_{i1} = 0$, sichere Vollversorgung im eigenen Land $\sigma_{i3} = AC_{PCi}$, Vollversorgung im eigenen Land unter Abhängigkeit der Strategie des anderen Lands $\sigma_{i2} = \Delta AC_i^{FC}$. Einen Sonderfall der zweiten Strategie stellt die gleichgewichtige Höhe der Zulassungskostenerstattung dar. Strategien, die eine höhere Arzneimittelkostenerstattung als AC_{PCi} beinhalten, werden durch die Strategie AC_{PCi} dominiert: Bei gleicher Versorgung führt die Strategie AC_{PCi} zu geringeren Kosten und ist mit einem höheren Wohlfahrtsniveau verbunden. Erstattungen unterhalb von ΔAC_i^{FC} und oberhalb von null werden ebenfalls dominiert, da sie bei Teilversorgung im Land zu einem Wohlfahrtsniveau unterhalb von null führen.

Die Staaten können sich nun dafür entscheiden, entweder Zulassungskosten in voller Höhe zu erheben oder durch die Übernahme der Zulassungsgebühren bzw. einer Arzneimittelpauschale eine Vollversorgung zu gewährleisten. D. h., die Zuzahlung der Patienten darf die Zahlungsbereitschaft der unteren Einkommensgruppe nicht übersteigen. Ausgehend von der Wohlfahrtsfunktion

(12 A2) lassen sich nun grundsätzlich die Wohlfahrtsniveaus berechnen und somit die Spielmatrix bzw. der Spielbaum erstellen. Für die unilaterale Vollversorgung in Land $i(\sigma_{i3} = AC_{iPC}; \sigma_{j1} = 0)$ folgen die Wohlfahrtsniveaus:

$$W_i\left(\sigma_{i3},\sigma_{j1}\right) = n_{iO}s_{FCi}\left(y_O - y_U\right) - \frac{1}{2}\left(s_{PC}^2 - s_{FCi}^2\right) \text{ und} \tag{12.1 A2}$$

$$W_j\left(\sigma_i,\sigma_{j1}\right) = 0.^{78} \tag{12.2 A2}$$

Entscheiden sich beide Staaten für eine sichere Vollversorgung $(\sigma_{i3} = AC_{iPC}; \sigma_{j3} = AC_{jPC})$, folgt für die Wohlfahrt in beiden Ländern:

$$W_i\left(\sigma_{i3},\sigma_{j3}\right) = n_{iO}s_{FC}\left(y_O - y_U\right) - \frac{1}{2}\left(s_{PC}^2 - s_{FCi}^2\right) \tag{12.3 A2}$$

Da $s_{FCi} \geq s_{FC}$, gilt (12.1 A2) > (12.3 A2) > (12.2 A2). Ist die Erstattungsentscheidung von Land $i(\sigma_{i3} = AC_{iPC})$ bereits bekannt, kann Land j seine Erstattung anhand (26.1 A2) minimieren, in dem es die Strategie

$$\sigma_{j2} = \Delta AC_j^{FC} \leq \frac{1}{2}\left(s_{FCi}^2 - s_{FC}^2\right) \tag{29.1 A2}$$

wählt. Damit entspricht die Wohlfahrt in Land i (12.3 A2), während für die Wohlfahrt in Land j gilt:

$$W_j\left(\sigma_{i3},\sigma_{j2}\right) = n_{jO}s_{FC}\left(y_O - y_U\right) - \frac{1}{2}\left(s_{FCi}^2 - s_{FC}^2\right). \tag{12.4 A2}$$

D. h., der Wohlfahrtsverlust eines Landes, das zunächst eine unilaterale Vollversorgung gewährleistete, ist gegenüber einer bilateralen Vollversorgung mit unveränderter Erstattungshöhe umso größer, je höher der Einkommensunterschied ist. Einigen sich beide Staaten auf eine Erstattung in identischer Höhe folgt nach (26.1 A2):

$$\sigma_{i2b} = \sigma_{j2b} \geq \frac{1}{4}\left(s_{PC}^2 - s_{FC}^2\right). \tag{29.2 A2}$$

Daraus resultiert das Wohlfahrtsniveau:

$$W_i\left(\sigma_{i2b},\sigma_{j2b}\right) = n_{iO}s_{FC}\left(y_O - y_U\right) - \frac{1}{4}\left(s_{PC}^2 - s_{FC}^2\right) \tag{12.5 A2}$$

---

78 Erfolgt keine Zulassungskostenerstattung, beträgt die Wohlfahrt unabhängig von der Höhe der Zulassungskostenerstattung des anderen Staates null.

Andere Strategiekombinationen, die die Mindestanforderungen nach (23 A2) und (7 A2) nicht erfüllen, führen nicht zu einer Vollversorgung. Da der Monopolist weiter eine Teilversorgung bevorzugt, folgt ein Wohlfahrtsniveau von null, falls die Zulassungskostenerstattung an eine Vollversorgung gebunden ist. Ist die Zulassungskostenerstattung hingegen nicht an eine Vollversorgung gebunden, resultiert aufgrund der Erstattung trotz Abschöpfung der vollen Zahlungsbereitschaft der oberen Einkommensschicht durch das pharmazeutische Unternehmen ein Wohlfahrtsniveau unterhalb von null. Grundsätzlich wird jedoch von einer Bindung der Zulassungskostenerstattung an die Vollversorgung ausgegangen. Die folgende Abbildung 5.2 verdeutlicht die Ergebnisse und stellt als Auszahlungen die Wohlfahrten der Staaten sowie den des pharmazeutischen Unternehmens dar.

Abbildung 5.2: Spielbaum

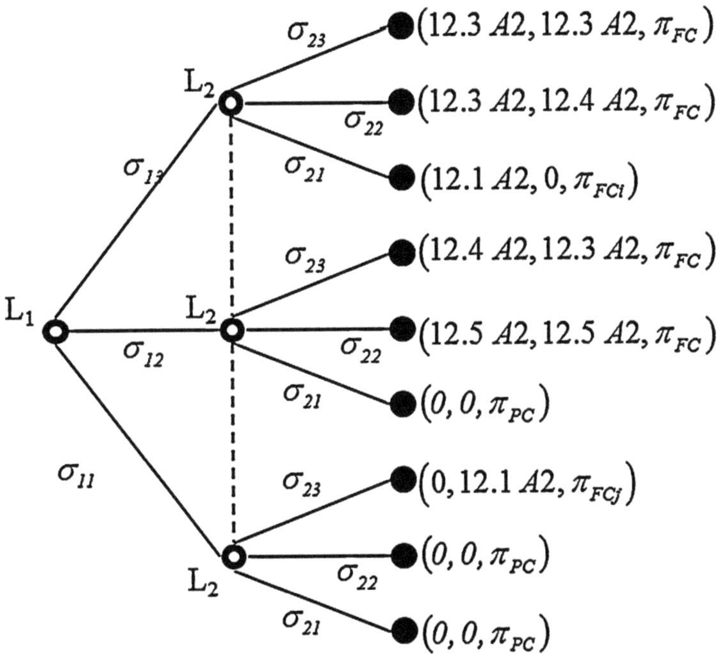

Quelle: Eigene Darstellung.

5.2.2.2 *Modellanalyse für zwei Länder bei Subventionslösung*

Aus den Subventionen γ^D für eine sichere Vollversorgung und γ^C für eine von der Versorgungsentscheidung im anderen Land abhängige Vollversorgung, die später analysiert wird, und keiner Subvention des Arzneimittelkonsums resultieren die Gewinne des pharmazeutischen Monopolisten:

$$\pi_{FC}^{D} = \sum_{i=1}^{2}\left(n_{iO} + n_{iU}\right)\left(y_U s + \gamma_i^C\right) - \frac{1}{2}s^2, \tag{7 S2}$$

$$\pi_{FCi}^{D} = \left(n_{iO} + n_{iU}\right)\left(y_U s + \gamma_i^D\right) + n_{jO} y_O s - \frac{1}{2}s^2, \tag{23 S2}$$

$$\pi_{PC}^{D} = y_O s \sum_{i=1}^{2} n_{iO} - \frac{1}{2}s^2. \tag{8 S2}$$

Hinsichtlich der zu erwartenden Arzneimittelqualität gibt es keine Unterschiede zur Erstattungslösung und es resultieren die Arzneimittelqualitäten:[79]

$$s_{FC} = y_U \sum_{i=1}^{2}\left(n_{iO} + n_{iU}\right), \tag{13 S2}$$

$$s_{FCi} = y_U\left(n_{iO} + n_{iU}\right) + y_O n_{jO}, \tag{24 S2}$$

$$s_{PC} = y_O \sum_{i=1}^{2} n_{iO}. \tag{14 S2}$$

Wiederum gilt, dass die Medikamentenqualität mit zunehmendem Grad der Versorgung sinkt:

$$s_{PC}^{D} \geq s_{FCi}^{D} \geq s_{FC}^{D}.$$

Wie bei der Erstattungslösung entscheiden nun die beiden Länder durch die Wahl ihrer Subventionshöhen zur Gewährleistung der Vollversorgung über die bereitgestellte Medikamentenqualität, den Gewinn des pharmazeutischen Unternehmens, den (Netto-)Nutzen der Bürger sowie die Wohlfahrt in den beiden Ländern. Die Bereitstellung der Vollversorgung durch die Staaten gelingt, wenn das pharmazeutische Unternehmen seinerseits die Vollversorgung gegenüber der Teilversorgung bevorzugt. Für die (unilaterale) Vollversorgung in einem Land muss (8 S2) < (23 S2) gelten, was durch die Subventionshöhe:

$$\gamma_i^D = \frac{1}{2}\frac{s_{PC}^2 - s_{FCi}^2}{n_{iO} + n_{iU}} \tag{21.1 S2}$$

79 Die Herleitung der Formeln zu diesem Abschnitt kann Anhang 1.3 entnommen werden.

erreicht wird. Auch die Subventionshöhe γ_i^D hängt wie die sichere Zulassungskostenerstattungshöhe zwar nicht von der Versorgungsentscheidung im anderen Land ab, jedoch von der Anzahl der Gutverdiener im anderen Land, die Bestandteil von s_{PC}^2 sind. Das Subventionsvolumen beträgt $n_{iU}\gamma_i^D$. Die zusätzliche Belastung der Gutverdiener durch den um die Subventionshöhe gestiegenen Arzneimittelpreis beträgt $n_{iO}\gamma_i^D$. Damit entspricht die Summe aus Subventionsvolumen und zusätzlicher Belastung der Gutverdiener exakt der Zulassungskostenerstattung (25 A2):

$$\left(n_{iO}+n_{iU}\right)\gamma_i^D = AC_{PC} - AC_{FCi} \geq \frac{s_{PC}^2 - s_{FCi}^2}{2}.$$

Für die Vollversorgung in beiden Ländern muss (8 S2) < (7 S2) gelten und es folgt die Subventionshöhe

$$\gamma_i^C = \frac{1}{2}\frac{s_{PC}^2 - s_{FC}^2}{n_{iO}+n_{iU}} - \frac{n_{jO}+n_{jU}}{n_{iO}+n_{iU}}\gamma_j^C. \qquad (21.2\ S2)$$

Darüber hinaus muss der Monopolist auch eine Vollversorgung in beiden Ländern gegenüber der Vollversorgung in nur einem Land bevorzugen, d. h. (23 S2) < (8 S2). Die entsprechende Subventionshöhe ist identisch zu (21.2 S2). Soll in beiden Ländern der gleiche Arzneimittelpreis bei Vollversorgung gezahlt werden, müssen aufgrund der Preisgestaltung (10) auch die Subventionshöhen identisch sein. Die identische Subvention beträgt:

$$\gamma_i^{ident} = \frac{1}{2}\frac{s_{PC}^2 - s_{FC}^2}{n_{iO}+n_{iU}+n_{jO}+n_{jU}}. \qquad (21.3\ S2)$$

Durch einsetzen von γ_j^D in (21.2 S2) lässt sich die marginale Subventionshöhe

$$\gamma_i^{\min} = \frac{1}{2}\frac{s_{FCj}^2 - s_{FC}^2}{n_{iO}+n_{iU}} \qquad (21.4\ S2)$$

bestimmen. Mit Hilfe der Arzneimittelqualitäten lässt sich für den Zusammenhang zwischen (21.1 S2) und (21.2 S2) zeigen, dass:

$$\left(n_{iO}+n_{iU}\right)\gamma_i^C + \left(n_{jO}+n_{jU}\right)\gamma_j^C \geq \left(n_{iO}+n_{iU}\right)\gamma_i^D, \text{ bzw.}$$

$$\gamma_i^C \geq \gamma_i^D - \frac{n_{jO}+n_{jU}}{n_{iO}+n_{iU}}\gamma_j^C. \qquad (30\ S2)$$

Damit muss das gesamte Subventionsvolumen zur Bereitstellung einer bilateralen Vollversorgung das Subventionsvolumen einer unilateralen Vollversorgung überschreiten. Jedoch wird die Subventionshöhe zur Bereitstellung einer bilateralen Vollversorgung die Subventionshöhe zur Bereitstellung einer unilateralen Vollversorgung nicht überschreiten. Dies wurde bereits in ähnlicher Form für die Erstattungslösung festgestellt.

Aus (30 S2) wird ebenfalls deutlich, dass die Subventionshöhe zur Bereitstellung der bilateralen Vollversorgung mit zunehmender Subventionshöhe zur Bereitstellung der unilateralen Vollversorgung und der Bevölkerungszahl im eigenen Land steigt. Dagegen sinkt bei bilateraler Vollversorgung die notwendige Subventionshöhe eines Landes mitzunehmender Subventionshöhe des Auslands. Insgesamt gilt:

$$\gamma_i^D \geq \gamma_i^C \geq \gamma_i^{\min}.$$

Wie bei der Erstattungslösung muss bei der Subventionslösung neben dem minimalen Einkommensunterschied auch der maximale Einkommensunterschied berücksichtigt werden. Dieser ergibt sich aus der Forderung, dass die Länder nur eine Vollversorgung bereitstellen, wenn dies zu einem höheren Wohlstand führt. Da die Konsumentenrente, aus der die Wohlfahrt der Länder gem. (12) besteht, im Fall einer Teilversorgung gleich null ist, besteht die Forderung einer Wohlfahrtssteigerung lediglich in der Forderung, dass die Wohlfahrt

$$W_i = n_{iO} s\left(y_O - y_U\right) - \left(n_{iO} + n_{iU}\right)\gamma_i \tag{12 S2}$$

null übersteigt. Für die maximal zu zahlende Subventionshöhe gilt dann:

$$\gamma_i^{\max} \equiv s\frac{n_{iO}}{n_{iO} + n_{iU}}\left(y_O - y_U\right) \geq \gamma_i. \tag{21.5 S2}$$

Hiernach steigt die maximale Subventionshöhe mit steigender Arzneimittelqualität und zunehmenden Einkommensabstand (y_O - y_U). Dagegen sinkt sie mit steigender Anzahl der Normalverdiener. Dies entspricht der intuitiven Erwartung, da einerseits mit steigender Arzneimittelqualität der Nutzen der Bürger steigt und andererseits mit steigender Anzahl der Normalverdiener die Subventionszahlung häufiger erfolgt und somit schneller von einem Wohlfahrtsverlust auszugehen ist. Da bereits gezeigt wurde, dass (21.1 S2) > (21.2 S2) gilt, muss (21.5 S2) lediglich für (21.1 S2) überprüft werden und ist dann automatisch auch für (21.2 S2) gegeben. Aus dieser Forderung resultiert der bereits bekannte Ausdruck für den maximalen Einkommensunterschied:

$$y_O^{\max} = y_O^{\min} + \frac{n_{iU}n_{jO} + \sqrt{\left(n_{iO}^2 + n_{iO}n_{iU} + n_{iU}n_{jO}\right)^2 + n_{iO}^2 n_{iU}^2 - n_{iO}^4}}{n_{iO}^2} y_U.$$

Die Wohlfahrt der Länder lässt sich in Abhängigkeit von den gewählten Subventionshöhen der Länder berechnen. Dabei gelten ähnliche Strategien wie beim Erstattungsspiel: eine sichere Vollversorgung $\left(\sigma_{i3}=\gamma_i^D\right)$, eine Vollversorgung in Abhängigkeit von der Subvention des Gegenspielers $\left(\sigma_{i2}=\gamma_i^C\right)$ und eine sichere Teilversorgung ohne Subvention $\left(\sigma_{i1}=0\right)$. Als Sonderfall der zweiten Strategie wird die identische Subventionshöhe $\left(\sigma_{i2b}=\gamma_i^{ident}\right)$ betrachtet. Für die Wohlfahrt des subventionierenden Staates bei unilateraler Vollversorgung gilt:

$$W_i\left(\sigma_{i3},\sigma_{j1}\right)=n_{iO}s_{FCi}\left(y_O-y_U\right)-\frac{1}{2}\left(s_{PC}^2-s_{FCi}^2\right). \qquad (12.1\ S2)$$

Dagegen beträgt die Wohlfahrt im nicht subventionierenden Staat unabhängig von der Subventionshöhe des anderen Staates:

$$W_j\left(\sigma_i,\sigma_{j1}\right)=0. \qquad (12.2\ S2)$$

Diese Lösung entspricht wiederum exakt der Erstattungslösung für unilaterale Vollversorgung. Die Bereitstellung der Vollversorgung durch die Subventionshöhe (12.1 S2) bietet Land *j* allerdings die Möglichkeit des von *Ilgin (2008, S. 9–10)* thematisierten Trittbrettfahrerverhaltens.[80] Entscheidet sich das eine Teilversorgung bereitstellende Land *j*, bei unveränderter Subventionshöhe in Land *i*, dagegen für eine marginale Subvention $\gamma_j^{\min}$, gilt für die Wohlfahrt der Länder:

$$W_i\left(\sigma_{i3},\sigma_{j2}\right)=n_{iO}s_{FC}\left(y_O-y_U\right)-\frac{1}{2}\left(s_{PC}^2-s_{FC}^2\right) \qquad (12.3\ S2)$$

und

$$W_j\left(\sigma_{i3},\sigma_{j2}\right)=n_{jO}s_{FC}\left(y_O-y_U\right)-\frac{1}{2}\left(s_{FCi}^2-s_{FC}^2\right). \qquad (12.4\ S2)$$

Auch Subventions- und Erstattungslösung sind identisch. Die Wohlfahrt in Land *i* bleibt im weiteren Verlauf unverändert, falls Land *j* eine höhere als die marginale Subvention wählt, um eine Vollversorgung zu gewährleisten. Lediglich die Wohlfahrt in Land *j* wird hiervon betroffen. Leistet Land *j* beispielsweise die Subventionshöhe γ_j^{ident}, gilt für die Wohlfahrt in Land *j*:

$$W_j\left(\sigma_{i3},\sigma_{j2b}\right)=n_{iO}s_{FC}\left(y_O-y_U\right)-\frac{n_{iO}+n_{iU}\left(s_{PC}^2-s_{FC}^2\right)}{2\left(n_{iO}+n_{iU}+n_{jO}+n_{jU}\right)}. \qquad (12.5\ S2)$$

80 Dieses Problem existiert entsprechend bei der zuvor betrachteten Zulassungskostenerstattung.

In diesem Fall unterscheiden sich Subventions- und Erstattungslösung. Das ist dadurch begründet, dass bei gleicher Zulassungskostenerstattung die Gesamtkosten über die Staaten identisch verteilt werden, während sich bei identischer Subventionshöhe die Staaten entsprechend ihrer Bevölkerungsstruktur unterschiedlich belastet werden. Beim Vergleich von (12.5 A2) und (12.5 S2) zeigt sich, dass gleiche Zulassungskostenerstattungen für bevölkerungsreiche Länder vorteilhafter als für bevölkerungsarme Länder sind. Für Länder mit identischer Bevölkerungszahl besteht kein Unterschied. Auch auf aggregierter Ebene besteht kein Unterschied, da die Gesamtsubventionsleistung beider Staaten exakt den Erstattungszahlungen der Staaten entspricht. Die Verteilung des Wohlfahrtsgewinns durch die Staaten ist ein Nullsummenspiel.

Aus (30 S2) ist bekannt, dass das Subventionsvolumen beider Staaten zur Bereitstellung einer bilateralen Vollversorgung das Subventionsvolumen eines Staates zur Bereitstellung einer unilateralen Vollversorgung überschreiten muss. Andernfalls erfolgt lediglich eine Teilversorgung und die Wohlfahrt verharrt bei null. Auch hier besteht kein Unterschied zur Erstattungslösung. Da die Subventionshöhen 0, γ^C, γ^{ident} und γ^D als die Strategien 1, 2, 2b, und 3 aufgefasst werden, sind sie ebenfalls durch Abbildung 5.1 dargestellt.

Auch hier gilt für alle $y_O \in \left]y_O^{\min}; y_O^{\max}\right[$, dass alle Subventionshöhenkombinationen (γ_1, γ_2) teilspielperfekte Nash-Gleichgewichte sind, für die gilt:

$$\gamma_1 = \gamma_1^D - \frac{n_{2O} + n_{2U}}{n_{1O} + n_{1U}} \gamma_2 \text{ und } \gamma_1 \leq \gamma_1^D.$$

Beide Anreize erreichen das Ziel einer Vollversorgung betroffener Patienten und sind aggregiert völlig gleichwertig. Zu berücksichtigen ist, dass in beiden Ländern eine Teilversorgung erfolgt, falls das Gesamtsubventionsvolumen dem Mindestumfang (30 S2) nicht genügt. Insgesamt können die Analyseergebnisse in der folgenden Spielmatrix zusammengefasst werden:

Abbildung 5.3: Spielmatrix

		Land 1					
		σ_1	σ_2	…	σ_{2b}	…	σ_3
Land 2	σ_1	0 / 0	0 / 0	…	0 / 0	…	12.1 / 0
	σ_2	0 / 0	0 / 0	…	0 / 0	…	12.3 / 12.4
	⋮	⋮	⋮		⋮		⋮
	σ_{2b}	0 / 0	0 / 0	…	12.5 / 12.5	…	12.3 / 12.5
	⋮	⋮	⋮		⋮		⋮
	σ_3	0 / 12.1	12.4 / 12.3		12.5 / 12.3		12.3 / 12.3

Quelle: Eigene Darstellung.

Obgleich die spieltheoretische Betrachtung ohne statistische Daten kaum Implikationen aufweist, ist bereits zu diesem Zeitpunkt klar, dass es allein durch Subvention oder Zulassungskostenerstattung im Ausland erstens zu keiner Vollversorgung im Inland kommen kann. Zweitens hat das Land einen Vorteil, welches in der Lage ist, als erstes über die Höhe seiner Arzneimittelkonsumsubvention bzw. der Zulassungskostenerstattung zu entscheiden. Denn diese Entscheidung determiniert die Entscheidung des anderen Landes. Allerdings kann auch das pharmazeutische Unternehmen unterschiedliche Subventionshöhen intendieren: Wenn das neue Arzneimittel zunächst nur in einem Land eingeführt wird, folgt zur Sicherstellung der Vollversorgung in diesem Land die Strategie σ_3. Wird das Arzneimittel nun auch im anderen Land eingeführt, ist es für dieses Land optimal, die marginale Subventionshöhe zu wählen, mit der ein geringerer Arzneimittelpreis verbunden ist.

5.2.3 Bewertung der Einführung einer Bürgerversicherung

5.2.3.1 Modellierung von Gesetzlicher Krankenversicherung und Privater Krankenversicherung

Die Ergebnisse des Zwei-Länder-Modells können zur Modellierung der Bedeutung der PKV für Arzneimittelpreis und Qualität genutzt werden. Dazu werden die theoretischen Länder „PKV-Land" (*P*) und „GKV-Land" (*G*) betrachtet. Aufgrund des Sonderstatus der PKV wird allgemein davon ausgegangen, dass insbesondere einkommensstarke und junge Personen in der PKV versichert sind *(Kyre, 2010, S. 466 f., Lauterbach, Lüngen, Stollenwerk, Gerber, & Klever-Deichert, 2003, S. 23) nach Kyre, 2010)*. Damit ist davon auszugehen, dass PKV-Land ein höheres Pro-Kopf-Einkommen aufweist als GKV-Land. Vereinfachend wird aufgrund der Jahresentgeltgrenze angenommen, dass die Anzahl der Bezieher unterdurchschnittlicher Einkommen in PKV-Land gleich null ist:

$$n_{PU} = 0.$$

Existieren keine Bezieher unterdurchschnittlicher Einkommen in PKV-Land, erübrigt sich die Frage der Vollversorgung durch Umverteilung innerhalb PKV-Lands und eine Vollversorgung ist bei der Einkommensstruktur automatisch gegeben. Damit ist die Strategie σ_1 verbunden. Tatsächlich entspricht auch die Prämienkalkulation anhand des versicherungstechnischen Äquivalenzprinzips dieser Logik. Mit freiwillig Versicherten und Pflichtversicherten sind die Bevölkerungszahlen beider Einkommensgruppen in GKV-Land dagegen größer als null:

$$n_{GO} > 0 \text{ und}$$

$$n_{GU} > 0.$$

Die solidarische Finanzierung zeigt an, dass eine Vollversorgung innerhalb GKV-Land nur durch Subventionierung bzw. Umverteilung erreicht werden kann. Damit kann (9) als erfüllt angenommen werden. Aufgrund der vorausgegangenen Analyse der optimalen Subventionsstrategie kann die Medikamentenqualität der beiden theoretischen deutschen Teilländer und damit das zweigliedrige deutsche Gesundheitssystem (*Z*) direkt (24 A2) entnommen werden:

$$s^{Z}_{FCG} = y_U\left(n_{GO} + n_{GU}\right) + n_{PO}y_O.$$

Existierte dagegen eine Bürgerversicherung (B) anstelle der derzeitigen Diskriminierungsmöglichkeit durch die Aufteilung der Bürger auf GKV und PKV, folgte aus der Gewinnfunktion des pharmazeutischen Unternehmens

$$\pi_{FC}^{B} = \left(n_{GO} + n_{GU} + n_{PO}\right) \cdot \left(y_U \cdot s_{FC}^{B} + \gamma^{B}\right) - \tfrac{1}{2} \cdot \left[s_{FC}^{B}\right]^2$$

die optimale Medikamentenqualität[81]

$$s_{FC}^{B} = y_U \cdot \left(n_{GO} + n_{GU} + n_{PO}\right) < s_{FCG}^{D}.$$

Die mit der Einführung einer Bürgerversicherung verbundene Medikamentenqualität s_{FC}^{B} ist geringer als die derzeitige Medikamentenqualität s_{FCG}^{Z}, da $y_O > y_U$. D. h., die Existenz einer Krankenvollversicherung über die PKV führt gegenüber einer möglichen Bürgerversicherung zu einer qualitativ höherwertigen Versorgung mit innovativen Arzneimitteln für PKV- und GKV-Versicherte.

Die derzeitige Subventionierung der einkommensschwachen Bevölkerungsschicht im Rahmen der solidarischen Finanzierung der GKV beträgt

$$\gamma_G^{Z} = \frac{\left[y_O\left(n_{GO} + n_{PO}\right)\right]^2 - \left[y_U\left(n_{GO} + n_{GU}\right) + y_O \cdot n_{PO}\right]^2}{2\left(n_{GO} + n_{GU}\right)}$$

und entspricht (21.1 S2). Ihr gegenüber stünde bei einer Bürgerversicherung mit solidarischer Finanzierung die Subventionierung der einkommensschwachen Bevölkerungsschicht in Höhe von

$$\gamma^{B} = \frac{\left[y_O\left(n_{GO} + n_{PO}\right)\right]^2 - \left[y_U\left(n_{GO} + n_{GU} + n_{PO}\right)\right]^2}{2\left(n_{GO} + n_{GU} + n_{PO}\right)}.$$

Damit innerhalb einer Bürgerversicherung eine solidarische Finanzierung mit Subventionierung der ärmeren Bevölkerungsschicht notwendig ist, muss die Einkommensdifferenz gegeben sein:

$$y_O > \frac{n_{GO} + n_{GU} + n_{PO}}{n_{GO} + n_{PO}} \cdot y_U \equiv y_O^{\overline{\overline{\min}}}. \qquad (9\text{ B})$$

Für den maximalen Einkommensunterschied in der Bürgerversicherung muss gelten:

$$\Rightarrow y_O^{\overline{\overline{\max}}} = y_O^{\overline{\overline{\min}}} + \frac{\sqrt{2n_{GU}\left(n_{GO} + n_{GU} + n_{PO}\right)}}{n_{GO} + n_{PO}} y_U. \qquad (11\text{ B})$$

81 Die Herleitung der Formeln zu diesem Anschnitt kann Anhang 1.4 entnommen werden.

Im Vergleich dazu beträgt die maximale Einkommensdifferenz beim zweigliedrigen System:

$$y_O^{\max} = y_O^{\min} + \frac{n_{GU}n_{PO} + \sqrt{\left(n_{GO}^2 + n_{GO}n_{GU} + n_{GU}n_{PO}\right)^2 + n_{GO}^2 n_{GU}^2 - n_{GO}^4}}{n_{GO}^2} y_U.$$

5.2.3.2 *Subventionsvolumen- und Preisunterschiede*

Durch Einführung einer Bürgerversicherung ist der minimale Einkommensunterschied (9 B), der eine solidarische Finanzierung zur Versorgung der einkommensschwachen Bevölkerungsschicht nötig macht, geringer als im derzeitigen geteilten System. D. h., eine Angleichung der Einkommen beider Bevölkerungsschichten führt aufgrund der möglichen Preisdiskriminierung beim derzeitigen System aus GKV und PKV früher zu einer Vollversorgung ohne Transferleistungen als bei einer Bürgerversicherung. Da eine solidarische Finanzierung innerhalb der GKV erfolgt, ist beim derzeitigen System von einem größeren Einkommensunterschied innerhalb der GKV auszugehen als sie für die Einführung einer Bürgerversicherung nötig wäre. Mit Hilfe des somit anzunehmenden minimalen Einkommensunterschieds (9) kann gezeigt werden, dass

$$\gamma^B \geq \gamma_G^Z.$$

Mit der Überführung des bestehenden Systems aus GKV und PKV in eine Bürgerversicherung ist ein höheres Subventionsvolumen zur Vollversorgung nötig. Auf den Arzneimittelpreis einer Bürgerversicherung gegenüber dem derzeitigen GKV-Preis wirkte einerseits die abnehmende Medikamentenqualität preisdämpfend, während das höhere Maß der Umverteilung preissteigernd wirkte. Welcher dieser beiden Effekte bedeutender ist, wird im Folgenden analysiert. Allgemein wird angenommen, dass mit einer Angleichung des Vergütungsniveaus zwischen PKV und GKV, die auch zentrale Voraussetzung für die Einführung sowohl der Bürgerversicherung als auch der Kopfpauschale ist, ein Anstieg der Vergütung für GKV-Versicherte verbunden ist *(Kyre, 2010, S. 468)*. Mit einer Angleichung der PKV-Vergütung an das GKV-Niveau wäre die wirtschaftliche Existenz der Leistungserbringer, beispielsweise der Arztpraxen, gefährdet *(Kyre, 2010, S. 468)*. Fraglich ist jedoch, ob dies auch für patentgeschützte innovative Arzneimittel gilt. Bei Existenz von PKV und GKV ergibt sich ein Medikamentenpreis von

$$P_P = y_O \cdot s_{FCG}^Z = y_O y_U \left(n_{GO} + n_{GU}\right) + y_O^2 n_{PO}$$

für Versicherte der privaten Krankenversicherung und

$$P_G = y_U \cdot s_{FCG}^Z + \gamma_G^Z$$

für gesetzlich Versicherte. Mit Hilfe von (21.1 S2) und (9) kann gezeigt werden, dass $P_P > P_G$ gilt. Der Arzneimittelpreis der privat Versicherten liegt im Modell über dem Arzneimittelpreis der gesetzlich Versicherten. Dies entspricht auch den höheren pro-Kopf-Arzneimittelausgaben der PKV, die in Kapitel 3 aufgezeigt wurden. Hierin zeigt sich noch einmal die Bedeutung der PKV für die Arzneimittelqualität: Zusammen mit der finanziellen Möglichkeit der privat Versicherten, wirkt sich die Bereitschaft einen höheren Preis für qualitativ bessere Medikamente zu zahlen positiv auf die Medikamentenqualität aus. Innerhalb einer Bürgerversicherung folgt ein Medikamentenpreis von

$$P_B = y_U \cdot s_{FC}^B + \gamma^B$$

und die derzeitigen Arzneimittelpreise der privat Versicherten übersteigen die zu erwartenden Arzneimittelpreise bei einer Bürgerversicherung ($P_P > P_B$), was mit Hilfe der minimalen Einkommensdifferenz (9 B) gezeigt werden kann. Damit profitierten die privat Versicherten bei Einführung einer Bürgerversicherung einerseits von sinkenden Arzneimittelpreisen, andererseits erlitten sie Verluste durch eine geringere Medikamentenqualität.

Weiter folgt mit dem minimalen Einkommensunterschied aus (9), dass $P_G < P_B$. D. h., während die privat Versicherten durch Einführung einer Bürgerversicherung noch von sinkenden Preisen profitieren, sind die gesetzlich Versicherten bzw. deren Krankenkassen sowohl von steigenden Arzneimittelpreisen als auch von einer sinkenden Arzneimittelqualität betroffen. Aus Sicht der derzeitig gesetzlich Versicherten stellt eine Bürgerversicherung für den Bereich der innovativen Arzneimittel eine klare Verschlechterung zum Status quo dar. Die Einführung einer Bürgerversicherung führt zu einem Anstieg der Kosten für die bisher GKV-Versicherten.

Ein Vergleich der Wohlfahrtsfunktionen zeigt, dass die Einführung der Bürgerversicherung aus der Perspektive innovativer Arzneimittel nur dann zu einem Wohlfahrtsgewinn führt, falls gilt:

$$n_{PO}\left(y_O s_{FC}^B - P_B\right) > n_{GO}\left[y_O\left(s_{FCG}^D - s_{FC}^B\right) + \left(P_B - P_G\right)\right] + n_{GU}\left(\gamma^B - \gamma_G^Z\right).$$

D. h., eine Bürgerversicherung führt immer dann zu einem Wohlfahrtsgewinn, falls der Konsumentenrentenzuwachs der ehemals privat Versicherten höher ist als die Summe aus Konsumentenrentenverlust der freiwillig gesetzlich Krankenversicherten plus Steigerung der Umverteilung. Damit ist die derzeitige Situation pareto-superior.

5.2.4 Versuch einer Prognose der Entwicklung der Arzneimittelqualität nach Umsetzung des AMNOG

Mit der Ausgestaltung des AMNOG wurde festgelegt, dass die Preisverhandlungen für innovative Arzneimittel mit Zusatznutzen zwischen dem Spitzenverband der GKV unter Beteiligung der PKV und den Arzneimittelherstellern stattfinden, wie in Abschnitt 3.1 dargelegt wurde. Dabei werden gemeinsame Preise für GKV und PKV ausgehandelt. Mit diesen gemeinsamen Preisverhandlungen sinkt die Möglichkeit, Arzneimittelpreise zwischen gesetzlichen Krankenkassen und privaten Krankenversicherungen zu differenzieren. In dieser Hinsicht ist mit dem AMNOG der gleiche Effekt wie bei Einführung einer Bürgerversicherung verbunden.

Allerdings können die Krankenkassen und Krankenversicherungen zusätzlich zu den gemeinsam ausgehandelten Rabatten individuelle (Rabatt-)Verträge mit den Arzneimittelherstellern schließen. Die individuellen Verträge zwischen den Krankenkassen und -versicherungen einerseits und den pharmazeutischen Herstellern andererseits sind von zentraler Bedeutung für die Aufrechterhaltung der Preisdiskriminierungsmöglichkeit zwischen Gesetzlicher Krankenversicherung und privaten Krankenversicherungen. Berücksichtigt man, dass die Einheitspreise beispielsweise infolge einer Bürgerversicherung zu einer abnehmenden Qualität innovativer Arzneimittel führten, sind die individuellen Verträge bedeutsam für das Erreichen einer qualitativ hochstehenden Versorgung einerseits und der Wirtschaftlichkeit der gesetzlichen Krankenkassen andererseits.

Die Möglichkeit, mit den Herstellern individuelle Verträge auszuhandeln, konnte nach Ansicht der PKV bisher nicht ausreichend umgesetzt werden, da verbindliche Kriterien als Verhandlungsbasis fehlten *(PKV, 2010b, S. 7 ff.)*. Hält dieser Zustand an, profitieren insbesondere die Versicherten der GKV von einer höheren Arzneimittelqualität und geringeren Arzneimittelpreisen. Die Arzneimittelqualität bleibt insbesondere dann hoch, falls die individuellen Rabattverhandlungen wesentlicher Faktor der Arzneimittelpreissetzung werden und die Vertragskompetenzen der PKV in diesem Bereich auch künftig unwirksam bleiben. Mit den Änderungen des AMNOG ist jedoch insgesamt von einer geringeren Qualität künftig entwickelter innovativer Arzneimittel und einer verringerten Wohlfahrt der gesetzlich Krankenversicherten auszugehen.

5.2.5 Modelllimitationen und Anknüpfungspunkte für die zukünftige Forschung

Die Anforderungen I bis VI und X bis XII an die Modellbetrachtung stellen zum Teil gleichzeitig Limitationen des Modells dar. D. h., die Analyse beschränkt sich auf eine Monopolbetrachtung, in der der Monopolist nicht in der Lage ist, eine Qualitätsdiskriminierung durchzuführen. Eine Preisdiskriminierung innerhalb des Landes bzw. zwischen den einzelnen Krankenkassen der GKV wurde nicht zugelassen. Auch eine Preisdiskriminierung zwischen den einzelnen Krankenversicherungen der PKV wurde ausgeschlossen. Gegenüber Kapitel 5.1 wurde die Analyse auf zwei Länder ausgeweitet. Abweichend von den zugrundeliegenden Analysen *Acharyyas und García-Alonsos (2008, 2009, 2014)* wurden die möglichen Einkommensverteilungen betrachtet. Sie stellen keine grundsätzliche Limitation des Modells dar. Allerdings wurden bei der Analyse des Einflusses einer Bürgerversicherungseinführung auf die Arzneimittelqualität aus Kapitel 3 abgeleitete Einkommensverteilungen für PKV und GKV angenommen. Weiterhin werden andere Länder bei der Berechnung der Arzneimittelqualität nicht berücksichtigt.

Mit den Limitationen bieten sich verschiedene Anknüpfungspunkte für die zukünftige Forschung. Einerseits kann ein weiterer Staatenspieler aufgenommen werden, der die übrige Welt darstellt. Andererseits ist mit der Aufnahme eines weiteren Staatenspielers keine qualitative Änderung der Analyseergebnisse verbunden. Die Aufnahme eines weiteren Staatenspielers scheint allerdings geboten, um die dargestellten Ergebnisse empirisch überprüfen zu können.

5.2.6 Handlungsempfehlungen an die Gesundheitspolitik

Die Modellierung beider Systeme zeigt im Vergleich, dass vom derzeitigen zweigliedrigen Gesundheitssystem insbesondere die gesetzlich Versicherten profitieren. Sie erhalten gegenüber einer Bürgerversicherungslösung eine höhere Arzneimittelqualität und müssen geringere Arzneimittelpreise zahlen. Mit der derzeitigen Preisdiskriminierungsmöglichkeit unterstützten die privaten Krankenversicherungen implizit die gesetzlichen Krankenkassen bei ihrem Ziel der qualitativ hochstehenden Versorgung. Die Möglichkeit der pharmazeutischen Unternehmen, unterschiedliche Preise für PKV und GKV zu verlangen, unterstützt darüber hinaus das Wirtschaftlichkeitsgebot der GKV. Allerdings könnten die Mitglieder der GKV infolge der Aufnahme der PKV-Versicherten in eine Bürgerversicherung von einer individuell geringeren Umverteilungslast profitieren. Diesbezüglich konnte jedoch gezeigt werden, dass ein möglicher gesamtwirtschaftlicher Wohlfahrtsgewinn zu Gunsten der bisher privat Versicherten und zu Lasten der freiwillig gesetzlich Versicherten ausfällt, die derzeitige Ausgestaltung also pareto-superior ist. Unter Beachtung der negativen Folgen für die Arzneimittelqualität und der pareto-Superiorität des zweigliedrigen Systems aus gesetzlichen Krankenkassen und privaten Krankenversicherung ist die Einführung einer Bürgerversicherung für Deutschland abzulehnen.

5.3 Der Einfluss von Referenzpreissystemen auf die Effizienz der Bereitstellung von innovativen Arzneimitteln

Im Zentrum der folgenden Ausführungen steht die dritte Forschungsfrage zur Gültigkeit der These *Cutlers und McClellans* bei der Nutzung europäischer Referenzpreise. Hierzu werden zunächst die Auswirkungen von Bevölkerungsgröße und Pro-Kopf-Einkommen auf die effizienten Subventionshöhen analysiert. Den allgemeinen Modellaussagen werden anschließend die Preisunterschiede ausgewählter europäischer Staaten gegenübergestellt.

5.3.1 Die Funktion der optimalen Antwortstrategie und Sensitivitätsanalyse

Bezüglich der Spielmatrix (Abbildung 5.3) wurde darauf verwiesen, dass diese ohne statistische Daten kaum Implikationen aufweist. Lediglich der first mover's advantage des ersten Staates, der seine Arzneimittelkonsumsubvention festlegt, ließ sich ableiten. Da für jede Subventionshöhe des Auslands nur eine optimale Subvention des Inlands existiert, kann die optimale Antwortstrategie eines Landes durch die Funktion

$$\sigma_i = \begin{cases} \gamma_i^D, \mathit{wenn}\ \sigma_j \leq \gamma_j^{\min} \\ \gamma_i^{\min}, \mathit{wenn}\ \sigma_j \geq \gamma_j^D \\ \gamma_i^C, \mathit{sonst} \end{cases} \tag{31}$$

dargestellt werden.[82] Damit lässt sich die Spielmatrix in die Darstellung der jeweiligen optimalen Antwortstrategie überführen:

82 Die marginale Subvention γ_i^{min} ergibt sich durch Einsetzen der maximalen Subvention γ^D in (21.2 S2).

Abbildung 5.4: Optimale Antwortstrategie

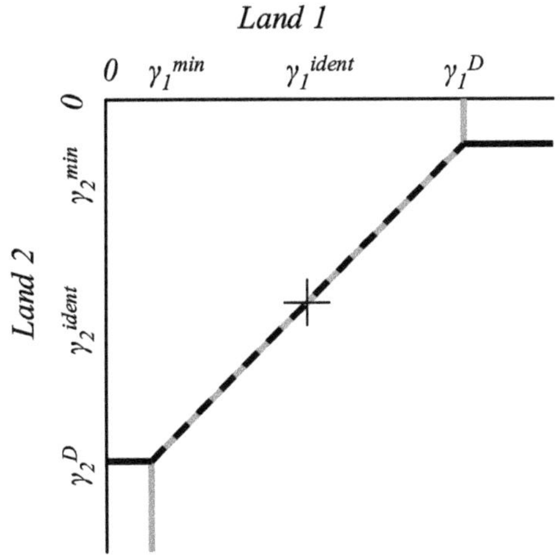

Quelle: Eigene Darstellung in Anlehnung an *Acharyya und García-Alonso (2009, 2014).*

Dabei wird die optimale Antwortstrategie von Land 1rot markiert und die optimale Antwortstrategie von Land 2 blau. Für das Land 1 ist es demnach optimal, durch eine Subvention in Höhe von γ_1^D die unilaterale Vollversorgung sicherzustellen, falls Land 2 die marginale Subvention oder eine geringere Subvention leistet. Falls Land 2 die Subvention zur Sicherstellung der unilateralen Vollversorgung oder eine höhere Subvention leistet, ist es für Land 1 optimal, die marginale Subvention γ_1^{min} zu leisten. Der Funktionsabschnitt zwischen γ^{min} und γ^D wird im folgenden Reaktionsbereich genannt. Die identische Subvention, bei der die Subventionshöhe - nicht das Subventionsvolumen - in beiden Staaten identisch ist, wird durch ein Kreuz in der Abbildung gekennzeichnet. Beachtenswert hierbei ist, dass die Abbildung lediglich für Staaten mit identischer Bevölkerungsstruktur symmetrisch verläuft. Die folgende Abbildung 5.5 zeigt die optimalen Antwortstrategien für gleiche Verteilung der Einkommensgruppen:[83]

83 D. h., n_{1O}, n_{1U}, n_{2O} und n_{2U} umfassen jeweils 25 % der Gesamtbevölkerung, das Einkommen y_U wird auf 1 normiert und das Einkommen y_O wird auf den Mittelwert des maximalen Einkommenskorridors zwischen y_O^{min} und y_O^{max} festgelegt.

Abbildung 5.5: Optimale Antwortstrategie bei gleichverteilten Einwohnerzahlen (normiert)

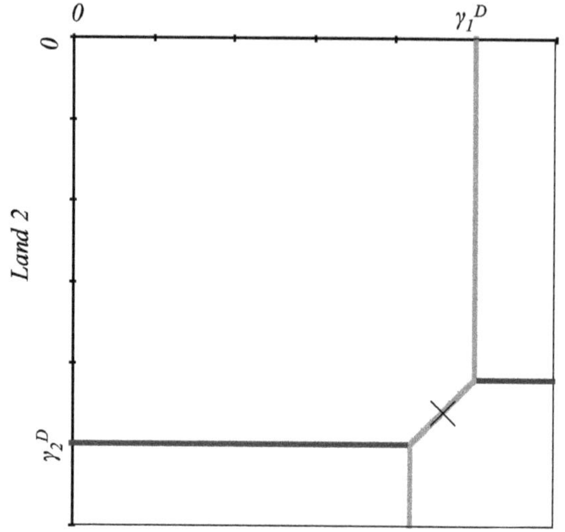

Quelle: Eigene Darstellung.

Im konkreten Fall sind die Subventionen für die gleiche Aufteilung der Subventionsvolumen bzw. der Wohlfahrtsgewinne identisch und schneiden beide die optimalen Antwortfunktionen im Reaktionsbereich. Damit sind eine gleiche Aufteilung von Subventionsvolumen und Wohlfahrtsgewinnen effizient und ergeben sich in der betrachteten Situation bei der identischen Subvention.

Umfasst Land 1 dagegen 70 % bzw. 90 % der Gesamteinwohner, ergibt sich bei Gleichverteilung der Einwohner über die jeweiligen Einkommensschichten die in Abbildung 5.6 dargestellte Situation.[84] Im Gegensatz zur völligen Gleichverteilung der Einwohnerzahlen in Abbildung 5.5 muss die Subventionshöhe zur unilateralen Vollversorgung im kleineren Land 2 höher sein als im größeren Land 1. γ_1^D ist etwa 6 % bzw. 7 % geringer als γ_2^D und der Unterschied steigt mit dem Einkommen der Oberschicht. Dagegen ist die marginale Subvention in Land 2 geringer als in Land 1. Das kleinere Land verfügt damit über einen größeren Spielraum bei der

84 D. h., n_{1O} und n_{1U}, umfassen jeweils 30 % bzw. 45 % der Gesamtbevölkerung, während zu n_{2O} und n_{2U} jeweils 15 % bzw. 5 % der Modelleinwohner zählen. Das Einkommen y_U wird auf 1 normiert und das Einkommen y_O wird auf den Mittelwert des maximalen Einkommenskorridors zwischen y_O^{min} und y_O^{max} festgelegt. Zum Vergleich sind die besten Antwortstrategien bei gleichverteilten Einwohnerzahlen links abgebildet.

Festsetzung der Subventionshöhe. Eine gleiche Aufteilung des Wohlfahrtsgewinns bzw. des Subventionsvolumens ist in beiden konkreten Fällen nicht möglich bzw. effizient, da Land 1 aufgrund seiner Größe sowohl den wesentlichen Teil des Subventionsvolumens trägt, als auch die Masse des Wohlfahrtsgewinns vereinnahmt. Jedoch stellt die identische Subvention in beiden Fällen eine effiziente Strategie dar.

Abbildung 5.6: Optimale Antwortstrategien für ein bevölkerungsreiches Land 1 sowie ein bevölkerungsarmes Land 2 bei gleichverteilten Einkommen (normiert)

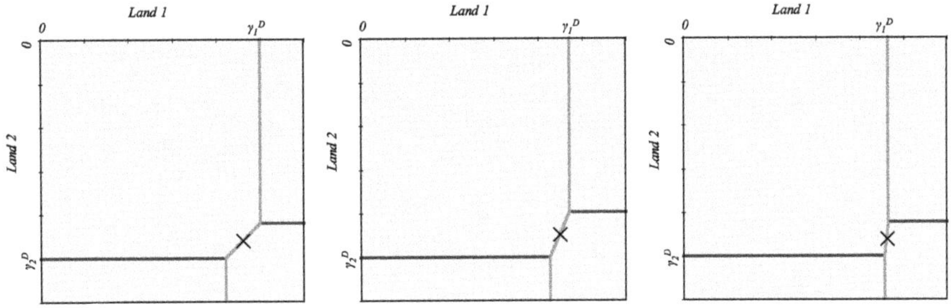

Quelle: Eigene Darstellung.

Abbildung 5.7 zeigt dagegen die optimalen Antwortstrategien, falls Land 1 bei gleicher Einwohnerzahl ein höheres Volkseinkommen aufweist als Land 2. D. h. Land 1 ist relativ wohlhabender als Land 2.[85] Im Vergleich zur Situation der symmetrischen Staaten wird deutlich, dass die notwendige Subvention zur Sicherstellung der unilateralen Vollversorgung des relativ ärmeren Landes mit zunehmender Differenz des Pro-Kopf-Einkommens der Länder sinkt. Während die Subventionshöhen zur Sicherstellung der unilateralen Vollversorgung bei Gleichverteilung der Einkommen in beiden Staaten identisch sind, beträgt die maximale Subventionshöhe im relativ ärmeren Land 54 % (mittlerer Teil der Abbildung) bzw. 22 % (rechter Teil der Abbildung) der Subventionshöhe des wohlhabenderen Staates. Im Extremfall der Pro-Kopf-Einkommensunterschiede[86] beträgt die maximale

85 Im mittleren Teil der Abbildung umfassen n_{1O} 30 % und n_{1U} 20 % der Modelleinwohner, während zu n_{2O} und n_{2U} jeweils 25 % der Modelleinwohner zählen. Im rechten Teil der Abbildung umfassen n_{1O} und n_{2U} jeweils 30 % der Modelleinwohner, während zu n_{1U} und n_{2O} jeweils 20 % der Modelleinwohner zählen. Wie auch zuvor wird das Einkommen y_U auf 1 normiert und das Einkommen y_O wird auf den Mittelwert des maximalen Einkommenskorridors zwischen y_O^{min} und y_O^{max} festgelegt. Zum Vergleich sind die besten Antwortstrategien bei gleichverteilten Einwohnerzahlen links abgebildet.

86 Die Modellbevölkerung ist wie folgt verteilt: $n_{1O} = 31$ %, $n_{1U} = 19$ %, $n_{2O} = 18$ % und $n_{2U} = 32$ %. Wieder wird das Einkommen y_U auf 1 normiert und das Einkommen y_O

Subventionshöhe des relativ ärmeren Landes 1 % der maximalen Subventionshöhe des einkommensstärkeren Landes. In den betrachteten Fällen ist eine identische Subvention, eine Gleichverteilung der Subventionsvolumen bzw. des Wohlfahrtsgewinns nicht möglich bzw. ineffizient.

Abbildung 5.7: Optimale Antwortstrategien für ein einkommensstarkes Land 1 sowie ein einkommensschwaches Land 2 bei gleicher Einwohnerzahl (normiert)

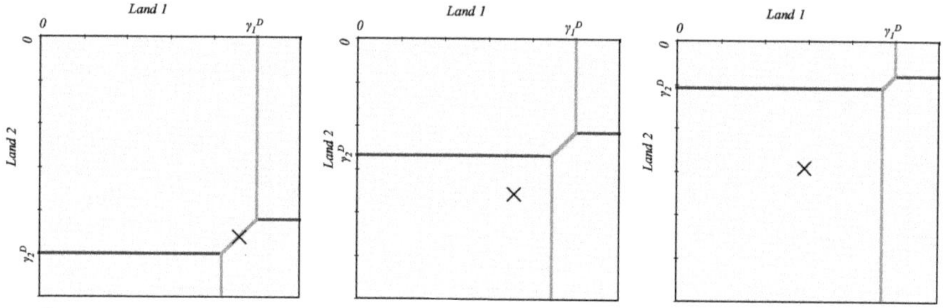

Quelle: Eigene Darstellung.

Abbildung 5.8 zeigt die optimalen Antwortstrategien, falls Land 1 sowohl ein höheres Pro-Kopf-Einkommen als auch eine höhere Einwohnerzahl aufweist.[87] In der Abbildung wird deutlich, dass zunächst der Reaktionsbereich mit zunehmender Einwohnerzahl sinkt, wie es auch in Abbildung 5.6 zum Ausdruck kam. Darüber hinaus ist ebenso erkennbar, dass das Land mit höherem Pro-Kopf-Einkommen eine höhere Subvention zur Sicherstellung der unilateralen Vollversorgung und auch eine höhere marginale Subvention bei bilateraler Vollversorgung zahlen muss. Eine identische Subventionshöhe ist nicht effizient, eine Subventionshöhe gleicher Wohlfahrtsverteilung oder gleicher Subventionsvolumen ist in den betrachteten Einkommens- und Einwohnerverteilungen nicht möglich.

---

wird auf den Mittelwert des maximalen Einkommenskorridors zwischen y_O^{min} und y_O^{max} festgelegt.

87 Im mittleren Teil der Abbildung umfassen n_{1O} 40 % und n_{1U} 30% der Gesamtmodellbevölkerung, während n_{2O} und n_{2U} jeweils 15 % der Modellgesamtbevölkerung beinhalten. Im rechten Teil der Abbildung ist die Gesamtmodellbevölkerung wie folgt verteilt: $n_{1O} = 60$ %, $n_{1U} = 30$ %, $n_{2O} = n_{2U} = 5$ %. Wie in den Betrachtungen zuvor wird das Einkommen y_U auf 1 normiert und y_O jeweils auf den Mittelwert des maximalen Einkommenskorridors zwischen y_O^{min} und y_O^{max} festgelegt. Zum Vergleich sind die besten Antwortstrategien bei gleichverteilten Einwohnerzahlen links abgebildet.

Abbildung 5.8: Optimale Antwortstrategien für ein bevölkerungsreiches und (pro-Kopf-) einkommensstarkes Land 1 sowie ein bevölkerungsschwaches und (pro-Kopf-)einkommensschwaches Land 2 (normiert)

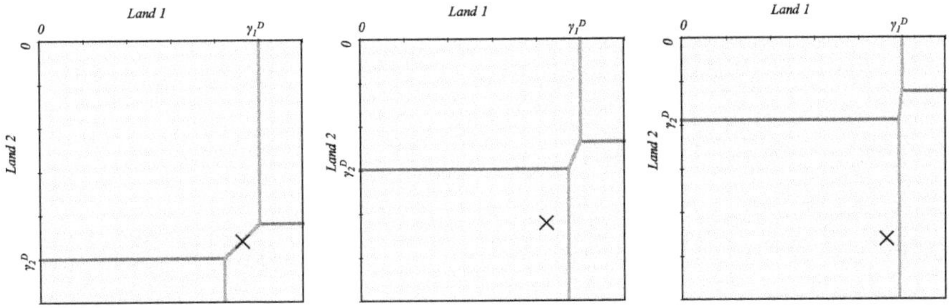

Quelle: Eigene Darstellung.

Auch die Variation der Abbildung 5.8 in Abbildung 5.9, die die optimalen Antwortstrategien zeigt, falls Land 1 bei zunehmender Einwohnerzahl ein geringeres Pro-Kopf-Einkommen aufweist, widerlegt nicht die zuvor gemachten Beobachtungen der Abbildungen 5.6 und 5.7.[88] Insgesamt ist ersichtlich, dass das pro-Kopf-einkommensstärkere Land die höchsten Subventionen zur Sicherstellung einer unilateralen Vollversorgung gewähren muss, während der Spielraum zur Festlegung der Subventionshöhe für relativ große Länder zunehmend sinkt.

88 Im mittleren Teil der Abbildung 5.9 umfassen n_{1O} und n_{1U} jeweils 35 % der Modelleinwohner, während zu n_{2O} und n_{2U} 20 % bzw. 10 % der Modelleinwohner zählen. Im rechten Teil der Abbildung umfassen n_{1O} und n_{1U} jeweils 40 % der Modelleinwohner, während zu n_{2O} und n_{2U} 15 % bzw. 5 % der Modelleinwohner zählen. Wiederum wird das Einkommen y_U auf 1 normiert und das Einkommen y_O wie zuvor festgelegt. Zum Vergleich sind die besten Antwortstrategien bei gleichverteilten Einwohnerzahlen links abgebildet.

Abbildung 5.9: Optimale Antwortstrategien für ein bevölkerungsreiches und (pro-Kopf-) einkommensschwaches Land 1 sowie ein bevölkerungsarmes und (pro-Kopf-)einkommensstarkes Land 2 (normiert)

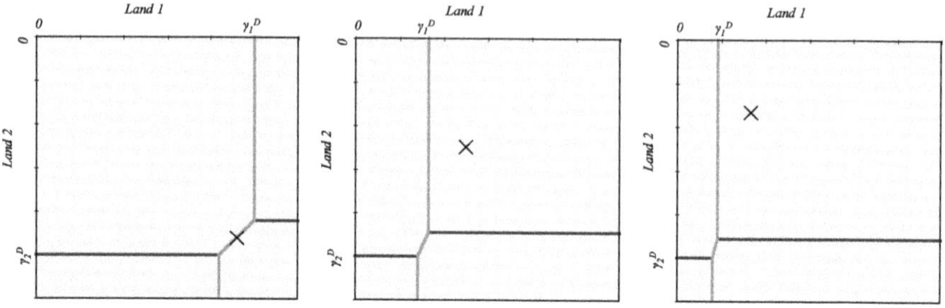

Quelle: Eigene Darstellung.

5.3.2 Der Erklärungsbeitrag des Modells zu den Preisunterschieden ausgewählter europäischer Staaten

5.3.2.1 Begründung der Arzneimittelpreisunterschiede in Europa

Preisunterschiede für Arzneimittel innerhalb der Europäischen Union gelten als Anzeichen für Ineffizienz, weshalb Parallelimporte und Referenzpreissysteme gefördert werden *(Kanavos et al., 2011; Kifmann & Neelsen, 2010, S. 46 f.; Schröder, 2011). Kanavos und Vandoros (2010)* untersuchen die Arzneimittelpreise in Norwegen, Deutschland, Schweden, Dänemark, dem Vereinigten Königreich sowie den Niederlanden. Dabei kommen sie zu dem Ergebnis, dass Arzneimittelpreise im Wesentlichen durch die unterschiedlichen Regulierungen (und die Konkurrenz im Großhandel) bedingt sind. Dagegen kommen *Kanavos et al. (2011, S. 33)* zu dem Schluss, dass die Arzneimittelpreisunterschiede innerhalb der EU im Wesentlichen durch Demographie, Pro-Kopf-Einkommen und landesspezifische Regulierungen begründet sind. Die vorgenommene Modellbetrachtung vereinigt diese Sichtweisen, indem sie die Preis- und Regulierungsunterschiede zwischen Ländern durch deren unterschiedliche Bevölkerungsstrukturen erklärt. Mit unterschiedlichen Bevölkerungsstrukturen sind neben unterschiedlichen Pro-Kopf-Einkommen auch unterschiedlich effiziente Bereitstellungswege verbunden.

Es wurde bereits gezeigt, dass aufgrund der vollständigen Abschöpfung der Zahlungsbereitschaft durch die pharmazeutischen Monopolisten die Preise bei bilateraler Teilversorgung über die Länder identisch sind. Sie sind es ebenfalls bei jeweiliger Wahl der identischen Subventionshöhe zur Bereitstellung einer bilateralen Vollversorgung. Auch Arzneimittelpauschalen führen, wie gezeigt, zu identischen

Arzneimittelpreisen für die Verbraucher. Preisunterschiede ergeben sich im Modell unter (9) und (11) nur, falls die Staaten unterschiedliche Subventionsstrategien wählen. Folglich ergibt sich aus (10), dass der Arzneimittelpreis in dem Land höher ist, welches die höhere Subvention zahlt bzw. nur eine Teilversorgung der Bürger sicherstellt.

Unterschiedliche Arzneimittelpreise können somit nur mittelbar eine Folge des unterschiedlichen Pro-Kopf-Einkommens in den Staaten sein. Vielmehr ist die Bevölkerungsstruktur maßgeblich für die Entscheidung über Voll- oder Teilversorgung und im letzten Fall dann über die Entscheidung einer Arzneimittelpauschale oder eine Arzneimittelkonsumsubvention. Diese begründen dann die Preisunterschiede über die Länder, die sich aufgrund der gewählten Subventionshöhe selbst unterscheiden können, falls die Länder über eine völlig identische Einkommensstruktur verfügen.

Im Modell spielt der Arzneimittelpreis für die Marktdurchdringung in den einzelnen Ländern eine nachrangige Rolle. Entscheidend sind hierfür die Subventionshöhen der einzelnen Staaten. Dies scheint auf den ersten Blick irritierend, entspricht jedoch auch den Ergebnissen von *Cockburn und Anis (2001, S. 455 f.)*, die die Marktanteile von Basistherapeutika bei Rheumaerkrankungen untersuchen: Sie kommen zu dem Ergebnis, dass Wirksamkeit signifikant positiv mit dem Marktanteil, Toxizität dagegen signifikant negativ mit ihm korreliert ist. Ein weiteres Ergebnis ist, dass der Einfluss des Arzneimittelpreises auf den Marktanteil insignifikant ist. Dies entspricht exakt den Modellergebnissen, insbesondere (13) und (14), nach denen die Arzneimittelqualität mit zunehmenden Marktvolumen (ohne staatliche Intervention) steigt.

Brekke, Holmås und Straume (2008, 2010; 2011a; 2009) untersuchen Möglichkeiten, die Arzneimittelpreise in Norwegen zu senken. Dazu untersuchen sie in ausgewählten europäischen Staaten die Arzneimittelpreise verschiedener Arzneimittelsubgruppen, beispielsweise Generika, Markenprodukte ohne Patentschutz oder patentgeschützte Arzneimittel ohne Konkurrenz durch Generika.[89] Anhand ihrer Einzelergebnisse lassen sich die Preisentwicklungen verschiedenster Arzneimittelsubgruppen in den Ländern nachvollziehen. So auch die Preisentwicklung patentgeschützter Arzneimittel ohne Konkurrenz durch Generika, was der Definition innovativer Arzneimittel entspricht. Ein Vergleich verschiedener inländischer

89 Die Staaten sind: Norwegen, Schweden, Dänemark, Finnland, das Vereinigte Königreich, Deutschland, die Niederlande, Belgien, Österreich und Irland. Jedoch wird Norwegen aufgrund der Erdölerträge aus dem Sample ausgeschlossen, sodass lediglich neun Länder im Sample verbleiben. Dabei muss eingeschränkt werden, dass die geringe Datenmenge nicht für Schätzungen ausreichen kann.

Arzneimittelpreise kann auch mit Hilfe des vorgestellten Modells erfolgen. Somit können die Ergebnisse von *Brekke, Holmås und Straume (2008, 2010, 2011a; 2009)* genutzt werden, um die Aussagekraft des Modells zu prüfen.

5.3.2.2 Daten und deskriptive Statistik

Aus OECD-Daten zu Pro-Kopf-Einkommen in Kaufkraftparitäten *(OECD, 2013)*, Bevölkerungszahlen *(OECD, 2013)* und Gini-Koeffizienten *(OECD, 2011)* werden die Modellparameter iterativ berechnet. Für die Berechnung werden die folgenden Zusammenhänge berücksichtigt:

1. Das Volkseinkommen (Y) setzt sich aus den Einkommen aller Bürger zusammen:

$$Y = n_O y_O + n_U y_U. \tag{32}$$

2. Der Gini-Koeffizient (GUK) wird im Modell wie folgt berechnet:[90]

$$GUK = \frac{n_U\left(Y - n y_U\right)}{nY}. \tag{33}$$

3. Die Summe der Mitglieder beider Einkommensgruppen entspricht der Gesamtbevölkerung (n):

$$n = n_O + n_U. \tag{34}$$

Zunächst werden die Modellparameter für jedes Land einzeln berechnet. Dazu werden y_U und y_O zunächst auf 55 % bzw. 145 % des durchschnittlichen Pro-Kopf-Einkommens gesetzt und die Bevölkerung gleichmäßig auf n_O und n_u verteilt. In einem ersten Iterationsschritt wird das Einkommen y_O anhand der Gleichung (32) berechnet. Anschließend wird y_U als Mittelwert von (32) und (33) bestimmt. n_U wird als Mittelwert der Gleichungen (33) und (34) ermittelt, schließlich wird n_O auf Basis von (34) gesetzt. Anschließend beginnt der zweite Iterationsschritt nach demselben Muster. Liegt die Abweichung der Modellparameter jeweils unter 1 ‰, wird die Iteration beendet. y_O und y_U werden im Anschluss an die Iteration als Mittelwerte der jeweiligen Länderwerte berechnet. Abschließend wird die Verteilung auf die Einkommensschichten anhand von (32) und (34) bestimmt.

Tabelle 5.2 stellt die Ergebnisse der Umrechnung des Jahres 2010 exemplarisch den ursprünglichen OECD-Daten gegenüber. Zusätzlich werden die Modelleinkommen der beiden Einkommensgruppen angegeben. Während die

90 Die Herleitung des Gini-Koeffizienten ist Anhang 1.5 zu entnehmen.

Modellbevölkerung exakt den OECD-Daten entsprechen, betragen die Abweichungen der Volkseinkommen i. d. R. weniger als 10.000 KKP-$, d.h. sind vernachlässigbar. Basierend auf der Modellbevölkerung werden für die einzelnen Länder nun jeweils y^{min}, y^{D} und eine mittlere Subventionshöhe berechnet, aus denen sich die jeweiligen Arzneimittelpreise berechnen lassen. Dabei dient das jeweilige Restsample als Gegenspieler. Auf Basis dieser bilateralen Preise zur mittleren Subventionshöhe wird abschließend ein Preisindex der Länder für die Jahre 2007 bis 2010 erstellt. Die so generierten Preisindizes werden anschließend mit den von *Brekke, Holmås und Straume (2008, 2010, 2011a; 2009)* ermittelten bilateralen Apothekenpreisindizes identischer Packungen (gleiche Zusammensetzung, Größe und Stärke) für Arzneimittel unter Patentschutz und ohne generische Konkurrenz in den Ländern verglichen. Die beobachteten und auf Deutschland umbasierten Preisindizes sind in Tabelle 5.3 abgebildet.

Tabelle 5.2: Datenvergleich (2010)

Land	**OECD**		**Modell**		
	N (1000)	**Y (1.000.000 KKP-$)**	n_O	n_U	**Y (1.000.000)**
Schweden	9.378	368.986,79	4.353.060	5.024.940	368.986,79
Dänemark	5.548	222.974,12	2.682.364	2.865.636	222.974,13
Finnland	5.363	194.714,44	2.116.591	3.246.409	194.714,45
Vereinigtes Königreich	61.344	2.189.183,33	23.340.411	38.003.589	2.189.183,31
Deutschland	81.777	3.060.913,11	34.375.159	47.401.841	3.060.913,12
Niederlande	16.615	701.086,54	8.795.436	7.819.564	701.086,52
Belgien	10.896	411.084,29	4654430	6.241.570	411.084,29
Österreich	8.390	336.145,35	4.032.435	4.357.565	336.145,36
Irland	4.474	181.098,57	2.192.576	2.281.424	181.098,56
			$y_O = 62.771,52$	$y_U = 19.052,68$	

Quelle: *OECD (2013)*, eigene Berechnung.

Tabelle 5.3: Preisindizes patentgeschützter Arzneimittel ohne Konkurrenz durch Generika

Land	2007	2008	2009	2010	Mittelwert
Irland	131,20	132,58	102,86	88,68	113,83
Belgien	116,13	112,14	104,73	69,77	100,69
Deutschland	100,00	100,00	100,00	100,00	100,00
Dänemark	92,16	87,25	86,07	91,61	89,27
Finnland	92,54	92,61	84,89	86,48	89,13
Österreich	83,18	81,67	77,30	78,03	80,05
Schweden	81,80	82,35	66,48	81,56	78,30
Niederlande	73,44	83,94	71,95	83,82	78,29
Vereinigtes Königreich	74,20	65,08	50,25	58,85	62,10

Quelle: Eigene Berechnung, Daten: *Brekke, Holmås und Straume (2008, 2010, 2011a; 2009).*

Während die Preise patentgeschützter Arzneimittel ohne Konkurrenz durch Generika in Irland über den gesamten Betrachtungszeit zu den höchsten des Samples gehören, zählen diese Preise im Vereinigten Königreich in diesem Zeitraum zu den niedrigsten. Die Preise Finnlands liegen kontinuierlich im mittleren Bereich der Preisspannen. Bemerkenswert ist die Preisentwicklung in Belgien. Zunächst zählten die Preise patentgeschützter Arzneimittel ohne Konkurrenz durch Generika hier zu den höchsten des Samples. Am Ende des Betrachtungszeitraums liegen sie im unteren Bereich der Preisspanne. Die Preise patentgeschützter Arzneimittel ohne Konkurrenz durch Generika in Deutschland liegen im oberen Drittel des Samples. Insgesamt reduzierte sich die Preisspanne zwischen den höchsten und niedrigsten Preisen von rund 58 im Jahr 2007 (zwischen Irland und den Niederlanden) auf circa 53 im Jahr 2009 (zwischen Irland und dem Vereinigten Königreich) bzw. rund 41 im Jahr 2010 (zwischen Deutschland und dem Vereinigten Königreich). Zwischenzeitlich hatte es im Jahr 2008 einen kurzen Anstieg auf 68 gegeben (zwischen Irland und dem Vereinigten Königreich).

Tabelle 5.4: Vergleich der Indizes

	Index nach Brekke et al.	**Modellindex**
Histogramm	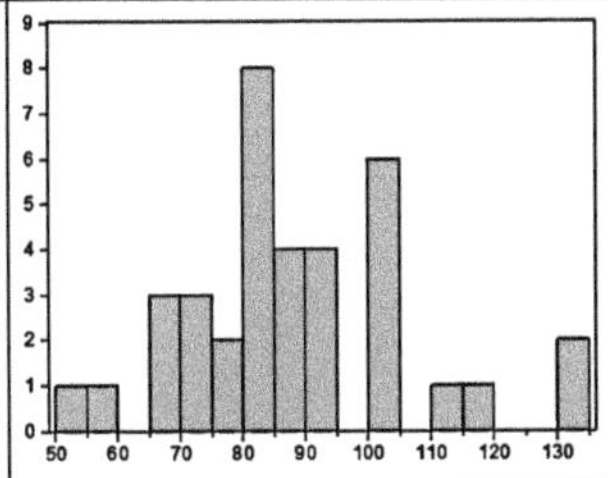	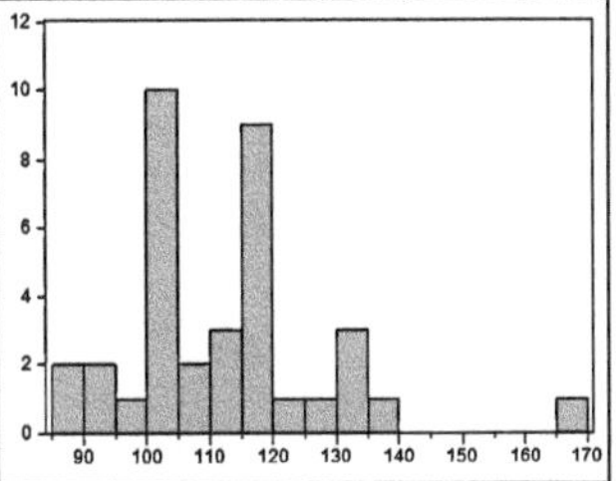
Autokorrelogramm	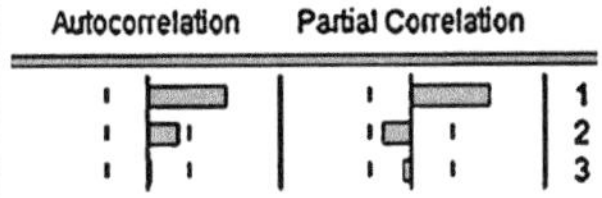	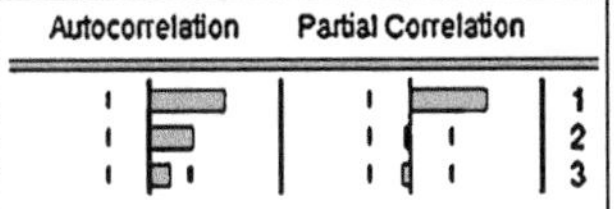
Mittelwert	87,9333	112,1894
Median	85,4800	112,6400
Maximum	132,5800	166,4500
Minimum	50,2500	88,8700
Standardabweichung	17,7858	15,9977
Schiefe	0,5305	1,1018
Wölbung	3,5732	4,8815
Jarque-Bera (p-Wert)	0,3358	0,0018
Jarque-Bera (p-Wert) 1. Differenz	0,0780	0,0000

Quelle: Eigene Darstellung.

Tabelle 5.4 fasst Informationen zu beobachtetem Preisindex und Modellindex zusammen. Es werden neben dem Histogramm Angaben über Mittelwert, Median, Maximum, Minimum, Standardabweichung, Schiefe und Wölbung der Preisindizes gemacht. Entgegen der Erwartung, dass aufgrund des geringen Samples die Voraussetzung der Normalverteilung nach dem zentralen Grenzwertsatz nicht gegeben ist, kann die Normalverteilungsannahme anhand der Jarque-Bera-Teststatistik für den beobachteten Index nicht verworfen werden. Das ebenfalls abgebildete Autokorrelogramm weist auf Autokorrelation erster Ordnung hin, was bei einem Preisindex zu erwarten ist.

Im Gegensatz zum beobachteten Preisindex kann die Normalverteilungsannahme des Modellindex anhand der Jarque-Bera-Teststatistik, wie erwartet, verworfen werden. Auch hier weist das zusätzlich abgebildete Autokorrelogramm auf eine Autokorrelation erster Ordnung hin, was wiederum zu erwarten war.

Wie für den Modellindex selbst kann die Normalverteilungsannahme der ersten Differenz des modellierten Arzneimittelpreisindexes zu jedem gängigen Signifikanzniveau verworfen werden.

Abbildung 5.10: Niveaustreudiagramm

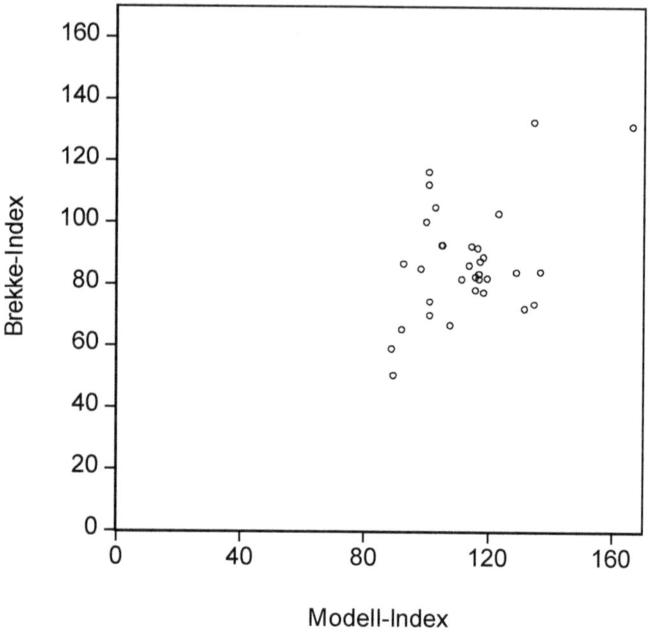

Quelle: Eigene Darstellung.

Der Zusammenhang zwischen dem modellierten und dem von *Brekke, Holmås und Straume (2008, 2010, 2011a; 2009)* gebildeten Arzneimittelpreisindex wird auch in Abbildung 5.10 deutlich, die den Zusammenhang beider Indizes als Streudiagramm zeigt. Der Zusammenhang der beiden ersten Differenzen der Preisindizes wird in Abbildung 5.11 dargestellt. Die Korrelation der Indizes beträgt 0,36 und die Korrelation der ersten Differenzen der Indizes beträgt 0,23.

Abbildung 5.11: Differenzen-Streudiagramm

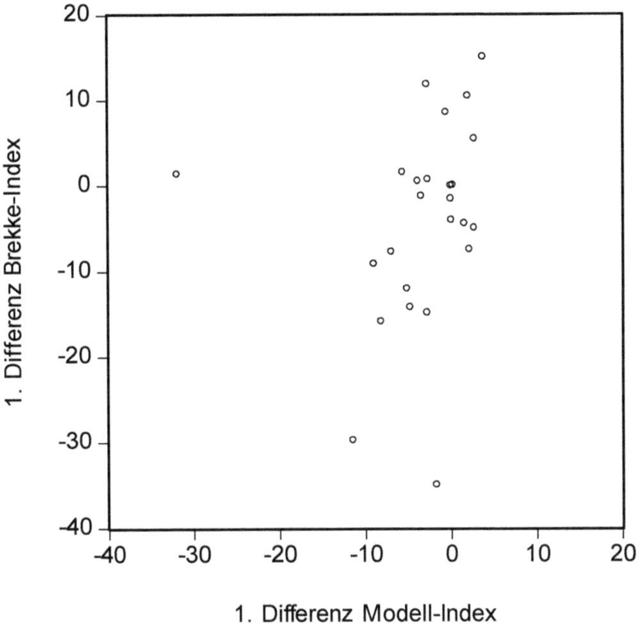

Quelle: Eigene Darstellung.

5.3.2.3 Exemplarische Erklärung europäischer Arzneimittelpreisunterschiede

Im Folgenden werden die Preisindizes der Länder mit den durchschnittlich niedrigsten, den durchschnittlich höchsten und den durchschnittlich mittleren Preise in verschiedenen Jahren und die Ergebnisse der Modellrechnung verglichen. Die betrachteten Arzneimittelpreise Großbritanniens sind die niedrigsten Preise des Samples. Bei der Modellierung des Vereinigten Königreichs als Spaltenspieler im Jahr 2010 mit etwa 61 Millionen Einwohnern und einem Pro-Kopf-Einkommen von weniger als 36.000 KKP-$ steht das Restsample als Zeilenspieler mit etwa 142 Millionen Einwohnern und einem Pro-Kopf-Einkommen von mehr als 38.000 KKP-$ gegenüber. Gegenüber dem Restsample ist das Vereinigte Königreich ein eher kleines Land mit geringerem Pro-Kopf-Einkommen. Entsprechend ist zu erwarten, dass das Vereinigte Königreich erstens eine geringere Subventionshöhe benötigt als das restliche Sample und darüber hinaus einen größeren Spielraum bei der Setzung der Subventionshöhe hat. Die folgende Abbildung 5.12 stellt die Modellergebnisse in Form der optimalen Antwortfunktionen dar.

Abbildung 5.12: Optimale Antwortfunktion des Vereinigten Königreichs (2010)

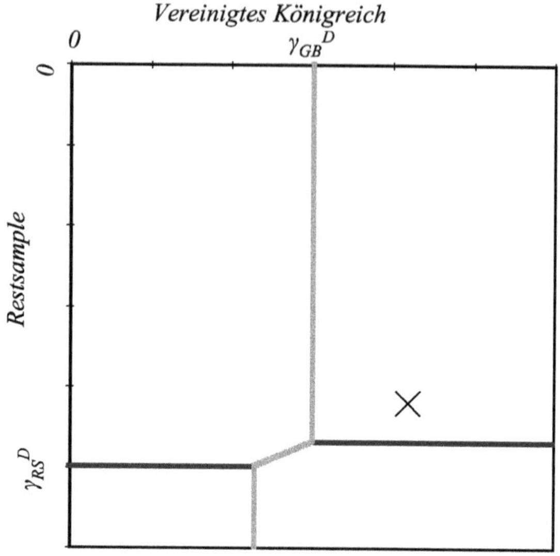

Quelle: Eigene Darstellung.

Die Subventionshöhe zur Sicherstellung der unilateralen Vollversorgung liegt im Vereinigten Königreich etwa bei 60 % dessen, was im Restsample zur Sicherstellung der unilateralen Vollversorgung nötig wäre. Die Höhe der marginalen Subvention beträgt in Großbritannien etwa 49 % der marginalen Subventionshöhe des Restsamples. Der Spielraum zur Subventionssetzung des Vereinigten Königreichs ist etwa 2,3 mal so groß wie der des Restsamples. Eine Subvention bei Sicherstellung eines gleichen Subventionsvolumens oder eines gleichen Wohlfahrtsgewinns ist ebenso ineffizient wie die identische Subvention. Die Modellarzneimittelpreise in Großbritannien betragen zwischen 80 % und 88 % der Arzneimittelpreise des Restsamples.[91] Dagegen liegt der beobachtete Arzneimittelpreis Großbritanniens mit knapp unter 70 % des Restsamplearzneimittelpreises[92] nicht innerhalb dieser

91 Unter bilateraler Vollversorgung wird die Spanne zwischen dem niedrigsten Modellpreis Englands geteilt durch den höchsten Arzneimittelpreis des Restsamples und dem höchsten Arzneimittelpreis Englands geteilt durch den niedrigsten Arzneimittelpreis des Restsamples berechnet. Das entspricht den Endpunkten des Reaktionsbereichs.

92 Der Restsamplearzneimittelpreis wird dabei als arithmetisches Mittel der Arzneimittelpreisindizes des Restsamples berechnet.

Spanne, jedoch ebenso wie im Modell unterhalb des durchschnittlichen Restsamplepreises.

Im Gegensatz zu den Preisen Großbritanniens sind die betrachteten Arzneimittelpreise Irlands im Durchschnitt die höchsten Preise des betrachteten Samples. Bei der Modellierung Irlands als Spaltenspieler im Jahr 2009 mit einer Bevölkerung von 4,5 Millionen und einem Pro-Kopf-Einkommen von über 39.000 KKP-$ ergibt sich das Restsample als Zeilenspieler mit einer Bevölkerung von knapp 198 Millionen und einem durchschnittlichen Pro-Kopf-Einkommen von etwas mehr als 36.000 KKP-$. Damit ist Irland eindeutig das kleinere Land mit einer wohlhabenderen Bevölkerung. Entsprechend der bisherigen Erkenntnisse ist davon auszugehen, dass Irland einen größeren Spielraum bei der Setzung der Subventionshöhen hat. Jedoch ist die nötige Subventionshöhe in Irland zur Sicherstellung einer unilateralen Vollversorgung höher als die des Restsamples. Die optimale Antwortfunktion Irlands ist in der folgenden Abbildung 5.13 wiedergegeben.

Die Subventionshöhe zur Sicherstellung der unilateralen Vollversorgung liegt in Irland etwa bei 197 % dessen, was im Restsample zur Sicherstellung der unilateralen Vollversorgung notwendig wäre. Die marginale Subventionshöhe Irlands beträgt etwa 145 % der Höhe der marginalen Subvention des Restsamples. Der irische Spielraum zur Festsetzung der Subventionshöhe ist 44,6-mal so groß wie der des Restsamples. Die Subventionen zur Sicherstellung des gleichen Subventionsvolumens bzw. des gleichen Wohlfahrtsgewinns sind ebenso ineffizient wie die identische Subvention. Die Modellarzneimittelpreise Irlands betragen zwischen 114 % und 131 % des Restsamples bei bilateraler Vollversorgung. Tatsächlich betrugen die beobachteten irischen Arzneimittelpreise 128 % des Restsamplepreises und liegen damit innerhalb des berechneten Reaktionsbereichs.

Abbildung 5.13: Optimale Antwortfunktion Irlands (2009)

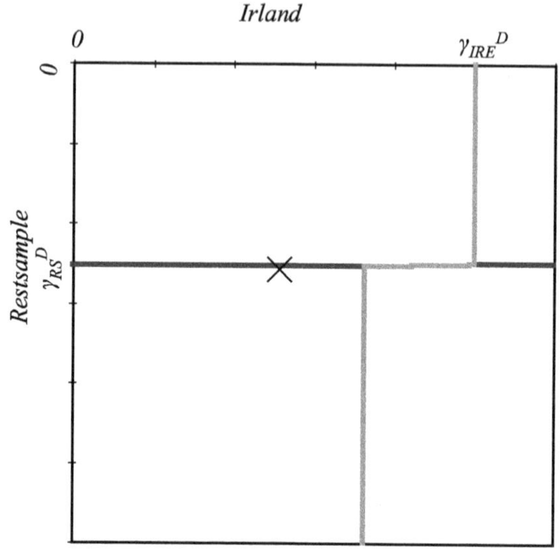

Quelle: Eigene Darstellung.

Finnland weist die mittleren Preise des Samples auf. Bei der Modellierung Finnlands als Spaltenspieler mit 5,3 Millionen Einwohnern im Jahr 2008, die ein durchschnittliches Pro-Kopf-Einkommen von 38.000 KKP-$ pro Jahr zur Verfügung haben, entsteht ein Restsample-Zeilenspieler mit einer Bevölkerung von über 197 Million mit einem Pro-Kopf-Einkommen zwischen 37.000 KKP-$ und 38.000 KKP-$. Damit ist Finnland das deutliche kleinere, jedoch nur unwesentlich wohlhabendere Land. Während die Subventionshöhe zur Sicherstellung der unilateralen Vollversorgung in Finnland nur unwesentlich höher sein sollte als im Restsample, ist von einem wesentlich größeren Spielraum Finnlands zur Setzung der Subventionshöhe gegenüber dem Restsample auszugehen. Abbildung 5.14 illustriert die finnische optimale Antwortstrategie.

Die finnische Subventionshöhe zur Sicherstellung der unilateralen Vollversorgung beträgt etwa 125 % der entsprechenden Subventionshöhe des Restsamples, während die marginale Subventionshöhe Finnlands etwa 92 % der marginalen Subventionshöhe des Restsamples entspricht. Der finnische Spielraum zur Subventionssetzung ist etwa 37-mal so hoch wie der des Restsamples. Eine identische Subvention zur Sicherstellung der bilateralen Vollversorgung ist möglich. Ihre Höhe entspricht etwa 80 % der finnischen Subventionshöhe zur Sicherstellung der unilateralen Vollversorgung. Die Subventionen zur Sicherstellung des gleichen Subventionsvolumens bzw. des gleichen Wohlfahrtsgewinns sind wie in den Beispielen zuvor ineffizient. Die Arzneimittelpreise Finnlands entsprechen im Modell zwischen 97 % und 108 % der Preise des Restsamples. Die beobachteten Arzneimittelpreise liegen mit 99 % der durchschnittlichen Restsamplepreise innerhalb dieser Spanne.

Abbildung 5.14: Optimale Antwortfunktion Finnlands (2008)

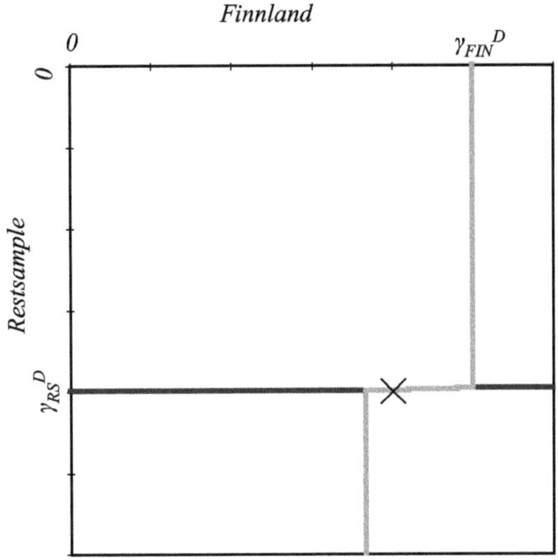

Quelle: Eigene Darstellung.

Bei der Modellierung Deutschlands als Spaltenspieler im Jahr 2007 mit einem Pro-Kopf-Einkommen von etwa 35.600 KKP-$ und einer Bevölkerung von etwa 82 Millionen Einwohnern, steht dem Land das Restsample als Zeilenspieler mit einer Bevölkerung von etwa 120 Millionen und einem Pro-Kopf-Einkommen von mehr als 37.000 KKP-$ gegenüber. Damit ist Deutschland gegenüber dem Restsample ein kleineres Land mit geringerem Pro-Kopf-Einkommen. Folglich sollten Subventionshöhen und Arzneimittelpreise Deutschlands in der Modellbetrachtung unter den Subventionshöhen und Arzneimittelpreisen des Restsamples liegen, obgleich aus Tabelle 5.3 bereits bekannt ist, dass die Arzneimittelpreise in Deutschland zu den höchsten des Samples gehören. Die Subventionshöhe Deutschlands liegt etwa bei 73 % dessen, was im Restsample zur Sicherstellung der unilateralen Vollversorgung nötig wäre. Die Höhe der marginalen Subvention beträgt 65 % der marginalen Subventionshöhe des Restsamples.

Der Spielraum Deutschlands zur Subventionssetzung ist etwa 1,5-mal so groß wie der des Restsamples. Eine identische Subventionshöhe ist ebenso ineffizient wie eine Subvention bei Sicherstellung des gleichen Subventionsvolumens oder des gleichen Wohlfahrtsgewinns. Die Modellarzneimittelpreise in Deutschland liegen zwischen 86 % und 94 % der Arzneimittelpreise des Restsamples. Dagegen liegt der beobachte Arzneimittelpreis mit 107 % des Arzneimittelpreises des Restsamples außerhalb der Modellpreisspanne.

Abbildung 5.15: Optimale Antwortfunktion Deutschlands (2007)

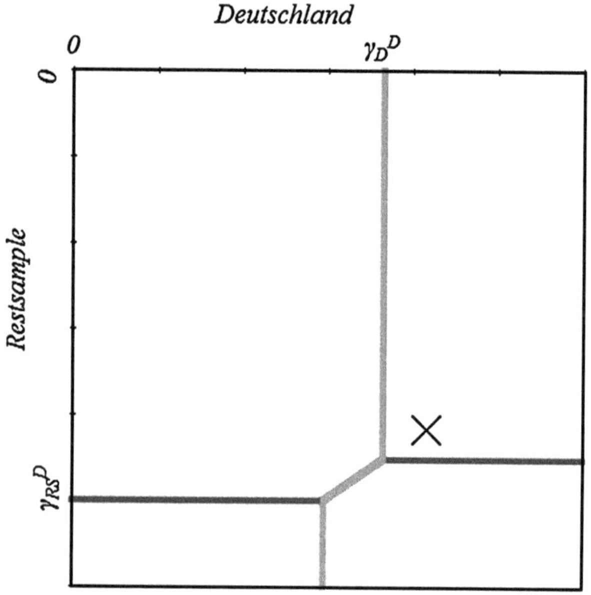

Quelle: Eigene Darstellung.

Über den gesamten Betrachtungszeitraum und alle Länder hinweg liegen 14 % aller beobachteten Preise innerhalb der Preisspanne des Modells. Bei 22 % der beobachteten Preise deutete das Modell korrekt auf tendenziell hohe bzw. niedrige Arzneimittelpreise hin. Allerdings war es mit Hilfe des Modells in 64 % der Fälle nicht möglich, eine Aussage zu treffen oder der beobachtete Preis lag außerhalb der berechneten Preisspanne.

5.3.3 Modelllimitationen und Anknüpfungspunkte für die zukünftige Forschung

Die Ergebnisse des exemplarischen Zusammenhangs zwischen Modellergebnissen und beobachteten Preisunterschieden unterliegen ebenso wie die vorangehenden Ergebnisse den Annahmen I bis V, die bei der Modellbildung getroffen wurden. Zusätzlich unterliegen sie der Annahme, dass der notwendige Einkommensunterschied vorliegt. Anknüpfungspunkte zukünftiger Forschung bieten sich in weiteren und ausführlichen empirischen Untersuchungen. Auch eine Sensitivitätsanalyse der Modelleinkommensgruppenbildung ist möglich. Hierfür ist jedoch zunächst die Schaffung eines entsprechend umfangreichen Datensatzes notwendig.

5.3.4 Handlungsempfehlungen für die Gesundheitspolitik

Wie eingangs bereits angemerkt wurde, korrelieren die Arzneimittelpreise innerhalb Europas mit dem Pro-Kopf-Einkommen. Diese Preisunterschiede gelten als Anzeichen für Ineffizienz, weshalb Parallelimporte und Referenzpreissysteme gefördert werden *(Kanavos et al., 2011; Kifmann & Neelsen, 2010, S. 46 f.; Schröder, 2011)*. Bereits mit (21.1 S2) wurde gezeigt, dass es für große Länder mit einem geringeren Pro-Kopf-Einkommen schwieriger ist, eine Vollversorgung zu gewährleisten als für kleine Länder mit einem hohen Pro-Kopf-Einkommen. Aus (30 S2) ist jedoch bekannt, dass beim Ziel einer bilateralen Vollversorgung die notwendigen Subventionshöhen im Land mit steigender Subventionshöhe des Auslands zurückgehen. Damit können Länder mit einem geringeren Pro-Kopf-Einkommen bei der Bereitstellung einer Vollversorgung durch gesteigerte Subventionshöhen in anderen Ländern unterstützt werden.

Preisunterschiede patentgeschützter Arzneimittel innerhalb der Europäischen Union sind notwendig, um eine effiziente Versorgung mit innovativen Arzneimitteln zu gewährleisten. Referenzpreissysteme, die diese effizienten Preisunterschiede nicht berücksichtigen, können keine effiziente Versorgung der Bürger mit innovativen Arzneimitteln ermöglichen. Mit den durch Referenzpreise intendierten, jedoch ineffizienten Preissenkungen sinkt nicht nur die Versorgungseffizienz, sondern durch reduzierte Gewinnanreize langfristig auch die Qualität innovativer Arzneimittel, wie bereits im Abschnitt zur Bürgerversicherung dargelegt wurde. Auf die weitere Nutzung von Referenzpreisen sollte daher verzichtet werden. Stattdessen lassen sich die Preise innovativer Arzneimitte auch über eine Harmonisierung der Regulierungen in den Gesundheitssystemen Europas erreichen, sofern einheitliche Arzneimittelpreise das Ziel der Gesundheitspolitik sein sollen.

6 Schlussbetrachtung

In der vorliegenden Arbeit wurden staatliche Anreize als Determinanten der Arzneimittelqualität analysiert. Ausgangspunkt waren dabei einerseits grundlegende Überlegungen zur Bedeutung der pharmazeutischen Innovation und des Forschungs- und Entwicklungsprozesses von Arzneimitteln. Andererseits fanden sich ändernden Rahmenbedingungen der Sozialgesetzgebung Deutschlands und unterschiedliche internationale Regulierungen des Arzneimittelmarktes Berücksichtigung. Aus diesen Betrachtungen ergaben sich Anforderungen an eine Modellierung des Zusammenhangs zwischen staatlichen Anreizen und der Qualität künftiger innovativer Arzneimittel. Anschließend wurden bestehende Ansätze zur Analyse des Zusammenhangs übernommen und ausgebaut, bevor der Einfluss staatlicher Anreize auf die Outcomes der pharmazeutischen Forschung untersucht wurde. Im Zentrum der Untersuchung standen die folgenden Fragestellungen:

1. Sind die gängigen staatlichen Innovationsanreize geeignet, die Qualität künftiger Arzneimittel zu steigern?
   1.1. Unterscheiden sich die staatlichen Innovationsanreize in ihrer Wirkung auf die Arzneimittelqualität, d. h., sind die einzelnen Anreize anderen bezüglich der zu erwartenden Arzneimittelqualität überlegen?
   1.2. Beinhaltet der ODA oder die VO (EG) Nr. 141/2000 die stärkeren Anreize zur Arzneimittelqualitätssteigerung?
2. Hat die Aufteilung der Gesundheitsausgaben auf verschiedene Kostenträger Einfluss auf die Qualität der Arzneimittel?
   2.1. Wie wirkt das zweigliedrige deutsche Gesundheitssystem auf die Arzneimittelqualität?
   2.2. Welche Änderungen der Arzneimittelqualität sind durch die Neuerungen des AMNOG zu erwarten?
   2.3. Welche Änderung der Arzneimittelqualität ist durch eine Bürgerversicherung zu erwarten?
3. Gilt die Fortschrittsreduktions-These *Cutlers und McClellans* für die Nutzung europäischer Referenzpreise?
   3.1. Stellen die aktuellen Preisunterschiede innovativer Arzneimittel innerhalb der europäischen Staaten eine effiziente Methode dar, die Versorgung mit innovativen Arzneimitteln zu gewährleisten?
   3.2. Sind Referenzpreissysteme eine effiziente Methode, die Versorgung mit innovativen Arzneimitteln innerhalb Europas zu gewährleisten?

Ausgehend von der Bedeutung des medizinisch-technischen Fortschritts für die Gesellschaft, die sich in steigender Lebenserwartung der Bürger und größerem Produktionspotential der Volkswirtschaft zeigt, wurde insbesondere die Bedeutung des pharmazeutischen Fortschritts beleuchtet. Des Weiteren wurden wesentliche Determinanten des Erfolgs pharmazeutischer Forschung wie der Schutz von Eigentumsrechten, Marktgröße und Diversifikation der pharmazeutischen Unternehmen herausgearbeitet. In diesem Zusammenhang wurde auch auf die unzureichende Marktgröße bei den sogenannten seltenen Leiden und den vernachlässigten Leiden sowie die resultierenden Gesetzgebungen eingegangen.

Vor dem Hintergrund der Forschungsfrage zum Einfluss staatlicher Anreize wurden anschließend wesentliche Aspekte der Sozialgesetzgebung für den Arzneimittelmarkt betrachtet. Hierbei zeigte sich zunächst die Bedeutung der Arzneimittelausgaben in Höhe von 42,2 Mrd. € bzw. über 17 % der Ausgaben der Gesetzlichen Krankenversicherung. Die gesetzlichen Krankenkassen sind mit ihren einkommensabhängigen Beiträgen der größte Träger der Arzneimittelausgaben (68 %).Während die privaten Krankenversicherungen, deren Beiträge sich an dem versicherungstechnischen Äquivalenzprinzip orientieren, einen geringeren Anteil der Arzneimittelausgaben aufweisen (12 %), übersteigen ihre Arzneimittelausgaben pro Kopf jedoch die der gesetzlichen Krankenkassen. Die Bürgerversicherung wurde in Anbetracht der sich abzeichnenden Finanzierungsprobleme der gesetzlichen Krankenkassen sowie der politischen Diskussion als Reformoption hervorgehoben. In einem Überblick über die Arzneimittelpreisbildung wurde der Herstellerpreis als wesentlicher Faktor des Arzneimittelpreises identifiziert. Mit den Änderungen des AMNOG tritt neben den Herstellerpreis die Verhandlungsmacht der Krankenkassen und Versicherungen als wesentliche Determinante des Arzneimittelpreises. Dabei haben die gesetzlichen Krankenkassen bei den, an die gemeinsamen Verhandlungen anschließenden, möglichen individuellen Rabattverhandlungen eine größere Verhandlungsmacht als die privaten Krankenkassen. In einem internationalen Vergleich zeigt sich, dass die Aufteilung des Arzneimittelpreises auf direkte Zahlungen der Bürger sowie indirekte Zahlungen inklusive einer Subventionierung einkommensschwächerer Bevölkerungsgruppen über das Gesundheitssystem bzw. den Staatshaushalt kein deutsches Spezifikum ist. Darüber hinaus haben internationale, insbesondere europäische Referenzpreissysteme erheblichen Einfluss auf den Arzneimittelpreis.

Nach der Klarstellung konzeptioneller Anforderungen mit den vorausgehenden Betrachtungen, konnten Überlegungen zur Güterqualität in Angebotsmonopolen ohne Möglichkeit der Preisdiskriminierung mit Subventionsmöglichkeit als Ansatz zur Beantwortung der Forschungsfragen aus der Literatur identifiziert werden. Die vorliegende Arbeit erweiterte diesen Ansatz um weitere Anreize wie eine Erstattung von Forschungs- und Entwicklungskosten sowie Zulassungskosten und eine Zulassungskostenerstattung. Darüber hinaus ergänzte die Arbeit eine auf Preisdiskriminierung und Subventionsmöglichkeiten aufbauende spieltheoretische Betrachtung um die Analyse unterschiedlich großer und einkommensstarker Staaten, hierbei wurde die Anreizwahl unterschiedlicher Staaten durch Rückwärtsinduktion als Teilspiel fokussiert.

6.1 Zusammenfassung der Ergebnisse

Es wurde zunächst ermittelt, dass die Qualität innovativer Arzneimittel tendenziell höher ist, wenn es keine staatlichen Maßnahmen zur Sicherstellung einer Vollversorgung aller Bürger mit dem Arzneimittel gibt; sei es, weil eine Vollversorgung nicht notwendig ist oder sie trotz ihrer Notwendigkeit nicht erfolgt. Darüber hinaus führt die Nutzung von Zulassungskosten zu einer Arzneimittelmindestqualität oberhalb des angenommenen Reservationsnutzens der Konsumenten. Sowohl eine Zulassungskostenerstattung als auch eine Arzneimittelkonsumsubvention senken die durch Zulassungskosten implizierte Mindestqualität. Weder eine Zulassungskostenerstattung noch eine Arzneimittelkonsumsubvention sind geeignet, die Arzneimittelqualität zu beeinflussen, sofern die zu erwartende Arzneimittelqualität oberhalb der implizierten Mindestqualität liegt und mit der Einführung kein Wechsel von Teil- zu Vollversorgung verbunden ist. Einzig ein Forschungs- und Entwicklungskostenzuschuss ist unter bestimmten Voraussetzungen geeignet, die Qualität innovativer Arzneimittel zu steigern.

Mit Hilfe der zwei-Länder-Modellierung wurde zunächst gezeigt, dass bei der Einführung einer Bürgerversicherung die Unterstützung der Bezieher niedriger Einkommen bei der Arzneimittelvollversorgung bereits bei geringeren Einkommensunterschieden notwendig ist als beim derzeitigen zweigliedrigen deutschen Gesundheitssystem aus GKV und PKV. Da eine Unterstützung von Beziehern niedriger Einkommen bereits über die solidarische Finanzierung der GKV erfolgt, ist auch bei einer Bürgerversicherung von einer Subventionierung der Bezieher niedriger Einkommen auszugehen. Es konnte weiter gezeigt werden, dass die nötige Subventionshöhe der Bürgerversicherung zur Arzneimittelvollversorgung über der minimalen Subventionshöhe bei der Gesetzlichen Krankenversicherung liegt. Damit ist von einer Zunahme der Umverteilung innerhalb des Gesundheitssystems auszugehen, falls ein Wechsel vom derzeitigen System auf die Bürgerversicherung erfolgt. Bezogen auf den Preis innovativer Arzneimittel zeigte sich, dass dieser für Versicherte der bisherigen privaten Krankenversicherungen bei dem Wechsel auf die Bürgerversicherungen sinkt. Dagegen nehmen die Preise für die bisher gesetzlich Versicherten bei einem Wechsel zur Bürgerversicherung infolge der höheren Umverteilung zu, ohne dass dabei die direkten Zahlungen der Versicherten steigen müssen. Darüber hinaus ist mit dem Übergang zur Bürgerversicherung ein geringerer Anreiz zur Entwicklung innovativer Arzneimittel hoher Qualität verbunden. Mit steigenden Arzneimittelpreisen bei geringerer Arzneimittelqualität ist mit einem Wohlfahrtsverlust der gesetzlich Versicherten zu rechnen, während für die privat Versicherten trotz geringerer Arzneimittelqualität aufgrund deren sinkenden Arzneimittelpreises ein Wohlfahrtsgewinn möglich ist. Ein gesamtwirtschaftlicher Wohlfahrtsgewinn ist nur möglich, falls der Wohlfahrtsgewinn der privat Versicherten den Wohlfahrtsverlust der gesetzlich Versicherten übersteigt. In dieser Hinsicht ist das derzeitige Gesundheitssystem als pareto-superior zu bezeichnen.

Was die Änderungen des AMNOG betrifft, so sind grundsätzlich die gleichen Wirkungen wie bei Einführung der Bürgerversicherung anzunehmen. Allerdings können die im Anschluss an die gemeinsamen Preisverhandlungen möglichen individuellen Rabattverhandlungen zwischen den einzelnen Krankenkassen bzw. Krankenversicherungen und den pharmazeutischen Herstellern die genannten Effekte abmildern. Das gelingt allerdings nur, wenn die Verhandlungsmacht der privaten Krankenversicherungen wie bisher hinter der Verhandlungsmacht der gesetzlichen Krankenkassen zurückbleibt und die bestehende Preisdiskriminierung auf diese Weise erhalten bleibt.

In einer Sensitivitätsanalyse des zwei-Länder-Modells wurde gezeigt, dass sowohl die notwendige Subventionshöhe zur Sicherstellung der Arzneimittelvollversorgung wie auch der Spielraum von Staaten, die Subventionshöhe festzulegen, mit zunehmender Bevölkerungszahl sinkt. Dagegen steigt die notwendige Subventionshöhe mit steigender Arzneimittelqualität.

Es konnte weiter gezeigt werden, dass unterschiedliche Bevölkerungsstrukturen über daraus abgeleitete verschiedene Methoden, die Vollversorgung der Bürger sicherzustellen, zu über die Länder differenzierten effizienten Arzneimittelpreisen führen. Ein System europäischer Referenzpreise, das zu einer Arzneimittelpreisangleichung zwischen den Ländern führt, gefährdet diesen Effekt und senkt tendenziell die Qualität innovativer Arzneimittel.

Die zwei-Länder-Modellierung sowie statistische Daten zu Pro-Kopf-Einkommen, Bevölkerungsdaten und Gini-Koeffizient wurden zusammen mit Daten über die Preise patentgeschützter Arzneimittel genutzt, um eine anekdotische Evidenz der Modellergebnisse anhand der Preisunterschiede ausgewählter Länder darzustellen. Die aus den Modellergebnissen gewonnen Arzneimittelpreisindizes korrelieren mit aus der Literatur bekannten Preisindizes.

6.2 Zusammenfassung der gesundheitspolitischen Handlungsempfehlungen

Bezüglich der Anreize in der EG-Verordnung zu Arzneimitteln für seltene Leiden und im ODA konnte gezeigt werden, dass ein Forschungs- und Entwicklungskostenzuschuss anderen Anreizen zur Steigerung der Arzneimittelqualität überlegen ist. Insofern besteht eine gesundheitspolitische Handlungsempfehlung darin, die EG- Verordnung zu Arzneimitteln für seltene Leiden entsprechend zu überarbeiten. Darüber hinaus besteht aufgrund der zirkulär vernetzten Strukturen der Arzneimittelforschung die Option, Forschungskooperationen zwischen Universitäten bzw. weiteren staatlichen Forschungseinrichtungen und der pharmazeutischen Industrie zu fördern, da von solchen Kooperationen eine ähnliche Wirkung ausgeht wie von einer Forschungs- und Entwicklungskostenbezuschussung.

Das derzeitige zweigliedrige Krankenversicherungssystem in Deutschland ist hinsichtlich der Versorgung mit innovativen Arzneimitteln pareto-superior, sodass von der Einführung einer Bürgerversicherung abzuraten ist. Die Einführung einer Bürgerversicherung ist insbesondere vor dem Hintergrund abzulehnen, dass in der Folge mit einer Senkung der Qualität innovativer Arzneimittel zu rechnen ist und eine Wohlfahrtssteigerung ausschließlich zugunsten der privat Versicherten bzw. zulasten der gesetzlich Versicherten erfolgen kann. Im Sinne der Qualität zukünftiger Arzneimittel ist zu empfehlen, die Preisverhandlungen zwischen den einzelnen Krankenkassen bzw. Krankenversicherungen und den Arzneimittelherstellern zu fördern, um die Preisdiskriminierung zwischen gesetzlich und privat Versicherten bei innovativen Arzneimitteln aufrechtzuerhalten.

Es wurde gezeigt, dass unterschiedliche Bevölkerungsstrukturen landesspezifische Arzneimittelpreisregulierungen und so mittelbar unterschiedliche Arzneimittelpreise begründen. Daraus resultieren unterschiedliche, jedoch effiziente Arzneimittelpreise in den einzelnen Ländern. Referenzpreissysteme oder andere Regulierungen, die einheitliche europäische Arzneimittelpreise zum Ziel haben, führen zu einer ineffizienten Versorgung mit innovativen Arzneimitteln und sind daher abzulehnen.

6.3 Zusammenfassung der Studienlimitationen

Sämtliche Ergebnisse unterliegen den Annahmen, dass Individuen einen abnehmenden Grenznutzen ihrer Gesundheitsausgaben aufweisen, dass eine Qualitätsdiskriminierung des Herstellers ausgeschlossen ist, dass Forschungs- und Entwicklungskosten die wesentlichen Kosten der Herstellung innovativer Arzneimittel darstellen und nur für den Fall der Arzneimittelmarkteinführung einbringlich sind, dass zwischen traditionellen pharmazeutischen Unternehmen und Biotechnologieunternehmen kein Unterschied hinsichtlich der Forschungseffizienz besteht, dass die Arzneimittelforschung einen abnehmenden Grenzertrag aufweist, dass Hersteller innovativer Arzneimittel eine Monopolstellung erlangen und dass der Arzneimittelpreis aus einer direkten Zahlung der Versicherten sowie einer Subventionierung von Beziehern niedriger Einkommen besteht.

Aufgrund der Umverteilung innerhalb der GKV, d. h. der solidarischen Finanzierung, wurden die modellendogenen Grenzen des minimalen und des maximalen Einkommensunterschieds für die Analyse des Bürgerversicherungseinflusses auf die Arzneimittelqualität angenommen. Zum anderen wurde der Einfluss weiterer Länder auf die Arzneimittelqualität ausgeblendet und angenommen, dass keine wesentliche Preisdiskriminierung zwischen den einzelnen gesetzlichen Krankenkassen vorliegt. Die Analyse der Wirkung der AMNOG-Änderungen unterliegt den gleichen Restriktionen. Auch die Analyse zu europäischen Preisunterschieden innovativer Arzneimittel unterliegt den zuvor genannten Einschränkungen mit den Abwandlungen, dass der minimale und der maximale Einkommensunterschied in allen betrachteten Staaten gegeben und inländische Preisdiskriminierungen gegenüber den Arzneimittelpreisunterschieden über die Länder unerheblich sind.

6.4 Ansatzpunkte für die zukünftige Forschung

Ansatzpunkte für die zukünftige Forschung bieten sich im Bereich der Qualitätswirkung unterschiedlicher staatlicher Anreize. Hier kann einerseits anhand der Arzneimittel, die ihren Status als Arzneimittel für seltene Leiden verloren haben, die theoretische Aussage des Modells überprüft werden, dass die europäische Verordnung zu Arzneimitteln für seltene Leiden wenig geeignet ist, Anreize zur Erforschung und Entwicklung qualitativ hochwertiger Arzneimittel für seltene Leiden zu fördern. Dazu kann konkret untersucht werden, ob das Anwendungsgebiet der genannten Arzneimittel über den Förderzeitraum erheblich ausgeweitet wurde. Andererseits kann das Ergebnis theoretisch näher untersucht werden. Hierzu kann anhand einer weitergehenden spieltheoretischen Betrachtung analysiert werden, ob die europäische Richtlinie zu Arzneimitteln für seltene Leiden tatsächlich wenig geeignet ist, qualitativ hochwertige innovative Arzneimittel für seltene Leiden zu fördern, oder eine effiziente Strategie der EG bzw. der EU auf den bereits vorliegenden ODA der USA darstellt.

Die für die Bürgerversicherungseinführung und das AMNOG abgeleiteten theoretischen Implikationen für die Arzneimittelqualität können sowohl einer

Quantifizierung als auch einer empirischen Überprüfung zugeführt werden. Hierfür ist es jedoch notwendig, einen weiteren Staatenspieler in die Betrachtung aufzunehmen. Grundsätzlich ist auch eine ausführliche empirische Untersuchung europäischer Arzneimittelpreisunterschiede denkbar. Hierfür bedarf es jedoch zunächst der Schaffung eines adäquaten Datensatzes.

Literaturverzeichnis

Acemoğlu, D., & Linn, J. (2004). Market size in innovation : theory and evidence from the pharmaceutical industry. *The Quarterly Journal of Economics*, *119*(3), 1049–1090.

Acharyya, R. (1998). Monopoly and product quality oligopoly : separating or pooling menu? *Economics Letters*, *61*(2), 187–194.

Acharyya, R. (2005). Quality discrimination among income constrained consumers. *Economics Letters*, *86*(2), 245–251.

Acharyya, R., & García-Alonso, M. del C. (2008). Parallel imports, innovations and national welfare : the role of the sizes of income classes and national markets for health care. *The Singapore Economic Review : Journal of the Economic Society of Singapore and the Department of Economics, National University of Singapore*, *53*(1), 57–79.

Acharyya, R., & García-Alonso, M. del C. (2009). *Health systems, inequality and incentives to innovate*. Canterbury: Univ. of Kent, Dep. of Economics.

Acharyya, R., & García-Alonso, M. del C. (2010). *Income based price subsidies and parallel imports* (October 15, 2010.). Canterbury: Univ. of Kent, School of Economics.

Acharyya, R., & García-Alonso, M. del C. (2012a). Income based price subsidies and parallel imports. *International Review of Economics & Finance : IREF*, *22*(1), 25–41.

Acharyya, R., & García-Alonso, M. del C. (2012b). Parallel imports, drugs innovation and international patent protection : a policy game. *The Journal of International Trade & Economic Development*, *21*(6), 865–894. http://doi.org/10.1080/09638199.2010.541273

Acharyya, R., & García-Alonso M. del C. (2014). Universal Access, parallel trade and incentives to innovate. Bulletin of Economic Research, 66(S1), S74–S91.

Akkoyunlu, S., Lichtenberg, F. R., Siliverstovs, B., & Zweifel, P. (2009). *Spurious correlation in estimation of the health production function: a note*. Zürich: Univ., Sozialökonomisches Inst.

Allanson, P., Gerdtham, U.-G., & Petrie, D. (2010). Longitudinal analysis of income-related health inequality. *Journal of Health Economics*, *29*(1), 78–86.

Anton, S. F., & Revicki, D. A. (1995). The Use of Decision Analysis in the Pharmacoeconomic Evaluation of an Antidepressant: A Cost-Effectiveness Analysis of Nefazadone. *Psychopharmacology Bulletin*, *31*, 249–258.

Ausschuss für Gesundheitsökonomie im Verein für Socialpolitik, & Deutsche Gesellschaft für Gesundheitsökonomie. (2009, April 16). Gemeinsame Stellungnahme des Ausschusses für Gesundheitsökonomie im Verein für Socialpolitik vertreten durch den Vorsitzenden und der Deutschen Gesellschaft für Gesundheitsökonomie vertreten durch den erweiterten Vorstand zum IQWiG Entwurf einer Methodik für die Bewertung von Verhältnissen zwischen Nutzen und Kosten im System der deutschen gesetzlichen Krankenversicherung, Version 2.0. Retrieved from http://file.dggoe.de/Stelllungnahme_IQWIG_Entwurf_einer_Methodik_fuer_die_Bewertung_von_Verhaeltnissen_zwischen_Nutzen_und_Kosten_im_System%20der_deutschen_gesetzlichen_Krankenversicherung.pdf

Baicker, K., & Chandra, A. (2004). Medicare Spending, The Physician Workforce, And Beneficiaries' Quality Of Care. *Health Affairs*, w4–w185 – w4–w197. http://doi.org/10.1377/hlthaff.w4.184

Baker, L. C., & Krueger, A. B. (1995). Medical costs in workers' compensation insurance. *Journal of Health Economics*, *14*(5), 531–549. http://doi.org/10.1016/0167-6296(95)00020-8

Bardey, D., Bommier, A., & Jullien, B. (2010). Retail price regulation and innovation : reference pricing in the pharmaceutical industry. *Journal of Health Economics*, *29*(2), 303–316.

Bate, R., Jin, G. Z., & Mathur, A. (2011). Does price reveal poor-quality drugs? : evidence from 17 countries. *Journal of Health Economics*, *30*(6), 1151–1163.

Bausch, J. (2000). Arzneimittelinnovationen im Spannungsfeld zwischen Versorgung und Budgetierung. In J. Klauber, H. Schröder, & G. W. Selke (Eds.), *Innovationen im Arzneimittelmarkt* (pp. 131–144). Berlin [u.a.]: Springer.

Berndt, E. R., & Aitken, M. L. (2011). Brand loyalty, generic entry and price competition in pharmaceuticals in the quarter century after the 1984 Waxman-Hatch legislation. *International Journal of the Economics of Business*, *18*(2), 177–201.

Berndt, E. R., Bir, A., Busch, S. H., Frank, R. G., & Normand, S.-L. T. (2000). *The Medical Treatment of Depression, 1991–1996: Productive Inefficiency, Expected Outcome Variations, and Price Indexes* (Working Paper No. 7816). National Bureau of Economic Research. Retrieved from http://www.nber.org/papers/w7816

Berndt, E. R., Bir, A., Busch, S. H., Frank, R. G., & Normand, S.-L. T. (2002). The medical treatment of depression, 1991–1996: productive inefficiency, expected outcome variations, and price indexes. *Journal of Health Economics*, *21*(3), 373–396. http://doi.org/10.1016/S0167-6296(01)00132-1

Berndt, E. R., Blalock, N., & Cockburn, I. M. (2011). Diffusion of new drugs in the Post-TRIPS era. *International Journal of the Economics of Business*, *18*(2), 203–224.

Berndt, E. R., Busch, S. H., & Frank, R. G. (2001). Treatment price indexes for acute phase major depression. In D. M. Cutler & E. R. Berndt (Eds.), *Medical care output and productivity* (pp. 463–505).

Besanko, D., Donnenfeld, S., & White, L. J. (1987). Monopoly and Quality Distortion: Effects and Remedies. *The Quarterly Journal of Economics, 102*(4), 743–767. http://doi.org/10.2307/1884279

BfArM. (2011). Das BfArM. Retrieved August 25, 2011, from http://www.bfarm.de/DE/BfArM/BfArM-node.html

BMG (Ed.). (2012a). Daten des Gesundheitswesens 2012. Druck- und Verlagshaus Zarbock GmbH & Co. KG. Retrieved from http://www.bmg.bund.de/fileadmin/dateien/Publikationen/Gesundheit/Broschueren/Daten_des_Gesundheitswesens_2012.pdf

BMG. (2012b). Infografiken zum AMNOG. Retrieved from http://www.bmg.bund.de/service/medien.html?tx_bmgmedia_pi1[content]=7570&tx_bmgmedia_pi1[controller]=Page&cHash=9a1ca1d89c7cf63993d23064497b161a

BMG. (2013). Gesetzliche Krankenversicherung - Kennzahlen und Faustformeln -. Retrieved from http://www.bmg.bund.de/fileadmin/dateien/Downloads/Statistiken/GKV/Kennzahlen_Daten/KF2013Bund_Juli_2013.pdf

Brekke, K. R., Grasdal, A. L., & Holmås, T. H. (2009). Regulation and pricing of pharmaceuticals : reference pricing or price cap regulation? *European Economic Review : EER, 53*(2), 170–185.

Brekke, K. R., Holmås, T. H., & Straume, O. R. (2008). *Are pharmaceuticals inexpensive in Norway?* (No. 05/08). Bergen. Retrieved from http://www.regjeringen.no/upload/HOD/Dokumenter%20LMS/Endelig%20rapport%20SNF%20engelsk.pdf

Brekke, K. R., Holmås, T. H., & Straume, O. R. (2009). *Er legemidler fremdeles billig i Norge?*(No. 06/09). Bergen.

Brekke, K. R., Holmås, T. H., & Straume, O. R. (2010). *Are Pharmaceuticals Still Inexpensive in Norway?* (No. 08/10). Bergen. Retrieved from http://www.nhh.no/Files/Filer/institutter/sam/cv/papers/Report08-10.pdf

Brekke, K. R., Holmås, T. H., & Straume, O. R. (2011a). *Comparing Pharmaceutical Prices in Europe* (No. 11/11). Bergen. Retrieved from http://www.nhh.no/Files/Filer/institutter/sam/cv/papers/Report2011-final.pdf

Brekke, K. R., Holmås, T. H., & Straume, O. R. (2011b). Reference pricing, competition, and pharmaceutical expenditures : theory and evidence from a natural experiment. *Journal of Public Economics, 95*(7), 624–638.

Brekke, K. R., Königbauer, I., & Straume, O. R. (2007). Reference pricing of pharmaceuticals. *Journal of Health Economics, 26*(3), 613–642.

Breyer, F., Beck, K., Cassel, D., Ernst, C., Felder, S., Greiner, W., … Wille, E. (2008). Gemeinsame Erklärung. Retrieved from http://www.uni-bielefeld.de/gesundhw/ag5/aktuelles/IQWiG-Stellungnahme-Ausschuss.pdf

Breyer, F., Zweifel, P., & Kifmann, M. (2005). *Gesundheitsökonomik* (5., überarb. Aufl.). Berlin [u.a.]: Springer.

Bui, T. M. V., & Stolpe, M. (2007). *The impact of new drug launches on the loss of labor from disease and injury: evidence from German panel data*. Kiel: Kiel Inst. for the World Economy.

Bui, T. M. V., & Stolpe, M. (2010). The impact of new drug launches on the loss of labor from disease and injury : evidence from German panel data. *International Journal of Health Care Finance and Economics, 10*(4), 315–346.

Bündnis 90/Die Grünen. (2013). Zeit für den grünen Wandel. KOMPAKTMEDIEN. Retrieved from http://www.bundestagswahl-bw.de/wahlprogramm_die_gruenen.html

Busse, R., & Riesberg, A. (2005). *Gesundheitssysteme im Wandel: Deutschland*. Kopenhagen: WHO Regionalbüro für Europa im Auftrag des Europäischen Observatoriums für Gesundheitssysteme und Gesundheitspolitik. Retrieved from http://www.euro.who.int/__data/assets/pdf_file/0019/108460/E85472G.pdf

Cansier, D. (2004). *Finanzwissenschaftliche Steuerlehre: mit 14 Tabellen*. Stuttgart: Lucius und Lucius.

Carpenter, D. P., Moffitt, S. I., Moore, C. D., Rynbrandt, R. T., & Ting, M. M. (2010). Early entrant protection in approval regulation : theory and evidence from FDA drug review. *The Journal of Law, Economics, & Organization, 26*(3), 515–545.

CDU. (2013). Gemeinsam erfolgreich für Deutschland.

Chen, J., & Rizzo, J. A. (2012). Pricing dynamics and product quality : the case of antidepressant drugs. *Empirical Economics : A Journal of the Institute for Advanced Studies, Vienna, Austria, 42*(1), 279–300.

Chen, Y., & Sappington, D. E. M. (2011). Exclusive contracts, innovation, and welfare. *American Economic Journal, 3*(2), 194–220.

Cockburn, I. M. (2004). The Changing Structure Of The Pharmaceutical Industry. *Health Affairs, 23*(1), 10–22. http://doi.org/10.1377/hlthaff.23.1.10

Cockburn, I. M. (2006). Is the Pharmaceutical in a Productivity Crisis? *Innovation Policy and the Economy, 7*, 1–32.

Cockburn, I. M., & Anis, A. H. (2001). Hedonic analysis of arthritis drugs. In D. M. Cutler & E. R. Berndt (Eds.), *Medical care output and productivity* (pp. 439–458). Chicago und London: The University of Chicago Press.

Cockburn, I. M., & Henderson, R. M. (2001). Scale and scope in drug development: unpacking the advantages of size in pharmaceutical research. *Journal of Health Economics, 20*(6), 1033–1057. http://doi.org/10.1016/S0167-6296(01)00108-4

Cockburn, I. M., Henderson, R., & Stern, S. (1999). *The Diffusion of Science-Driven Drug Discovery: Organizational Change in Pharmaceutical Research* (Working Paper No. 7359). National Bureau of Economic Research. Retrieved from http://www.nber.org/papers/w7359

Cooper, R. A. (2009). States With More Health Care Spending Have Better-Quality Health Care: Lessons About Medicare. *Health Affairs, 28*(1), w103–w115. http://doi.org/10.1377/hlthaff.28.1.w103

Cooper, R., & Ross, T. W. (1985). Monopoly provision of product quality with uninformed buyers. *International Journal of Industrial Organization, 3*(4), 439–449. http://doi.org/10.1016/0167-7187(85)90034-7

Cooper, R. W. (1984). On allocative distortions in problems of self-selection. *The Rand Journal of Economics, 15*(4), 568–577.

Crompton, H. (2007). Mode 2 Knowledge production: evidence from orphan drug networks. *Science and Public Policy, 34*(3), 199–211.

Cutler, D. M. (2006). Making Sense Of Medical Technology. *Health Affairs, 25*(2), w48–w50. http://doi.org/10.1377/hlthaff.25.w48

Cutler, D. M., & McClellan, M. (2001a). Is Technological Cahnge In Medicine Worth It? *Health Affairs, 20*(5), 11–29.

Cutler, D. M., & McClellan, M. (2001b). Productivity Change in Health Care. *The American Economic Review, 91*(2), 281–286. http://doi.org/10.1257/aer.91.2.281

Cutler, D. M., & McClellan, M. (2001c). The Productivity of Cancer Care (Mimeo).

Cutler, D. M., McClellan, M. B., Newhouse, J. P., & Remler, D. K. W. (2001). Pricing heart attack treatments. In D. M. Cutler & E. R. Berndt (Eds.), *Medical care output and productivity* (pp. 305–347). Chicago und London: The University of Chicago Press.

Cutler, D. M., McClellan, M., Newhouse, J. P., & Remler, D. (1998). Are Medical Prices Declining? Evidence from Heart Attack Treatments. *The Quarterly Journal of Economics, 113*(4), 991–1024. http://doi.org/10.1162/003355398555801

Cutler, D. M., & Meara, E. (2000). The technology of birth : is it worth it? *Frontiers in Health Policy Research, 3*(3), 33–67.

Danzon, P. M. (1997). Price discrimination for pharmaceuticals : welfare effects in the US and the EU. *International Journal of the Economics of Business, 4*(3), 301–321.

Danzon, P. M., Nicholson, S., & Pereira, N. S. (2003). *Productivity in Pharmaceutical Biotechnology R&D: The Role of Experience and Alliances* (Working Paper No. 9615). National Bureau of Economic Research. Retrieved from http://www.nber.org/papers/w9615

Danzon, P. M., & Pereira, N. S. (2011). Vaccine supply : effects of regulation and competition. *International Journal of the Economics of Business, 18*(2), 239–271.

Desai, P. N. (2007). Traditional knowledge and intellectual property protection : past and future. *Science & Public Policy : SPP ; Journal of the Science Policy Foundation, 34*(3), 185–197.

Deutscher Ethikrat. (2011). *Nutzen und Kosten im Gesundheitswesen: zur normativen Funktion ihrer Bewertung ; Stellungnahme.* Berlin: Deutscher Ethikrat.

Dietz, U. (2010). AMNOG - GKV verhandelt künftig die Arzneimittelpreise. *Die Kranken- Und Pflegeversicherung, 2010*(12), 381–383.

DiMasi, J. A., Hansen, R. W., & Grabowski, H. G. (2003). The price of innovation: new estimates of drug development costs. *Journal of Health Economics, 22*(2), 151–185. http://doi.org/10.1016/S0167-6296(02)00126-1

DiMasi, J. A., Hansen, R. W., Grabowski, H. G., & Lasagna, L. (1991). Cost of innovation in the pharmaceutical industry. *Journal of Health Economics, 10*(2), 107–142. http://doi.org/10.1016/0167-6296(91)90001-4

DiMasi, J. A., & Paquette, C. (2004). The economics of follow-on drug research and development. *PharmacoEconomics, 22*(2), 1–14. http://doi.org/10.2165/00019053-200422002-00002

Donnenfeld, S., & White, L. J. (1988). Product Variety and the Inefficiency of Monopoly. *Economica, 55*(219), 393. http://doi.org/10.2307/2554016

Drabinski, T., Eschweiler, J., & Schmidt, U. (2008). *Preisbildung von Arzneimitteln im internationalen Vergleich.* Berlin [u.a.]: Springer.

Dunn, A. (2012). Drug innovations and welfare measures computed from market demand : the case of anti-cholesterol drugs. *American Economic Journal, 4*(3), 167–189.

Edling, H. (2011). Die Hauptfunktionen des Staates. *WISU, 2011*(3), 379–391.

Ellickson, P., Stern, S., & Trajtenberg, M. (2001). Patient welfare and patient compliance : an empirical framework for measuring the benefits from pharmaceutical innovation. In D. M. Cutler & E. R. Berndt (Eds.), *Medical care output and productivity* (pp. 539–560). Chicago und London: The University of Chicago Press.

Erickson, P. (1998). Evaluation of a population-based measure of quality of life: the Health and Activity Limitation Index (HALex). *Quality of Life Research, 7*(2), 101–114. http://doi.org/10.1023/A:1008897107977

European Observatory on Health Systems and Policies. (2014, February 19). The Health Systems and Policy Monitor. Retrieved February 19, 2014, from http://www.hspm.org/searchandcompare.aspx

FDP. (2013). Bürgerprogramm 2013. altmann-druck GmbH.

Felder, S., & Olbrich, A. (2009). *Dealing with excessive off-label drug use: liability vs. patent prolongation.*

Finkelstein, A. (2004). Static and dynamic effects of health policy : evidence from the vaccine industry. *The Quarterly Journal of Economics, 119*(2), 527–564.

Fisher, E. S., Wennberg, D. E., Stukel, T. A., Gottlieb, D. J., Lucas, F. L., & Pinder, É. L. (2003a). The Implications of Regional Variations in Medicare Spending. Part 1: The Content, Quality, and Accessibility of Care. *Annals of Internal Medicine, 138*(4), 273–287. http://doi.org/10.7326/0003-4819-138-4-200302180-00006

Fisher, E. S., Wennberg, D. E., Stukel, T. A., Gottlieb, D. J., Lucas, F. L., & Pinder, É. L. (2003b). The Implications of Regional Variations in Medicare Spending. Part 2: Health Outcomes and Satisfaction with Care. *Annals of Internal Medicine, 138*(4), 288–298. http://doi.org/10.7326/0003-4819-138-4-200302180-00007

Frank, R. G., McGuire, T. G., Normand, S. L., & Goldman, H. H. (1999). The value of mental health care at the system level: the case of treating depression. *Health Affairs, 18*(5), 71–88. http://doi.org/10.1377/hlthaff.18.5.71

Freel, M. (2003). Sectoral patterns of small firm innovation, networking and proximity. *Research Policy : Policy and Management Studies of Science, Technology and Innovation*, *32*(5), 751–770.

Freeman, C. (1987). *Technology policy and economic performance: lessons from Japan*. London [u.a.]: Pinter [u.a.].

Fricke, U. (2000). Arzneimittelinnovationen - Neue Wirkstoffe. In J. Klauber, H. Schröder, & G. W. Selke (Eds.), *Innovationen im Arzneimittelmarkt* (pp. 85–98). Berlin [u.a.]: Springer.

Gabszewicz, J. J., & Thisse, J.-F. (1979). Price competition, quality and income disparities. *Journal of Economic Theory, 20*(3), 340–359.

Galambos, L., & Sturchio, J. L. (1998). Pharmaceutical firms and the transition to biotechnology : a study in strategic innovation. *Business History Review, 72*(2), 250–278.

GAmSi. (2002). *Der Arzneimittelmarkt in Deutschland. Im Auftrag erstellt durch WIdO.* Bonn.

GAmSi. (2003). *Der Arzneimittelmarkt in Deutschland. Im Auftrag erstellt durch WIdO.* Bonn.

GAmSi. (2004). *Der Arzneimittelmarkt in Deutschland. Im Auftrag erstellt durch WIdO.* Bonn.

GAmSi. (2005). *Der Arzneimittelmarkt in Deutschland. Im Auftrag erstellt durch WIdO.* Bonn.

GAmSi. (2006). *Der Arzneimittelmarkt in Deutschland. Im Auftrag erstellt durch WIdO.* Bonn.

GAmSi. (2007). *Der Arzneimittelmarkt in Deutschland. Im Auftrag erstellt durch WIdO.* Bonn.

GAmSi. (2008). *Der Arzneimittelmarkt in Deutschland. Im Auftrag erstellt durch WIdO.* Bonn.

GAmSi. (2009). *Der Arzneimittelmarkt in Deutschland. Im Auftrag erstellt durch WIdO.* Bonn.

GAmSi. (2010). *Der Arzneimittelmarkt in Deutschland. Im Auftrag erstellt durch WIdO.* Bonn.

GAmSi. (2011). *Der Arzneimittelmarkt in Deutschland. Im Auftrag erstellt durch WIdO.* Bonn.

GAmSi. (2012). *Der Arzneimittelmarkt in Deutschland. Im Auftrag erstellt durch WIdO.* Bonn.

Ganslandt, M., & Maskus, K. E. (2007). *Intellectual property rights, parallel imports and strategic behaviour.* Stockholm: IUI.

Garber, A. M., Jones, C. I., & Romer, P. M. (2006). *Insurance and Incentives for Medical Innovation* (Working Paper No. 12080). National Bureau of Economic Research. Retrieved from http://www.nber.org/papers/w12080

García-Alonso, M. del C., & García-Mariñoso, B. (2008). The strategic interaction between firms and formulary committees : effects on the prices of new drugs. *Journal of Health Economics, 27*(2), 377–404.

Gardener, C. A., Acharya, T., & Yach, D. (2007). Technological and Social Innovation. *Health Affairs, 26*(4), 1052–1061.

Garthwaite, C. L. (2012). The economic benefits of pharmaceutical innovations : the case of Cox-2 inhibitors. *American Economic Journal, 4*(3), 116–137.

Gerber, A., Lüngen, M., Klever-Deichert, G., Stollenwerk, B., & Lauterbach, K. (2006). Die Finanzierung des Gesundheitssystems auf dem Weg einer Bürgerversicherung. Ethische und ökonomische Grundüberlegungen. *Jahrbuch für Christliche Sozialwissenschaften, 47*(0), 291–316.

Gesellensetter, C. (2010, February 25). Wem Rösler wehtun muss. *Focus.* Retrieved from http://www.focus.de/finanzen/versicherungen/krankenversicherung/tid-17214/arzneimittelkosten-wem-roesler-wehtun-muss_aid_479259.html

Gesundheitsberichterstattung des Bundes (Ed.). (2011). Indikator 10.19 des Indikatorsatzes der GBE der Länder: Versicherungsgruppen der gesetzlichen Krankenversicherung am 1.7. eines Jahres, Deutschland, ab 1993. Retrieved from https;//www.gbe-bund.de

Gesundheitsberichterstattung des Bundes. (2013). Gesundheitsausgaben in Deutschland als Anteil am BIP und in Mio. € (absolut und je Einwohner). Gliederungsmerkmale: Jahre. Retrieved August 25, 2011, from http://www.gbe-bund.de/gbe10/i?i=522D

GKV-Spitzenverband. (2013). Aufgaben und Ziele. Retrieved August 14, 2013, from http://www.gkv-spitzenverband.de/gkv_spitzenverband/wir_ueber_uns/aufgaben_und_ziele/aufgaben_und_ziele.jsp

Goldman, D. P., Jena, A. B., Philipson, T., & Sun, E. (2008). Drug Licenses: A New Model For Pharmaceutical Pricing. *Health Affairs*, *27*(1), 122–129. http://doi.org/10.1377/hlthaff.27.1.122

Gooi, M., & Bell, D. C. M. (2008). Differences in generic drug prices between the US and Canada. *Applied Health Economics and Health Policy*, *6*(1), 19–26. http://doi.org/10.2165/00148365-200806010-00002

Grabka, M. M. (2004). *Alternative Finanzierungsmodelle einer sozialen Krankenversicherung in Deutschland: methodische Grundlagen und exemplarische Durchführung einer Mikrosimulationsstudie.*

Grabowski, H. (2005). Increasing R&D incentives for neglected diseases : lessons from the Orphan Drug Act. In K. E. Maskus & J. H. Reichmann, *International public goods and transfer of technology under a globalized intellectual property regime* (pp. 425–456).

Greß, S., Niebuhr, D., & Wasem, J. (2005). *Marktzugang und Preisbildung auf Arzneimittelmärkten im internationalen Vergleich.* Essen: Univ. Duisburg-Essen, Standort Essen, Fachbereich Wirtschaftswiss.

Grossman, M. (1972). On the concept of health capital and the demand for health. *Journal of Political Economy*, *80*(2), 223–255.

Gruber, J., Hendren, N., & Townsend, R. M. (2014). The Great Equalizer: Health Care Access and Infant Mortality in Thailand. *American Economic Journal: Applied Economics*, *6*(1), 91–107. http://doi.org/10.1257/app.6.1.91

Gründer, S. (2011). Ist weniger mehr? *Die Kranken- Und Pflegeversicherung*, *2011*(9), 250–255.

Harhoff, D. (2008). Innovation, entrepreneurship und Demographie. *Perspektiven Der Wirtschaftspolitik : Eine Zeitschrift Des Vereins Für Socialpolitik ; PWP*, *9*(9), 46–72.

Hartmann-Besche, W. (2000). Innovation: Kosten und Gewinnspannen. In J. Klauber, H. Schröder, & G. W. Selke (Eds.), *Innovationen im Arzneimittelmarkt* (pp. 203–218). Berlin [u.a.]: Springer.

Henke, K.-D. (2015). *Nutzen und Preise von Innovationen*; Wiesbaden: Springer.

Hess, R. (2011). Leistungskatalog in der GKV-Regulierung von A (Arzneimittel) bis Z (Zahnersatz). In T. Ecker, K.-J. Preuß, & R. Tunder (Eds.), *Handbuch Market-Access : Marktzulassung ohne Nebenwirkungen* (pp. 41–62). Verlagsgruppe Handelsblatt.

Holmes, T. J., Levine, D. K., & Schmitz, J. A. (2012). Monopoly and the incentive to innovate when adoption involves switchover disruptions. *American Economic Journal, 4*(3), 1–33.

Ilgin, Y. (2008). *Health care expenditures, innovation, and demographic change.* Frankfurt am Main ; New York: Lang.

IQWiG. (2009, October 12). Würdigung der Stellungnahmen zur "Methodik für die Bewertung von Verhältnissen zwischen Nutzen und Kosten im System der deutschen gesetzlichen Krankenversicherung Version 2.0." Retrieved from https://www.iqwig.de/download/Wuerdigung_der_Stellungnahmen_KNB-Methodenentwurf_2.0.pdf

IQWiG. (2011, September 23). Allgemeine Methoden, Version 4.0.

Isensee, J. (2010). GKV und PKV: Das zweigliedrige deutsche Gesundheitssystem on verfassungsrechtlicher Sicht. *Zeitschrift Für Versicherungswesen, 2010*(23), 838–841.

Jayadev, A., & Stiglitz, J. (2009). Two ideas To Increase Innovation And Reduce Pharmaceutical Costs And Prices. *Health Affairs, 28*(1), w165–w168.

Jelovac, I., & Bordoy, C. (2005). Pricing and welfare implications of parallel imports in the pharmaceutical industry. *International Journal of Health Care Finance and Economics, 5*(1), 5–21.

Jencks, S. F., Cuerdon, T., Burwen, D. R., Fleming, B., Houck, P. M., Kussmaul, A., … Arday, D. A. (2000). Quality of medical care delivered to medicare beneficiaries: A profile at state and national levels. *JAMA, 284*(13), 1670–1676. http://doi.org/10.1001/jama.284.13.1670

Jones, D. M. T., & Cockrum, P. C. (2000). A Critical Review of Published Economic Modelling Studies in Depression. *PharmacoEconomics, 17*(6), 555–583. http://doi.org/10.2165/00019053-200017060-00003

Kaesbach, W., & Schleert, N. (2000). Finanzierbarkeit von Innovationen im GKV-Markt. In J. Klauber, H. Schröder, & G. W. Selke (Eds.), *Innovationen im Arzneimittelmarkt* (pp. 193–202). Berlin [u.a.]: Springer.

Kanavos, P., & Vandoros, S. (2010). Competition in prescription drug markets: is parallel trade the answer? *Managerial and Decision Economics : MDE ; the International Journal of Research and Progress in Management Economics, 31*(5), 325–338.

Kanavos, P., Vandoros, S., Irwin, R., Nicod, E., & Casson, M. (2011). *Differences in costs of and access to pharmaceutical products in the EU.*

Kiewel, A. (2011). Patienteninformationen über verschreibungspflichtige Arzneimittel. *Die Kranken- Und Pflegeversicherung, 2011*(12), 352–254.

Kiewel, A., & Rostalski, B. (2000). Deutschland. In J. Klauber, H. Schröder, & G. W. Selke (Eds.), *Innovationen im Arzneimittelmarkt* (pp. 67–84). Berlin [u.a.]: Springer.

Kifmann, M., & Neelsen, S. (2010). Germany's struggle with prices for patent-protected drugs. *CESifo DICE Report : Journal for Institutional Comparisons ; the International Platform of Ludwig-Maximilians University's Center for Economic Studies and the Ifo Institute, 8*(3), 43–52.

Kim, J., & Kim, J. (1996). Quality choice of multiproduct monopolist and spill-over effect. *Economics Letters, 52*(3), 345–352.

Kyre, M. (2010). Die niederländische Gesundheitsreform 2006 – Vorbild für eine weitere Reform des Krankenversicherungswesens in Deutschland? *Zeitschrift für die gesamte Versicherungswissenschaft, 99*(4), 449–470. http://doi.org/10.1007/s12297-010-0111-5

Lambertini, L., & Orsini, R. (2000). Process and product innovation in a vertically differentiated monopoly. *Economics Letters, 68*(3), 333–337. http://doi.org/10.1016/S0165-1765(00)00254-8

Laupacis, A., Feeny, D., Detsky, A. S., & Tugwell, P. X. (1992). How attractive does a new technology have to be to warrant adoption and utilization? Tentative guidelines for using clinical and economic evaluations. *CMAJ: Canadian Medical Association Journal, 146*(4), 473–481.

Lauterbach, K., Lüngen, M., Stollenwerk, B., Gerber, A., & Klever-Deichert, G. (2003). *Unterschiede in den Leistungsausgaben zwischen Versicherten in der Gesetzlichen Krankenversicherung und privaten Krankenversicherung. Empirische Analyse des Instituts für Gesundheitsökonomie und klinische Epidemiologie der Universität Köln*. Köln: Universität Köln.

Lichtenberg, F. R. (2003). Pharmaceutical Innovation, Mortality, Production, and Economic Growth. In K. M. Murphy & R. H. Topel (Eds.), *Measuring the Gains from Medical Research - An Economic Approach* (pp. 74–109). Chicago und London: The University of Chicago Press.

Lichtenberg, F. R. (2004). *The Expanding Pharmaceutical Arsenal in the War on Cancer* (Working Paper No. 10328). National Bureau of Economic Research. Retrieved from http://www.nber.org/papers/w10328

Lichtenberg, F. R. (2005a). Pharmaceutical Innovation and the Burden of Disease in Developing and Developed Countries. *Journal of Medicine and Philosophy, 30*(6), 663–690. http://doi.org/10.1080/03605310500421421

Lichtenberg, F. R. (2005b). The impact of new drug launches on longevity : evidence from longitudinal, disease-level data from 52 countries, 1982–2001. *International Journal of Health Care Finance and Economics, 5*(1), 47–73.

Lichtenberg, F. R. (2010). *The contribution of pharmaceutical innovation to longevity growth in Germany and France*. München: CESifo.

Lichtenberg, F. R. (2011). Has pharmaceutical innovation reduced social security disability growth? *International Journal of the Economics of Business, 18*(2), 293–316.

Lichtenberg, F. R., & Waldfogel, J. (2003). *Does Misery Love Company? Evidence from pharmaceutical markets before and after the Orphan Drug Act* (Working Paper No. 9750). National Bureau of Economic Research. Retrieved from http://www.nber.org/papers/w9750

Malzahn, J., & Schillinger, G. (2010). Fortschritt oder Nonsens? *Gesundheit Und Gesellschaft*, *2010*(11), 28–34.

Manski, C. F. (2009). Adaptive partial drug approval : a health policy proposal. *The Economists' Voice*, *6*(4), 1–5. http://doi.org/10.2202/1553-3832.1449

Maskus, K. E. (2000). Parallel Imports. *World Economy*, *23*(9), 1269–1284. http://doi.org/10.1111/1467-9701.00329

Miraldo, M. (2009). Reference pricing and firms' pricing strategies. *Journal of Health Economics*, *28*(1), 176–197.

Müller, M., & Böhm, K. (2009). *Ausgaben und Finanzierung des Gesundheitswesens*. Berlin: Robert-Koch-Inst.

Münnich, F. W. (2000). Innovatorischer Wettbewerb auf dem Arzneimittelmarkt. In J. Klauber, H. Schröder, & G. W. Selke (Eds.), *Innovationen im Arzneimittelmarkt* (pp. 107–132). Berlin [u.a.]: Springer.

Murphy, K. M., & Topel, R. H. (2003). The Economic Value of Medical Research. In K. M. Murphy & R. H. Topel (Eds.), *Measuring the Gains from Medical Research - An Economic Approach* (pp. 41–73). Chicago und London: The University of Chicago Press.

Murray, C. J. L., & Lopez, A. D. (1996). *The global burden of disease: a comprehensive assessment of mortality and disability from diseases, injuries, and risk factors in 1990 and projected to 2020*. Cambridge, Mass.

Mussa, M., & Rosen, S. (1978). Monopoly and product quality. *Journal of Economic Theory*, *18*(2), 301–317.

Nelson, P. (1970). Information and consumer behavior. *Journal of Political Economy*, *78*(2), 311–329.

Nguyen, T., & Rohlf, K. (2013). Anreize zur Gesetzgebung für seltene Leiden - Überlegungen zu Versorgung, Qualität und Effizienz. *Schmollers Jahrbuch Journal of Applied Social Science Studies*, *133*(1), 43–66.

Nguyen, T., & Rohlf, Karsten. (2012). Private Health Care and Drug Quality in Germany - A Game-Theoretical Approach. *International Journal of Economics and Finance*, *4*(11), 24–39.

Niejahr, E. (2010, October 25). Wir sind die Zahlmeister. *DIE ZEIT*. Hamburg. Retrieved from http://www.zeit.de/2010/43/Arzneimittelkosten-Pharmaindustrie

o. V. (2010). Vernünftige Arzneimittelpreise sollen auch für Privatversicherte preiswerter werden. *Pkv-Publik*, *2010*(Oktober), 4–7.

OECD. (1997). National Innovation Systems. Retrieved from http://www.oecd.org/science/inno/2101733.pdf

OECD. (2011). *Society at a Glance 2011*. Paris: Organisation for Economic Co-operation and Development. Retrieved from http://www.oecd-ilibrary.org/;jsessionid=1w53xyguu9rns.x-oecd-live-02content/book/soc_glance-2011-en

OECD. (2013). *OECD Factbook 2013*. Paris: Organisation for Economic Co-operation and Development. Retrieved from http://www.oecd-ilibrary.org/content/book/factbook-2013-en

Penske, T. (2011). Market-Access 2011 - Arzneimittelneuordnungsgesetz. In T. Ecker, K.-J. Preuß, & R. Tunder (Eds.), *Handbuch Market-Access : Marktzulassung ohne Nebenwirkungen* (pp. 209–239). Verlagsgruppe Handelsblatt.

Pisano, G. (1997). R&D Performance, Collaborative Arrangements, and the Market-for-Know-How: A Test of the "Lemons" Hypothesis in Biotechnoloy (Mimeo).

PKV (Ed.). (2010a). *Zahlenbericht der privaten Krankenversicherung 2009/2010*. Köln und Berlin. Retrieved from http://www.pkv.de/w/files/shop_zahlenberichte/zb09_web.pdf

PKV. (2010b, September 29). Stellungnahme zur Anhörung des Gesundheitsausschusses des Deutschen Bundestages zum Arzneimittelneuordnungsgesetzes (AMNOG).

PKV (Ed.). (2011). *Zahlenbericht der privaten Krankenversicherung 2010/2011*. Köln und Berlin. Retrieved from http://www.pkv.de/publikationen/rechenschafts_und_zahlenberichte/archiv_der_pkv_zahlenberichte/zahlenbericht-2010-2011.pdf

Quiring, K., & Geisler, I. (2000). Markteinführung von Innovationen. In J. Klauber, H. Schröder, & G. W. Selke (Eds.), *Innovationen im Arzneimittelmarkt* (pp. 99–106). Berlin [u.a.]: Springer.

Rat der Europäischen Union. (2006). Mitteilung an die Presse 2733. Tagung des Rates Beschäftigung, Sozialpolitik, Gesundheit und Verbraucherschutz. Retrieved from http://www.consilium.europa.eu/uedocs/cms_data/docs/pressdata/de/lsa/90044.pdf

Rector, T., Finch, M. D., Danzon, P. M., Pauly, M. V., & Manda, B. S. (2003). Effect of Tiered Prescription Copayments on the Use of Prefered Brand Medications. *Medical Care*, *41*(3), 398–406.

Rohlf, K. (2013). Schöpft die PKV den Rahm ab? Eine spieltheoretische Analyse der Effekte der PKV auf die Medikamentenqualität. *Zeitschrift Für Die Gesamte Versicherungswissenschaft*, *102*(1), 65–85. http://doi.org/10.1007/s12297-013-0227-5

Rürup, B. (2003). *Nachhaltigkeit in der Finanzierung der sozialen Sicherungssysteme: Bericht der Kommission*. (Bundesministerium für Gesundheit und Soziale Sicherung, Ed.). Berlin.

Rzakhanov, Z. (2008). Regulatory policy, value of knowledge assets and innovation strategy : the case of the Orphan Drug Act. *Research Policy : Policy and Management Studies of Science, Technology and Innovation*, *37*(4), 673–689.

Sackett, D. L., & Torrance, G. W. (1978). The utility of different health states as perceived by the general public. *Journal of Chronic Diseases*, *31*(11), 697–704. http://doi.org/10.1016/0021-9681(78)90072-3

Schmidt, U., & Stolpe, M. (2008). *Transitivity in health utility measurement: an experimental analysis*. Kiel: Kiel Inst. for the World Economy.

Schröder, H., & Selke, G. W. (2000). Lebenszyklen von Arzneimittelinnovationen. In J. Klauber, H. Schröder, & G. W. Selke (Eds.), *Innovationen im Arzneimittelmarkt* (pp. 219–238). Berlin [u.a.]: Springer.

Schröder, J. K. (2011). Deutsche zahlen Spitzenpreise. *Ges*, *2011*(5), 14–15.

Schulenburg, J.-M. (2005). *Versicherungsökonomik: ein Leitfaden für Studium und Praxis*. Karlsruhe: VVW.

Schulenburg, F. von der, Vandoros, S., & Kanavos, P. (2011). The effects of drug market regulation on pharmaceutical prices in Europe : overview and evidence from the market of ACE inhibitors. *Health Economics Review*, *1*(18), 1–8. http://doi.org/10.1186/2191-1991-1-18

Shaked, A., & Sutton, J. (1982). Relaxing price competition through product differentiation. *The Review of Economic Studies*, *49*(1), 3–13.

Shapiro, I., Shapiro, M. D., & Wilcox, D. W. (2001). Measuring the value of cataract surgery. In D. M. Cutler & E. R. Berndt (Eds.), *Medical care output and productivity* (pp. 411–437). Chicago und London: The University of Chicago Press.

Simon, M. (2010). *Das Gesundheitssystem in Deutschland: eine Einführung in Struktur und Funktionsweise* (3., überarb. und aktualisierte Aufl.). Bern: Huber.

Skinner, J. S., Chandra, A., Goodman, D., & Fisher, E. S. (2009). The Elusive Connection Between Health Care Spending And Quality. *Health Affairs*, *28*(1), w119–w123. http://doi.org/10.1377/hlthaff.28.1.w119

Skinner, J. S., Fisher, E., & Wennberg, J. E. (2005). The efficiency of Medicare. In D. A. Wise (Ed.), *Analyses in the economics of aging* (pp. 129–157). Chicago und London: The University of Chicago Press.

Skinner, J. S., Staiger, D. O., & Fisher, E. S. (2006). Is Technological Change In Medicine Always Worth It? The Case Of Acute Myocardial Infarction. *Health Affairs*, *25*(2), w34–w47. http://doi.org/10.1377/hlthaff.25.w34

Sloan, F. A., & Hsieh, C.-R. (2008). The Effects of Incentives on Pharmaceutical Innovation. In F. A. Sloan & K. Hirschel, *Incentives and Choices in Health Care* (pp. 227–262). Cambridge, Mass.: The MIT Press.

Solow, R. M. (1956). A contribution to the theory of economic growth. *The Quarterly Journal of Economics, 70*(1), 65–94.

Solow, R. M. (1957). Technical change and the aggregate production function. *The Review of Economics and Statistics, 39*(3), 312–320.

SPD. (2013). Das Wir entscheidet. Braunschweig Druck. Retrieved from http://www.spd.de/linkableblob/96686/data/

Statistisches Bundesamt. (2009, November 18). Bevölkerung Deutschlands bis 2060. Retrieved from www.destatis.de

Statistisches Bundesamt. (2010). *Auswirkungen auf Krankenhausbehandlungen und Pflegebedürftige im Bund und in den Ländern* (No. 2). Wiesbaden. Retrieved from www.statistikportal.de

Statistisches Bundesamt. (2014). *Verdienste und Arbeitskosten 2013.* Wiesbaden. Retrieved from https://www.destatis.de/DE/Publikationen/Thematisch/VerdiensteArbeitskosten/Arbeitnehmerverdienste/Arbeitnehmerverdienste J2160230137004.pdf?__blob=publicationFile

Steenbrecker, A. (2005, June 20). Leistungskatalog der gesetzlichen Krankenversicherung (GKV). (Wissenschaftliche Dienste des Bundestages, Ed.). Retrieved from http://webarchiv.bundestag.de/archive/2012/1220/dokumente/analysen/2005/2005_09_20.pdf

Sturm, A., Dowling, M. J., & Röder, K. (2007). FDA drug approvals : time Is money! *Journal of Entrepreneurial Finance : JEF ; Official Publication of The Academy of Entrepreneurial Finance, 12*(2), 23–53.

Thom, P. (2011). Market-Access - Hürdenlauf auch für OTC-Produkte? In T. Ecker, K.-J. Preuß, & R. Tunder (Eds.), *Handbuch Market-Access : Marktzulassung ohne Nebenwirkungen* (pp. 175–188). Verlagsgruppe Handelsblatt.

Trabert, G. (2012). Armut und Gesundheit in Deutschland. *Die, 2011*(12), 346–351.

Vega-Jurado, J., Gutiérrez-Gracia, A., Fernández-de-Lucio, I., & Manjarrés-Henríquez, L. (2008). The effect of external and internal factors on firms' product innovation. *Research Policy : Policy and Management Studies of Science, Technology and Innovation, 37*(4), 616–632.

VfA. (2010, July). Statistics 2010. Die Arzneimittelindustrie in Deutschland. Retrieved from http://www.vfa.de/embed/statistics-2010.pdf

Viscusi, W. K. (1993). The value of risks to life and health. *Journal of Economic Literature, 31*(4), 1912–1946.

Wegener, B., Lietz, C., & Gerbsch, N. (2011). Hürdenlauf zum Markt für neue Medikamente? In T. Ecker, K.-J. Preuß, & R. Tunder (Eds.), *Handbuch Market-Access : Marktzulassung ohne Nebenwirkungen* (pp. 105–124). Verlagsgruppe Handelsblatt.

WHO. (2006). *Gesundheit im Schlaglicht: Deutschland 2004*. Retrieved from http://www.euro.who.int/__data/assets/pdf_file/0010/103222/GER_Highlights_ger.pdf

Wimmer, A. (2008). *Möglichkeiten der Effizienzsteigerung für die private und gesetzliche Krankenversicherung in Deutschland: Analyse unter Berücksichtigung der Leistungsfähigkeit internationaler Krankenversicherungssysteme*.

Yacuzzi, E. A., Martín, F., Vignola, G., Mayochi, V., & Tollio, D. (2004). *The sources of quality in the pharmaceutical industry*. Buenos Aires: Univ. del CEMA.

Zweifel, P. (2010). Technologischer Wandel in der Medizin: Wie wird er durch die Bürgerinnen und Bürger bewertet? In M. G. Fischer & S. Meyer (Eds.), *Gesundheit und Wirtschaftswachstum* (pp. 159–172). Heidelberg [u.a.]: Springer.

Zweifel, P., & Breuer, M. (2002). *Weiterentwicklung des deutschen Gesundheitssystems: Gutachten im Auftrag des Verbands Forschender Arzneimittelhersteller e.V. VFA*. Zürich: Sozialökonomisches Inst., Univ.

Zweifel, P., Telser, H., & Vaterlaus, S. (2006). Consumer resistance against regulation : the case of health care. *Journal of Regulatory Economics, 29*(3), 319–332.

Anhang

1 Mathematischer Anhang

1.1 Formeln zu Abschnitt 5.1

1.1.1 Der minimale Einkommensunterschied (9)

Der pharmazeutische Konzern wird ohne staatliche Intervention genau dann eine Teilversorgung gegenüber der Vollversorgung präferieren, wenn $(8) > (7)$, d. h.:

$$n_O y_O s - \frac{1}{2}s^2 > (n_O + n_U)\, y_U s - \frac{1}{2}s^2$$

$$n_O y_O > (n_O + n_U)\, y_U$$

$$\Leftrightarrow y_O > \frac{n_O + n_U}{n_O} y_U \equiv y_O^{\min}. \qquad (9)$$

1.1.2 Arzneimittelqualität bei Vollversorgung (13)

Entscheidet sich der pharmazeutische Monopolist ohne Forschungskostenzuschuss und Zulassungskosten für eine Vollversorgung, maximiert er seinen Gewinn durch geeignete Wahl der Forschungs- und Entwicklungskosten, mit der nach (6) eine entsprechende Arzneimittelqualität verbunden ist:

$$\pi(s_{FC}) = (n_O + n_U)\, y_U s_{FC} - \frac{1}{2}s_{FC}^2$$

$$\frac{\partial \pi}{\partial s_{FC}} = (n_O + n_U)\, y_U - s_{FC}$$
$$\Rightarrow 0 = (n_O + n_U)\, y_U - s_{FC}$$
$$\Leftrightarrow s_{FC} = (n_O + n_U)\, y_U \qquad (13)$$

1.1.3 Arzneimittelqualität bei Teilversorgung (14)

Entscheidet sich der pharmazeutische Monopolist ohne Forschungskostenzuschuss und Zulassungskosten für eine Teilversorgung, maximiert er seinen Gewinn durch geeignete Wahl der Forschungs- und Entwicklungskosten, mit der nach (6) eine Arzneimittelqualität zugeordnet werden kann:

$$\pi(s_{PC}) = n_O y_O s_{PC} - \frac{1}{2} s_{PC}^2$$
$$\frac{\partial \pi}{\partial s_{PC}} = n_O y_O - s_{PC}$$
$$\Rightarrow 0 = n_O y_O - s_{PC}$$
$$\Leftrightarrow s_{PC} = n_O y_O \qquad (14)$$

1.1.4 Unterschied der Arzneimittelqualität (15)

Ist der minimale Einkommensunterschied (9) überschritten, wird das pharmazeutische Unternehmen eine Teilversorgung der Bürger bevorzugen. Für die Arzneimittelqualität (14) folgt durch Einsetzen des minimalen Einkommensunterschieds:

$$s_{PC} = n_O y_O > n_O \left(\frac{n_O + n_U}{n_O} y_U \right) = \left(n_O + n_U \right) y_U = s_{FC} \Leftrightarrow s_{PC} > s_{FC}. \tag{15.1}$$

Ist der minimale Einkommensunterschied nicht überschritten, gilt stattdessen:

$$\Leftrightarrow y_O < \frac{n_O + n_U}{n_O} y_U \Leftrightarrow y_U > \frac{n_O}{n_O + n_U} y_O$$

Das pharmazeutische Unternehmen bevorzugt eine Vollversorgung der und mit dem nicht erfüllten minimalen Einkommensunterschied gilt für die Arzneimittelqualität (13):

$$s_{FC} = \left(n_O + n_U \right) y_U > \left(n_O + n_U \right) \frac{n_O}{\left(n_O + n_U \right)} y_O = n_O y_O = s_{PC} \Leftrightarrow s_{FC} > s_{PC}.$$

1.1.5 *Die Grenzen der Zulassungskostenerstattung (19)*

Damit der Gewinn des pharmazeutischen Unternehmens bei Zulassungskostenerstattung und Vollversorgung unter (9) mindestens so hoch ist wie bei Teilversorgung muss gelten:

$$n_O y_O s_{PC} - \frac{1}{2} s_{PC}^2 \leq \left(n_O + n_U \right) y_U s_{FC} - \frac{1}{2} s_{FC}^2 + \Delta AC$$

$$\Delta AC \geq s_{PC}^2 - \frac{1}{2} s_{PC}^2 - s_{FC}^2 - \frac{1}{2} s_{FC}^2 = \frac{1}{2} \left(s_{PC}^2 - s_{FC}^2 \right).$$

Mit (17) gilt dann:

$$\frac{1}{2} s_{PC}^2 > \Delta AC \geq \frac{1}{2} \left(s_{PC}^2 - s_{FC}^2 \right). \tag{19}$$

1.1.6 Die maximale Einkommensdifferenz im Fall der Zulassungskostenerstattung

Gesucht ist das Einkommen, zu dem die Wohlfahrt bei Zulassungskostenerstattung genau null beträgt. Für die Wohlfahrt (12 A) gilt dann bei der Zulassungskostenerstattung (20):

$$W = n_O s_{FC}\left(y_O - y_U\right) - \frac{1}{2}\left(s_{PC}^2 - s_{FC}^2\right) = 0$$

$$\Leftrightarrow n_O s_{FC}\left(y_O - y_U\right) = \frac{1}{2}\left(s_{PC}^2 - s_{FC}^2\right)$$

$$\Leftrightarrow s_{PC}^2 - s_{FC}^2 = 2n_O s_{FC}\left(y_O - y_U\right)$$

$$\Leftrightarrow n_O^2 y_O^2 - \left(n_O + n_U\right)^2 y_U^2 = 2n_O\left(n_O + n_U\right) y_O y_U - 2n_O\left(n_O + n_U\right) y_U^2$$

$$\Leftrightarrow 0 = n_O^2 y_O^2 - 2n_O\left(n_O + n_U\right) y_O y_U + \left(n_O + n_U\right)\left(n_O - n_U\right) y_U^2$$

$$y_{O_{1,2}} = \frac{n_O + n_U}{n_O} y_U \pm \sqrt{\frac{\left(n_O + n_U\right)^2}{n_O^2} y_U^2 - \frac{n_O^2 - n_U^2}{n_O^2} y_U^2}$$

$$\Leftrightarrow y_{O_{1,2}} = \frac{n_O + n_U}{n_O} y_U \pm \frac{1}{n_O} y_U \sqrt{\left(n_O + n_U\right)^2 - n_O^2 - n_U^2}.$$

Da die zweite Lösung offensichtlich unter dem minimalen Einkommensunterschied liegt verbleibt:

$$y_O^{\max} = y_O^{\min} + \frac{\sqrt{2n_U^2 + 2n_O n_U}}{n_O} y_U.$$

1.1.7 *Die Mindestsubventionshöhe (21)*

$$(n_O + n_U)(y_U s_{FC} + \gamma) - \frac{1}{2}s_{FC}^2 \geq n_O y_O s_{PC} - \frac{1}{2}s_{PC}^2$$

$$\Leftrightarrow (n_O + n_U)\gamma + (n_O + n_U) y_U s_{FC} - \frac{1}{2}s_{FC}^2 \geq s_{PC}^2 - \frac{1}{2}s_{PC}^2$$

$$\Leftrightarrow (n_O + n_U)\gamma + s_{FC}^2 - \frac{1}{2}s_{FC}^2 \geq \frac{1}{2}s_{PC}^2$$

$$\Leftrightarrow (n_O + n_U)\gamma \geq \frac{1}{2}s_{PC}^2 - \frac{1}{2}s_{FC}^2$$

$$\Leftrightarrow \gamma \geq \frac{\frac{1}{2}s_{PC}^2 - \frac{1}{2}s_{FC}^2}{(n_O + n_U)} = \frac{s_{PC}^2 - s_{FC}^2}{2(n_O + n_U)} \tag{21}$$

1.1.8 *Die maximale Einkommensdifferenz im Fall der Subventionslösung*

Da die Wohlfahrt bei Teilversorgung gleich null, wird die Subvention bis zu der Höhe gewährt, in der die Wohlfahrt null beträgt:

$$0 = W = n_O(y_O s_{FC} - P) - n_U\gamma = n_O\left(y_O s_{FC} - (y_U s_{FC} + \gamma)\right) - n_U\gamma$$

$$\Leftrightarrow 0 = n_O s_{FC}(y_O - y_U) - (n_O + n_U)\gamma$$

$$\Leftrightarrow \gamma = \frac{n_O s_{FC}(y_O - y_U)}{(n_O + n_U)}.$$

Gleichsetzen mit (21) liefert:

$$\frac{s_{PC}^2 - s_{FC}^2}{2(n_O + n_U)} = \frac{n_O s_{FC}(y_O - y_U)}{(n_O + n_U)}$$

$$\Leftrightarrow s_{PC}^2 - s_{FC}^2 = 2 n_O s_{FC}(y_O - y_U)$$

$$\Leftrightarrow n_O^2 y_O^2 - (n_O + n_U)^2 y_U^2 = 2n_O(n_O + n_U) y_O y_U - 2n_O(n_O + n_U) y_U^2$$

$$\Leftrightarrow 0 = n_O^2 y_O^2 - 2n_O(n_O + n_U) y_O y_U + (n_O + n_U)(n_O - n_U) y_U^2$$

$$y_{O_{1,2}} = \frac{n_O + n_U}{n_O} y_U \pm \sqrt{\frac{(n_O + n_U)^2}{n_O^2} y_U^2 - \frac{n_O^2 - n_U^2}{n_O^2} y_U^2}$$

$$\Leftrightarrow y_{O_{1,2}} = \frac{n_O + n_U}{n_O} y_U \pm \frac{1}{n_O} y_U \sqrt{(n_O + n_U)^2 - n_O^2 - n_U^2}.$$

Da die zweite Lösung offensichtlich unter dem minimalen Einkommensunterschied liegt verbleibt:

$$y_O^{\max} = y_O^{\min} + \frac{\sqrt{2n_U^2 + 2n_O n_U}}{n_O} y_U.$$

1.1.9 *Die Arzneimittelqualität bei Vollversorgung unter Forschungs- und Entwicklungskostenzuschuss (13 R)*

Zunächst wird die Arzneimittelqualität nach Einführung der Forschungs- und Entwicklungskostenzuschusses berechnet. Ausgangspunkt ist die Gewinnfunktion des multinationalen pharmazeutischen Unternehmens bei Vollversorgung:

$$\pi_{FC}^{\rho} = (n_O + n_U)P - \frac{1}{2}(s_{FC}^{\rho})^2 + \rho\frac{1}{2}(s_{FC}^{\rho})^2$$

$$\pi_{FC}^{\rho} = (n_O + n_U)y_U s_{FC}^{\rho} - \frac{1}{2}(s_{FC}^{\rho})^2 + \rho\frac{1}{2}(s_{FC}^{\rho})^2$$

$$\frac{\partial \pi_{FC}^{\rho}}{\partial s_{FC}^{\rho}} = (n_O + n_U)y_U - s_{FC}^{\rho} + \rho s_{FC}^{\rho} = (n_O + n_U)y_U - (1-\rho)s_{FC}^{\rho}$$

$$(n_O + n_U)y_U - (1-\rho)s_{FC}^{\rho} = 0 \Leftrightarrow s_{FC}^{\rho} = \frac{1}{1-\rho}(n_O + n_U)y_U. \qquad (13\text{ R})$$

1.1.10 Die Arzneimittelqualität bei Teilversorgung unter Forschungs- und Entwicklungskostenzuschuss (13 R)

Ausgangspunkt ist die Gewinnfunktion des multinationalen pharmazeutischen Unternehmens bei Teilversorgung:

$$\pi_{PC}^{\rho} = n_O P - \frac{1}{2}(s_{PC}^{\rho})^2 + \rho\frac{1}{2}(s_{PC}^{\rho})^2$$

$$\pi_{PC}^{\rho} = n_O y_O s_{PC}^{\rho} - \frac{1}{2}(s_{PC}^{\rho})^2 + \rho\frac{1}{2}(s_{PC}^{\rho})^2$$

$$\frac{\partial \pi_{PC}^{\rho}}{\partial s_{PC}^{\rho}} = n_O y_O - s_{PC}^{\rho} + \rho s_{PC}^{\rho} = n_O y_O - (1-\rho)s_{PC}^{\rho}$$

$$n_O y_O - (1-\rho)s_{PC}^{\rho} = 0 \Leftrightarrow s_{PC}^{\rho} = \frac{1}{1-\rho}n_O y_O. \qquad (14\text{ R})$$

1.1.11 Unternehmensgewinn bei Vollversorgung und Forschungs- und Entwicklungskostenzuschuss (7 R)

Einsetzen der Arzneimittelqualität (13 R) in die Gewinnfunktion des pharmazeutischen Unternehmens liefert direkt:

$$\pi_{FC}^{\rho} = \left(n_O + n_U\right) y_U \frac{1}{1-\rho} s_{FC} - \frac{1-\rho}{2}\left(\frac{1}{1-\rho} s_{FC}\right)^2 - AC$$

$$\Leftrightarrow \pi_{FC}^{\rho} = s_{FC} \frac{1}{1-\rho} s_{FC} - \frac{1}{2\left(1-\rho\right)} s_{FC}^2 - AC$$

$$\Leftrightarrow \pi_{FC}^{\rho} = \frac{1}{2}\frac{1}{1-\rho} s_{FC}^2 - AC. \qquad (7\text{ R})$$

1.1.12 Unternehmensgewinn bei Teilversorgung und Forschungs- und Entwicklungskostenzuschuss (8 R)

Einsetzen der Arzneimittelqualität (14 R) in die Gewinnfunktion des pharmazeutischen Unternehmens liefert direkt:

$$\Leftrightarrow \pi_{PC}^{\rho} = s_{PC} \frac{1}{1-\rho} s_{PC} - \frac{1}{2\left(1-\rho\right)} s_{PC}^2 - AC$$

$$\Leftrightarrow \pi_{PC}^{\rho} = \frac{1}{2}\frac{1}{1-\rho} s_{PC}^2 - AC. \qquad (8\text{ R})$$

1.1.13 Mindestarzneimittelqualität bei Forschungs- und Entwicklungskostenzuschuss

Ein pharmazeutisches Unternehmen wird Arzneimittel langfristig nur entwickeln, wenn der Gewinn positiv ist bzw. die Umsätze die Kosten überdecken. Aus (7) ≥ 0 bzw. (8) ≥ 0 folgt direkt:

$$s_{\min} = \sqrt{2\left(1-\rho\right)AC}.$$

1.1.14 Die Forschungs- und Entwicklungskostenerstattung ρ^* (20)

Die Bedingung des Wohlfahrtsgewinns bei Einführung des Forschungs- und Entwicklungszuschusses in der Vollversorgung lautet:

$$W^{FC} = n_O\left(y_O s_{FC} - P^{FC}\right) \leq n_O\left(y_O s_{FC}^{\rho} - P^{FC,\rho}\right) - \rho\frac{1}{2}\left(s_{FC}^{\rho}\right)^2 = W^{FC,\rho}$$

$$\Leftrightarrow n_O\left(y_O s_{FC} - y_U s_{FC}\right) \leq n_O\left(y_O s_{FC}^{\rho} - y_U s_{FC}^{\rho}\right) - \rho\frac{1}{2}\left(s_{FC}^{\rho}\right)^2$$

$$\Leftrightarrow n_O s_{FC}\left(y_O - y_U\right) \leq n_O \frac{1}{1-\rho} s_{FC}\left(y_O - y_U\right) - \frac{\rho}{2\left(1-\rho\right)^2} s_{FC}^2$$

$$\Leftrightarrow n_O s_{FC}\left(y_O - y_U\right)\left(1-\rho-1\right) \leq -\frac{\rho}{2\left(1-\rho\right)} s_{FC}^2$$

$$\Leftrightarrow n_O s_{FC}\left(y_O - y_U\right) \geq \frac{s_{FC}^2}{2\left(1-\rho\right)}$$

$$\Leftrightarrow 2\left(1-\rho\right) \geq \frac{s_{FC}^2}{n_O s_{FC}\left(y_O - y_U\right)}$$

$$\Leftrightarrow \rho^* \leq 1 - \frac{s_{FC}^2}{2 n_O s_{FC}\left(y_O - y_U\right)} = 1 - \frac{y_U\left(n_O + n_U\right)}{2 n_O\left(y_O - y_U\right)}. \qquad (22)$$

Da $\rho^* \in \left]0;1\right[$ muss gelten:

$$1 > 1 - \frac{y_U\left(n_O + n_U\right)}{2 n_O\left(y_O - y_U\right)} \Leftrightarrow 0 < \frac{y_U\left(n_O + n_U\right)}{2 n_O\left(y_O - y_U\right)},$$

was aufgrund der Annahmen immer erfüllt ist. Ebenso muss gelten:

$$0<1-\frac{y_U\left(n_O+n_U\right)}{2n_O\left(y_O-y_U\right)}\Leftrightarrow 2n_O\left(y_O-y_U\right)>y_U\left(n_O+n_U\right)$$

$$\Leftrightarrow 2n_O y_O-2n_O y_U>n_O y_U+n_U y_U$$

$$\Leftrightarrow 2n_O y_O>\left(3n_O+n_U\right)y_U.$$

Aufgrund der freilligen Vollversorgung durch das pharmazeutische Unternehmen kann weiter angenommen werden, dass $y_O\leq\frac{n_O+n_U}{n_O}y_U$, womit gilt:

$$\Leftrightarrow 2\left(n_O+n_U\right)y_U\geq 2n_O y_O>\left(3n_O+n_U\right)y_U$$

$$\Leftrightarrow n_U>n_O,$$

sodass ρ^* nur existiert, falls die Anzahl der Bezieher unterdurchschnittlicher Einkommen die Anzahl der Bezieher überdurchschnittlicher Einkommen übersteigt.

1.2 Formeln zu Abschnitt 5.2.2.1

1.2.1 Die Arzneimittelqualität bei bilateraler Vollversorgung (13 A2)

Die Arzneimittelqualität wird durch Optimierung der Gewinnfunktion des pharmazeutischen Unternehmens ermittelt. Zunächst im Fall der Vollversorgung in beiden Ländern:

$$\pi_{FC}^{D}(s)=y_U s\sum_{i=1}^{2}\left(n_{iO}+n_{iU}\right)-\frac{1}{2}s^2-AC_{FC}$$

$$\Rightarrow \frac{\partial \pi_{FC}^{D}}{\partial s} = y_U \sum_{i=1}^{2} \left(n_{iO} + n_{iU}\right) - s$$

$$y_U \sum_{i=1}^{2} \left(n_{iO} + n_{iU}\right) - s = 0 \Rightarrow s_{FC} = y_U \sum_{i=1}^{2} \left(n_{iO} + n_{iU}\right). \qquad (13\ A2)$$

Die Arzneimittelqualität bei unilateraler Vollversorgung (23 A2)

Aus der Gewinnfunktion bei Vollversorgung in Land i wird ebenfalls die Medikamentenqualität für diesen Fall bestimmt:

$$\pi_{FCi}^{D}(s) = y_U s\left(n_{iO} + n_{iU}\right) + y_O s n_{jO} - \frac{1}{2}s^2 - AC_{FCi}$$

$$\frac{\partial \pi_{FCi}^{D}}{\partial s} = y_U \left(n_{iO} + n_{iU}\right) + y_O n_{jO} - s$$

$$y_U \left(n_{iO} + n_{iU}\right) + y_O n_{jO} - s = 0 \Rightarrow s_{FCi} = y_U \left(n_{iO} + n_{iU}\right) + y_O n_{jO}. \qquad (23\ A2)$$

1.2.2 *Die Arzneimittelqualität bei bilateraler Teilversorgung (14 A2)*

Aus der Gewinnfunktion bei Teilversorgung in beiden Ländern wird ebenfalls die Medikamentenqualität bestimmt:

$$\pi_{PC}^{D}(s) = y_O s\left(n_{iO} + n_{jO}\right) - \frac{1}{2}s^2 - AC_{PC}$$

$$\frac{\partial \pi_{PC}^{D}}{\partial s} = y_O \left(n_{iO} + n_{jO}\right) - s$$

$$y_O \left(n_{iO} + n_{jO}\right) - s = 0 \Rightarrow s_{PC} = y_O \sum_{i=1}^{2} n_{iO}. \qquad (14\ A2)$$

1.2.3 Verhältnis der Arzneimittelqualitäten (15 A2)

Mit dem minimalen Einkommensunterschied (9) gilt für (23 A2):

$$s_{FCi} = y_U\left(n_{iO}+n_{iU}\right)+y_O n_{jO} \geq y_U\left(n_{iO}+n_{iU}\right)+n_{jO}\frac{n_{jO}+n_{jU}}{n_{jO}}y_U = y_U\sum_{i=1}^{2}\left(n_{iO}+n_{iU}\right)=s_{FC}$$

$$s_{FCi} \geq s_{FC}.$$

Mit (9) gilt für die Arzneimittelqualität (14 A2):

$$s_{PC} = y_O\sum_{i=1}^{2}n_{iO} = y_O n_{iO} + y_O n_{jO} \geq y_U\left(n_{iO}+n_{iU}\right)y_O n_{jO} = s_{FCi}.$$

Insgesamt gilt:

$$s_{PC} \geq s_{FCi} \geq s_{FC}. \qquad (15\text{ A2})$$

1.2.4 Der maximale Einkommensunterschied (11 A2)

Ausgangspunkt ist die Forderung, dass die Nutzung der Zulassungskostenerstattung nicht zu einem Wohlfahrtsverlust führt:

$$n_{iO}s_{FCi}\left(y_O-y_U\right) \geq \frac{1}{2}\left(s_{PC}^2-s_{FCi}^2\right)$$

$$2n_{iO}\left[\left(n_{iO}+n_{iU}\right)y_U+n_{jO}y_O\right]\left(y_O-y_U\right) \geq \left(n_{iO}+n_{jO}\right)^2 y_O^2-\left[\left(n_{iO}+n_{iU}\right)y_U+n_{jO}y_O\right]^2$$

$$0 \geq y_O^2\left[n_{iO}^2+2n_{iO}n_{jO}+n_{jO}^2-n_{jO}^2-2n_{iO}n_{jO}\right]-y_O y_U\left[2n_{jO}\left(n_{iO}+n_{iU}\right)+2\left(n_{iO}^2+n_{iO}n_{iU}-n_{iO}n_{jO}\right)\right]-y_U^2\left[\left(n_{iO}+n_{iU}\right)^2-2n_{iO}\left(n_{iO}+n_{iU}\right)\right]$$

$$0 \geq y_O^2 n_{iO}^2 - y_O y_U 2\left[n_{iO}^2 + n_{iO}n_{iU} + n_{iU}n_{jO}\right] - y_U^2\left[n_{iU}^2 - n_{iO}^2\right]$$

$$y_{O_{1,2}}^{\max} = \frac{\left(n_{iO}^2 + n_{iO}n_{iU} + n_{iU}n_{jO}\right)2y_U \pm \sqrt{\left[\left(n_{iO}^2 + n_{iO}n_{iU} + n_{iU}n_{jO}\right)2y_U\right]^2 + 4y_U^2\left[n_{iO}^2 n_{iU}^2 - n_{iO}^4\right]}}{2n_{iO}^2}$$

$$y_{O_{1,2}}^{\max} = \frac{n_{iO}^2 + n_{iO}n_{iU}}{n_{iO}^2} y_U + \frac{n_{iU}n_{jO} \pm \sqrt{\left(n_{iO}^2 + n_{iO}n_{iU} + n_{iU}n_{jO}\right)^2 + n_{iO}^2 n_{iU}^2 - n_{iO}^4}}{n_{iO}^2} y_U$$

Da die zweite Lösung offensichtlich kleiner $y_O^{\min}$ ist, verbleibt als Lösung nur:

$$y_O^{\max} = y_O^{\min} + \frac{n_{iU}n_{jO} + \sqrt{\left(n_{iO}^2 + n_{iO}n_{iU} + n_{iU}n_{jO}\right)^2 + n_{iO}^2 n_{iU}^2 - n_{iO}^4}}{n_{iO}^2} y_U \qquad (11\text{ A2})$$

1.3 Formeln zu Abschnitt 5.2.2.2

1.3.1 Die Arzneimittelqualitäten

Die Arzneimittelqualität wird, wie zuvor, durch Optimierung der Gewinnfunktion des pharmazeutischen Unternehmens ermittelt. Zunächst im Fall der Vollversorgung in beiden Ländern:

$$\pi_{FC}^D = \sum_{i=1}^{2}\left(n_{iO} + n_{iU}\right)\left(y_U s + \gamma_i^C\right) - \frac{1}{2}s^2$$

$$\frac{\partial \pi_{FC}^{D}}{\partial s} = \sum_{i=1}^{2}\left(n_{iO} + n_{iU}\right) y_U - s = 0$$

$$\Rightarrow s_{PC} = \sum_{i=1}^{2}\left(n_{iO} + n_{iU}\right) y_U .$$

Die unilaterale Vollversorgung in Land *i* liefert:

$$\pi_{FCi}^{D} = \left(n_{iO} + n_{iU}\right)\left(y_U s + \gamma_i^D\right) + n_{jO} y_O s - \frac{1}{2} s^2$$

$$\frac{\partial \pi_{FCi}^{D}}{\partial s} = \left(n_{iO} + n_{iU}\right) y_U + n_{jO} y_O - s = 0$$

$$\Rightarrow s_{FCi} = \left(n_{iO} + n_{iU}\right) y_U + n_{jO} y_O .$$

Die Teilversorgung in beiden Ländern liefert:

$$\pi_{PC}^{D} = y_O s \sum_{i=1}^{2} n_{iO} - \frac{1}{2} s^2$$

$$\frac{\partial \pi_{PC}^{D}}{\partial s} = y_O \sum_{i=1}^{2} n_{iO} - s = 0$$

$$\Rightarrow s_{PC} = y_O \sum_{i=1}^{2} n_{iO} .$$

1.3.2 *Die Subventionshöhe (21.1 S2)*

Mit (23 S2) ≥ (8 S2) folgt:

$$(n_{iO}+n_{iU})(y_U s_{FCi}+\gamma_i^D)+n_{jO}y_O s_{FCi}-\frac{1}{2}s_{FCi}^2 \geq y_O s_{PC}\sum_{i=1}^{2}n_{iO}-\frac{1}{2}s_{PC}^2$$

$$\Leftrightarrow \left[(n_{iO}+n_{iU})y_U+n_{jO}y_O\right]s_{FCi}-\frac{1}{2}s_{FCi}^2+(n_{iO}+n_{iU})\gamma_i^D \geq y_O s_{PC}\sum_{i=1}^{2}n_{iO}-\frac{1}{2}s_{PC}^2$$

$$\Leftrightarrow \frac{1}{2}s_{FCi}^2+(n_{iO}+n_{iU})\gamma_i^D \geq \frac{1}{2}s_{PC}^2$$

$$\Leftrightarrow \gamma_i^D=\frac{1}{2}\frac{s_{PC}^2-s_{FCi}^2}{n_{iO}+n_{iU}} \qquad (21.1\ S2)$$

1.3.3 *Die Subventionshöhe (21.2 S2)*

Mit (7 S2) ≥ (8 S2) folgt:

$$\sum_{i=1}^{2}(n_{iO}+n_{iU})y_U s_{FC}+(n_{iO}+n_{iU})\gamma_i^C+(n_{jO}+n_{jU})\gamma_j^C-\frac{1}{2}s_{FC}^2 \geq \frac{1}{2}s_{PC}^2$$

$$\Leftrightarrow \frac{1}{2}s_{FC}^2+(n_{iO}+n_{iU})\gamma_i^C+(n_{jO}+n_{jU})\gamma_j^C \geq \frac{1}{2}s_{PC}^2$$

$$\Leftrightarrow \gamma_i^C=\frac{1}{2}\frac{s_{PC}^2-s_{FC}^2}{n_{iO}+n_{iU}}-\frac{n_{jO}+n_{jU}}{n_{iO}+n_{iU}}\gamma_j^C \qquad (21.2\ S2)$$

Mit (7 S2) ≥ (23 S2) gilt:

$$\left(n_{iO}+n_{iU}\right)\gamma_i^C+\left(n_{jO}+n_{jU}\right)\gamma_j^C+\frac{1}{2}s_{FC}^2\geq\frac{1}{2}s_{FCj}^2+\left(n_{jO}+n_{jU}\right)\gamma_j^D$$

$$\Leftrightarrow\gamma_i^C\geq\frac{1}{2}\frac{s_{FCj}^2-s_{FC}^2}{n_{iO}+n_{iU}}+\frac{n_{jO}+n_{jU}}{n_{iO}+n_{iU}}\gamma_j^D-\frac{n_{jO}+n_{jU}}{n_{iO}+n_{iU}}\gamma_j^C$$

Einsetzen von (21.1 S2):

$$\Leftrightarrow\gamma_i^C\geq\frac{1}{2}\frac{s_{FCj}^2-s_{FC}^2}{n_{iO}+n_{iU}}+\frac{n_{jO}+n_{jU}}{n_{iO}+n_{iU}}\frac{1}{2}\frac{s_{PC}^2-s_{FCj}^2}{n_{jO}+n_{jU}}-\frac{n_{jO}+n_{jU}}{n_{iO}+n_{iU}}\gamma_j^C$$

$$\Leftrightarrow\gamma_i^C=\frac{1}{2}\frac{s_{PC}^2-s_{FC}^2}{n_{iO}+n_{iU}}-\frac{n_{jO}+n_{jU}}{n_{iO}+n_{iU}}\gamma_j^C \qquad (21.2\ S2)$$

1.3.4 Die Subventionshöhe (21.3 S2)

Soll die Subventionshöhe in beiden Ländern identisch sein, gilt mit (7 S2) > (8 S2):

$$\frac{1}{2}s_{FC}^2+\left(n_{iO}+n_{iU}+n_{jO}+n_{jU}\right)\gamma_i^{ident}\geq\frac{1}{2}s_{PC}^2$$

$$\gamma_i^{ident}=\frac{1}{2}\frac{s_{PC}^2-s_{FC}^2}{n_{iO}+n_{iU}+n_{jO}+n_{jU}} \qquad (21.3\ S2)$$

1.3.5 Das Subventionsverhältnis (30 S2)

Aus (21.1 S2) ist bekannt, dass:

$$\left(n_{iO}+n_{iU}\right)\gamma_i^D=\frac{s_{PC}^2-s_{FCi}^2}{2}.$$

Aus (21.2 S2) ist bekannt:

$$\left(n_{iO}+n_{iU}\right)\gamma_i^C+\left(n_{jO}+n_{jU}\right)\gamma_j^C=\frac{s_{PC}^2-s_{FC}^2}{2}.$$

Weiter ist bekannt, dass $s_{FCi}\geq s_{FC}$, d. h.:

$$\frac{s_{PC}^2-s_{FC}^2}{2}\geq\frac{s_{PC}^2-s_{FCi}^2}{2}\Leftrightarrow\left(n_{iO}+n_{iU}\right)\gamma_i^D\leq\left(n_{iO}+n_{iU}\right)\gamma_i^C+\left(n_{jO}+n_{jU}\right)\gamma_j^C$$

$$\Leftrightarrow\gamma_i^C\geq\gamma_i^D-\frac{n_{jO}+n_{jU}}{n_{iO}+n_{iU}}\gamma_j^C. \qquad (30\ S2)$$

1.3.6 Die Rangfolge der Subventionshöhen

Aus der Annahme $\gamma_i^C\geq\gamma_i^{\min}$ folgt:

$$\frac{1}{2}\frac{s_{PC}^2-s_{FC}^2}{n_{iO}+n_{iU}}-\frac{n_{jO}+n_{jU}}{n_{iO}+n_{iU}}\gamma_j^C\geq\frac{1}{2}\frac{s_{FCj}^2-s_{FC}^2}{n_{iO}+n_{iU}}$$

$$\Leftrightarrow s_{PC}^2-s_{FC}^2-2\left(n_{jO}+n_{jU}\right)\gamma_j^C\geq s_{FCj}^2-s_{FC}^2$$

$$\Leftrightarrow \gamma_j^C \leq \frac{1}{2}\frac{-s_{FCj}^2 + s_{FC}^2 + s_{PC}^2 - s_{FC}^2}{n_{jO} + n_{jU}} = \frac{1}{2}\frac{s_{PC}^2 - s_{FCj}^2}{n_{jO} + n_{jU}} = \gamma_j^D .$$

Aus der Annahme $\gamma_i^D \geq \gamma_i^C$ folgt:

$$\frac{1}{2}\frac{s_{PC}^2 - s_{FCi}^2}{n_{iO} + n_{iU}} \geq \frac{1}{2}\frac{s_{PC}^2 - s_{FC}^2}{n_{iO} + n_{iU}} - \frac{n_{jO} + n_{jU}}{n_{iO} + n_{iU}}\gamma_j^C$$

$$\Leftrightarrow s_{PC}^2 - s_{FCi}^2 \geq s_{PC}^2 - s_{FC}^2 - 2\left(n_{jO} + n_{jU}\right)\gamma_j^C$$

$$\Leftrightarrow \gamma_j^C \geq \frac{1}{2}\frac{-s_{PC}^2 + s_{FCi}^2 + s_{PC}^2 - s_{FC}^2}{n_{jO} + n_{jU}} = \frac{1}{2}\frac{s_{FCi}^2 - s_{FC}^2}{n_{jO} + n_{jU}} = \gamma_j^{\min} .$$

Damit liegt γ_i^C zwischen γ_i^D und $\gamma_i^{\min}$, falls $\gamma_i^D \geq \gamma_i^{\min}$ gilt. Damit $\gamma_i^D \geq \gamma_i^{\min}$ erfüllt ist, muss gelten:

$$\frac{1}{2}\frac{s_{PC}^2 - s_{FCi}^2}{n_{io} + n_{iu}} \geq \frac{1}{2}\frac{s_{FCj}^2 - s_{FC}^2}{n_{io} + n_{iu}}$$

$$\Leftrightarrow s_{PC}^2 - s_{FCi}^2 \geq s_{FCj}^2 - s_{FC}^2$$

Als Zwischenschritte:

1.

$$s_{PC}^2 - s_{FCi}^2 = y_O^2\left(n_{iO}^2 + 2n_{iO}n_{jO} + n_{jO}^2\right) - y_U^2\left(n_{iO} + n_{iU}\right)^2 - 2y_O y_U n_{jO}\left(n_{iO} + n_{iU}\right) - n_{jO}^2 y_O^2$$

$$s_{PC}^2 - s_{FCi}^2 = y_O^2\left(n_{iO}^2 + 2n_{iO}n_{jO}\right) - y_U^2\left(n_{iO} + n_{iU}\right)^2 - 2y_O y_U n_{jO}\left(n_{iO} + n_{iU}\right)$$

2. $$s_{FCj}^2 - s_{FC}^2 = y_O^2 n_{iO}^2 + 2 y_O y_U n_{iO}\left(n_{jO} + n_{jU}\right) + y_U^2\left(n_{jO} + n_{jU}\right)^2 - y_U^2\left(n_{iO} + n_{iU} + n_{jO} + n_{jU}\right)^2$$

$$s_{FCj}^2 - s_{FC}^2 = y_O^2 n_{iO}^2 + 2 y_O y_U n_{iO}\left(n_{jO} + n_{jU}\right) + y_U^2\left(n_{jO} + n_{jU}\right)^2 - y_U^2\left[\left(n_{iO} + n_{iU}\right)^2 + 2\left(n_{iO} + n_{iU}\right)\left(n_{jO} + n_{jU}\right) + \left(n_{jO} + n_{jU}\right)^2\right]$$

$$s_{FCj}^2 - s_{FC}^2 = y_O^2 n_{iO}^2 + 2 y_O y_U n_{iO}\left(n_{jO} + n_{jU}\right) - y_U^2\left[\left(n_{iO} + n_{iU}\right)^2 + 2\left(n_{iO} + n_{iU}\right)\left(n_{jO} + n_{jU}\right)\right]$$

Damit gilt für $s_{PC}^2 - s_{FCi}^2 \geq s_{FCj}^2 - s_{FC}^2$ weiter:

$$y_O^2\left(2 n_{iO} n_{jO}\right) - 2 y_O y_U n_{jO}\left(n_{iO} + n_{iU}\right) \geq 2 y_O y_U n_{iO}\left(n_{jO} + n_{jU}\right) - y_U^2\left[2\left(n_{iO} + n_{iU}\right)\left(n_{jO} + n_{jU}\right)\right]$$

$$\Leftrightarrow y_O^2 n_{iO} n_{jO} - y_O y_U n_{jO} n_{iU} \geq y_O y_U n_{iO} n_{jU} - y_U^2\left(n_{iO} + n_{iU}\right)\left(n_{jO} + n_{jU}\right)$$

$$\Leftrightarrow y_O^2 n_{iO} n_{jO} - y_O y_U\left(n_{jO} n_{iU} + n_{iO} n_{jU}\right) + y_U^2\left(n_{iO} + n_{iU}\right)\left(n_{jO} + n_{jU}\right) \geq 0.$$

Da die Diskriminante:

$$D = y_U^2\left(n_{jO} n_{iU} + n_{iO} n_{jU}\right)^2 - 4 y_U^2\left(n_{iO} + n_{iU}\right)\left(n_{jO} + n_{jU}\right) n_{iO} n_{jO}$$

der quadratischen Gleichung auch positive Werte annimmt, ist nicht grundsätzlich ausgeschlossen, dass es eine Lösung gibt, für die $s_{PC}^2 - s_{FCi}^2 \geq s_{FCj}^2 - s_{FC}^2$ nicht erfüllt ist. Es kann jedoch mittels Simulation gezeigt werden, dass es keine Einkommens- bzw. Bevölkerungsverteilung gibt, für die die Einkommensgrenzen aus (11) in beiden Staaten gelten und gleichzeitig $s_{PC}^2 - s_{FCi}^2 \geq s_{FCj}^2 - s_{FC}^2$ nicht erfüllt ist. Die Darstellung des Programms erfolgt in Anhang 2. Mit Einsetzen des Mindesteinkommens lässt sich etwas unsauber zeigen:

$$y_O^2 n_{iO} n_{jO} - y_O y_U\left(n_{jO} n_{iU} + n_{iO} n_{jU}\right) + y_U^2\left(n_{iO} + n_{iU}\right)\left(n_{jO} + n_{jU}\right) \geq 0$$

$$\Leftrightarrow y_O y_U n_{iO} n_{jO} - y_O y_U n_{jO} n_{iU} + y_U^2\left(n_{iO} + n_{iU}\right)\left(n_{jO} + n_{jU}\right) \geq 0$$

$$\Leftrightarrow y_O y_U n_{iO} n_{jO} - y_U^2 n_{iU}\left(n_{jO} + n_{jU}\right) + y_U^2\left(n_{iO} + n_{iU}\right)\left(n_{jO} + n_{jU}\right) \geq 0$$

$$\Leftrightarrow y_O y_U n_{iO} n_{jO} + y_U^2 n_{iO}\left(n_{jO} + n_{jU}\right) \geq 0$$

$$\Leftrightarrow y_O n_{jO} + y_U\left(n_{jO} + n_{jU}\right) \geq 0$$

Damit ist $s_{PC}^2 - s_{FCi}^2 \geq s_{FCj}^2 - s_{FC}^2$ erfüllt und es gilt: $\gamma_i^D \geq \gamma_i^C \geq \gamma_i^{\min}$.

1.3.7 Der maximale Einkommensunterschied (11 S2)

Aus

$$\gamma_i^{\max} \equiv s \frac{n_{iO}}{n_{iO} + n_{iU}}\left(y_O - y_U\right) \geq \gamma_i$$

Folgt für (21.1 S2):

$$s_{FCi} \frac{n_{iO}}{n_{iO} + n_{iU}}\left(y_O - y_U\right) \geq \frac{1}{2} \frac{s_{PC}^2 - s_{FCi}^2}{n_{iO} + n_{iU}}$$

$$\Leftrightarrow 2 s_{FCi} n_{iO}\left(y_O - y_U\right) \geq s_{PC}^2 - s_{FCi}^2.$$

Damit folgt wie im Fall der Zulassungskostenerstattung der Einkommensunterschied:

$$y_O^{\max} = y_O^{\min} + \frac{n_{iU} n_{jO} + \sqrt{\left(n_{iO}^2 + n_{iO} n_{iU} + n_{iU} n_{jO}\right)^2 + n_{iO}^2 n_{iU}^2 - n_{iO}^4}}{n_{iO}^2} y_U. \qquad (11\ S2)$$

1.4 Formeln zu Abschnitt 5.2.3

1.4.1 Die Subventionshöhe der Bürgerversicherung

Die Subventionshöhe der Bürgerversicherung resultiert aus der Forderung, dass der Gewinn des multinationalen pharmazeutischen Unternehmens bei Subventionierung innerhalb der Bürgerversicherung den Gewinn der Teilversorgung überschreitet:

$$\pi_{FC}^{B} \geq \pi_{PC}^{B} \Leftrightarrow \left(n_{GO}+n_{GU}+n_{PO}\right)\left(y_U s_{FC}^{B}+\gamma^{B}\right)-\frac{1}{2}\left[s_{FC}^{B}\right]^2 \geq \left(n_{GO}+n_{PO}\right)\left(y_O s_{PC}^{B}\right)-\frac{1}{2}\left[s_{PC}^{B}\right]^2$$

$$\Leftrightarrow \left(n_{GO}+n_{GU}+n_{PO}\right)\gamma^{B}+\frac{1}{2}\left[s_{FC}^{B}\right]^2 \geq \frac{1}{2}\left[s_{PC}^{B}\right]^2$$

$$\Leftrightarrow \gamma^{B} \geq \frac{\left[s_{PC}^{B}\right]^2-\left[s_{FC}^{B}\right]^2}{2\left(n_{GO}+n_{GU}+n_{PO}\right)}=\frac{\left[y_O\left(n_{GO}+n_{PO}\right)\right]^2-\left[y_U\left(n_{GO}+n_{GU}+n_{PO}\right)\right]^2}{2\left(n_{GO}+n_{GU}+n_{PO}\right)}$$

1.4.2 Die minimale Einkommensdifferenz in der Bürgerversicherung (9 B)

Die minimale Einkommensdifferenz lässt sich wie in Anhang 1.1.1 aus der Forderung ableiten, dass der multinationale pharmazeutische Konzern einen Anreiz hat, ohne staatliche Intervention nur eine Teilversorgung sicherzustellen, was gleichbedeutend mit der Forderung einer positiven Subventionshöhe ist:

$$\gamma^{B}=\frac{\left[y_O\left(n_{GO}+n_{PO}\right)\right]^2-\left[y_U\left(n_{GO}+n_{GU}+n_{PO}\right)\right]^2}{2\left(n_{GO}+n_{PO}\right)}>0$$

$$\Leftrightarrow y_O\left(n_{GO}+n_{PO}\right)>y_U\left(n_{GO}+n_{GU}+n_{PO}\right)$$

$$\Leftrightarrow y_O > \frac{n_{GO} + n_{GU} + n_{PO}}{n_{GO} + n_{PO}} y_U \equiv y_O^{\overline{\overline{\min}}} \tag{9 B}$$

Der minimale Einkommensunterschied (9 B) ist geringer als der minimale Einkommensunterschied beim zweigliedrigen System:

$$\frac{n_{GO} + n_{GU} + n_{PO}}{n_{GO} + n_{PO}} y_U < \frac{n_{GO} + n_{GU}}{n_{GO}} y_U$$

$$\Leftrightarrow n_{GO}\left(n_{GO} + n_{GU} + n_{PO}\right) < \left(n_{GO} + n_{PO}\right)\left(n_{GO} + n_{GU}\right)$$

$$\Leftrightarrow n_{GO}^2 + n_{GO}n_{GU} + n_{GO}n_{PO} < n_{GO}^2 + n_{GO}n_{GU} + n_{GO}n_{PO} + n_{GU}n_{PO}$$

$$\Leftrightarrow 0 < n_{GU}n_{PO},$$

sofern mindestens ein Gutverdiener in der PKV und mindestens ein Normalverdiener in der GKV versichert ist. Hiervon ist nach den Angaben auszugehen.

1.4.3 Die maximale Einkommensdifferenz (11 B)

Die Forderung, dass eine Subvention bei der Bürgerversicherung nicht zu einem Wohlfahrtsverlust führt, lässt sich schreiben als:

$$W^B = \left(n_{GO} + n_{PO}\right) s_{FC}^B - \left(n_{GO} + n_{GU} + n_{PO}\right) \gamma^{\overline{\overline{\max}}} \geq 0$$

$$\gamma^{\overline{\overline{\max}}} \leq \frac{\left(n_{GO} + n_{PO}\right) s_{FC}^B}{n_{GO} + n_{GU} + n_{PO}}$$

Damit gilt für die Subventionshöhe der Bürgerversicherung:

$$\frac{\left(n_{GO}+n_{PO}\right)s_{FC}^{B}}{n_{GO}+n_{GU}+n_{PO}} \geq \frac{s_{PC}^{2}-\left(s_{FC}^{B}\right)^{2}}{2\left(n_{GO}+n_{GU}+n_{PO}\right)}$$

$$\Leftrightarrow 2\left(n_{GO}+n_{PO}\right)s_{FC}^{B} \geq s_{PC}^{2}-\left(s_{FC}^{B}\right)^{2}$$

$$\Leftrightarrow -y_{O}^{2}\left(n_{GO}+n_{PO}\right)^{2}+2y_{O}y_{U}\left(n_{GO}+n_{PO}\right)\left(n_{GO}+n_{GU}+n_{PO}\right)+y_{U}^{2}\left[\left(n_{GO}+n_{GU}+n_{PO}\right)^{2}-2\left(n_{GO}+n_{PO}\right)\left(n_{GO}+n_{GU}+n_{PO}\right)\right]$$

$$\Leftrightarrow -y_{O}^{2}\left(n_{GO}+n_{PO}\right)^{2}+2y_{O}y_{U}\left(n_{GO}+n_{PO}\right)\left(n_{GO}+n_{GU}+n_{PO}\right)+y_{U}^{2}\left[\left(n_{GO}+n_{GU}+n_{PO}\right)\left(n_{GU}-n_{GO}-n_{PO}\right)\right]$$

$$\Rightarrow \overline{\overline{y}}_{O_{1,2}}^{\max} = \frac{-y_{U}2\left(n_{GO}+n_{PO}\right)\left(n_{GO}+n_{GU}+n_{PO}\right)}{-2\left(n_{GO}+n_{PO}\right)^{2}}$$

$$\pm\frac{\sqrt{y_{U}^{2}4\left(n_{GO}+n_{PO}\right)^{2}\left(n_{GO}+n_{GU}+n_{PO}\right)^{2}+4y_{U}^{2}\left(n_{GO}+n_{PO}\right)^{2}\left(n_{GO}+n_{GU}+n_{PO}\right)\left(n_{GU}-n_{GO}-n_{PO}\right)}}{-2\left(n_{GO}+n_{PO}\right)^{2}}$$

$$\Rightarrow \overline{\overline{y}}_{O_{1,2}}^{\max} = \frac{n_{GO}+n_{GU}+n_{PO}}{n_{GO}+n_{PO}}y_{U} \pm \frac{\sqrt{\left(n_{GO}+n_{GU}+n_{PO}\right)\left(n_{GO}+n_{GU}+n_{PO}+n_{GU}-n_{GO}-n_{PO}\right)}}{n_{GO}+n_{PO}}y_{U}$$

Da die zweite Lösung offensichtlich kleiner ist als $\overline{\overline{y}}_{O}^{\min}$ verbleibt nur:

$$\Rightarrow \overline{\overline{y}}_{O}^{\max} = \overline{\overline{y}}_{O}^{\min} + \frac{\sqrt{2n_{GU}\left(n_{GO}+n_{GU}+n_{PO}\right)}}{n_{GO}+n_{PO}}y_{U}. \qquad (11\text{ B})$$

1.4.4 Verhältnis Subventionshöhen in PKV und Bürgerversicherung

Sowohl für das zweigliedrige Versicherungssystem als auch für die Bürgerversicherung müssen die jeweiligen minimalen Einkommensunterschiede vorliegen. Das Verhältnis dieser Unterschiede ist: $y_O^{\overline{\overline{\min}}} < y_O^{\min}$. D. h., bei der Bürgerversicherung ist einer Umverteilung zu einem früheren Zeitpunkt notwendig. Für $y_O = \frac{n_{GO} + n_{GU}}{n_{GO}} y_U$ gilt $\gamma_G^Z = 0$. Damit muss für das Verhältnis der Subventionshöhen $\gamma^B > \gamma_G^Z$ beim minimalen Einkommensunterschied des zweigliedrigen Systems lediglich gezeigt werden:

$$\gamma^B = \frac{\left[y_U \frac{n_{GO} + n_{GU}}{n_{GO}} \left(n_{GO} + n_{PO} \right) \right]^2 - \left[y_U \left(n_{GO} + n_{GU} + n_{PO} \right) \right]^2}{2 \left(n_{GO} + n_{PO} \right)} > 0$$

$$\Leftrightarrow \left[y_U \frac{n_{GO} + n_{GU}}{n_{GO}} \left(n_{GO} + n_{PO} \right) \right]^2 - \left[y_U \left(n_{GO} + n_{GU} + n_{PO} \right) \right]^2 > 0$$

$$\Leftrightarrow y_U \frac{n_{GO} + n_{GU}}{n_{GO}} \left(n_{GO} + n_{PO} \right) > y_U \left(n_{GO} + n_{GU} + n_{PO} \right)$$

$$\Leftrightarrow \left(n_{GO} + n_{GU} \right) \left(n_{GO} + n_{PO} \right) > n_{GO} \left(n_{GO} + n_{GU} + n_{PO} \right)$$

$$\Leftrightarrow n_{GU} n_{PO} > 0 \Rightarrow \gamma^B > \gamma_G^Z.$$

1.4.5 *Verhältnis der Preise zwischen PKV, GKV und Bürgerversicherung*

Für den Preis der Bürgerversicherung gilt mit der minimalen Einkommensdifferenz des zweigliedrigen Systems:

$$P_B = y_U^2\left(n_{GO}+n_{GU}+n_{PO}\right)+\frac{\left[y_O\left(n_{GO}+n_{PO}\right)\right]^2-\left[y_U\left(n_{GO}+n_{GU}+n_{PO}\right)\right]^2}{2\left(n_{GO}+n_{GU}+n_{PO}\right)}$$

$$P_B = \frac{1}{2}y_U^2\left(n_{GO}+n_{GU}+n_{PO}\right)+\frac{\left[y_O\left(n_{GO}+n_{PO}\right)\right]^2}{2\left(n_{GO}+n_{GU}+n_{PO}\right)}$$

$$P_B = \frac{1}{2}y_U^2\left[\left(n_{GO}+n_{GU}+n_{PO}\right)+\frac{\left[\frac{n_{GO}+n_{GU}}{n_{GO}}\left(n_{GO}+n_{PO}\right)\right]^2}{\left(n_{GO}+n_{GU}+n_{PO}\right)}\right]$$

$$P_B = \frac{1}{2}y_U^2\left[\left(n_{GO}+n_{GU}+n_{PO}\right)+\frac{\left(n_{GO}+n_{GU}\right)^2\left(n_{GO}+n_{PO}\right)^2}{n_{GO}^2\left(n_{GO}+n_{GU}+n_{PO}\right)}\right]$$

$$P_B = \frac{1}{2}y_U^2\left(n_{GO}+n_{GU}\right)\left[\frac{n_{GO}+n_{GU}+n_{PO}}{n_{GO}+n_{GU}}+\frac{\left(n_{GO}+n_{GU}\right)\left(n_{GO}+n_{PO}\right)^2}{n_{GO}^2\left(n_{GO}+n_{GU}+n_{PO}\right)}\right]$$

Für den Preis der PKV gilt mit der minimalen Einkommensdifferenz des zweigliedrigen Systems:

$$P_P = y_O\left(y_O n_{PO} + y_U\left(n_{GO} + n_{GU}\right)\right)$$

$$P_P = y_O^2 n_{PO} + y_O y_U\left(n_{GO} + n_{GU}\right)$$

$$P_P = y_U^2\left[\frac{\left(n_{GO} + n_{GU}\right)^2}{n_{GO}^2} n_{PO} + \frac{\left(n_{GO} + n_{GU}\right)^2}{n_{GO}}\right]$$

$$P_P = y_U^2\left(n_{GO} + n_{GU}\right)\left[\frac{n_{GO} + n_{GU}}{n_{GO}}\left(1 + \frac{n_{PO}}{n_{GO}}\right)\right]$$

Für den Preis der GKV gilt mit der minimalen Einkommensdifferenz des zweigliedrigen Systems:

$$P_G = y_U\left[y_O n_{PO} + y_U\left(n_{GO} + n_{GU}\right)\right] + \frac{\left[y_O\left(n_{GO} + n_{PO}\right)\right]^2 - \left[y_O n_{PO} + y_U\left(n_{GO} + n_{GU}\right)\right]^2}{2\left(n_{GO} + n_{GU}\right)}$$

$$P_G = y_U y_O n_{PO} + y_U^2\left(n_{GO} + n_{GU}\right) + \frac{\left[y_O\left(n_{GO} + n_{PO}\right)\right]^2 - \left[y_O n_{PO} + y_U\left(n_{GO} + n_{GU}\right)\right]^2}{2\left(n_{GO} + n_{GU}\right)}$$

$$P_G = y_U^2\left[\frac{n_{GO} + n_{GU}}{n_{GO}} n_{PO} + \left(n_{GO} + n_{GU}\right)\right]$$

$$P_G = y_U^2\left(n_{GO} + n_{GU}\right)\left(1 + \frac{n_{PO}}{n_{GO}}\right) = P_P \frac{n_{GO}}{n_{GO} + n_{GU}}$$

Damit liegt der Arzneimittelpreis der GKV unterhalb des Arzneimittelpreises der PKV. Übersteigt der Arzneimittelpreis nach Einführung der Bürgerversicherung den Arzneimittelpreis der GKV gilt:

$$\frac{1}{2} y_U^2 \left(n_{GO} + n_{GU}\right) \left[\frac{n_{GO} + n_{GU} + n_{PO}}{n_{GO} + n_{GU}} + \frac{\left(n_{GO} + n_{GU}\right)\left(n_{GO} + n_{PO}\right)^2}{n_{GO}^2 \left(n_{GO} + n_{GU} + n_{PO}\right)} \right] \geq y_U^2 \left(n_{GO} + n_{GU}\right) \left(1 + \frac{n_{PO}}{n_{GO}}\right) = P_P \frac{n_{GO}}{n_{GO} + n_{GU}}$$

$$\left[\frac{n_{GO} + n_{GU} + n_{PO}}{n_{GO} + n_{GU}} + \frac{\left(n_{GO} + n_{GU}\right)\left(n_{GO} + n_{PO}\right)^2}{n_{GO}^2 \left(n_{GO} + n_{GU} + n_{PO}\right)} \right] \geq 2 \left(1 + \frac{n_{PO}}{n_{GO}}\right)$$

$$n_{GO}^2 \left(n_{GO} + n_{GU} + n_{PO}\right)^2 + \left(n_{GO} + n_{GU}\right)^2 \left(n_{GO} + n_{PO}\right)^2 \geq 2 \left(1 + \frac{n_{PO}}{n_{GO}}\right) n_{GO}^2 \left(n_{GO} + n_{GU} + n_{PO}\right)\left(n_{GO} + n_{GU}\right)$$

$$n_{GO}^2 \left(n_{GO} + n_{GU} + n_{PO}\right)^2 + \left(n_{GO} + n_{GU}\right)^2 \left(n_{GO} + n_{PO}\right)^2 \geq 2 n_{GO} \left(n_{GO} + n_{PO}\right)\left(n_{GO} + n_{GU} + n_{PO}\right)\left(n_{GO} + n_{GU}\right)$$

$$\left[n_{GO} \left(n_{GO} + n_{GU} + n_{PO}\right) - \left(n_{GO} + n_{GU}\right)\left(n_{GO} + n_{PO}\right) \right]^2 \geq 0$$

und der Arzneimittelpreis der Bürgerversicherung übersteigt den Arzneimittelpreis der GKV. Übersteigt der Arzneimittelpreis der PKV den Arzneimittelpreis der Bürgerversicherung muss gelten:

$$y_U^2 \left(n_{GO} + n_{GU}\right) \left[\frac{n_{GO} + n_{GU}}{n_{GO}} \left(1 + \frac{n_{PO}}{n_{GO}}\right) \right] \geq \frac{1}{2} y_U^2 \left(n_{GO} + n_{GU}\right) \left[\frac{n_{GO} + n_{GU} + n_{PO}}{n_{GO} + n_{GU}} + \frac{\left(n_{GO} + n_{GU}\right)\left(n_{GO} + n_{PO}\right)^2}{n_{GO}^2 \left(n_{GO} + n_{GU} + n_{PO}\right)} \right]$$

$$2 \frac{n_{GO} + n_{GU}}{n_{GO}} \left(1 + \frac{n_{PO}}{n_{GO}}\right) \geq \frac{n_{GO} + n_{GU} + n_{PO}}{n_{GO} + n_{GU}} + \frac{\left(n_{GO} + n_{GU}\right)\left(n_{GO} + n_{PO}\right)^2}{n_{GO}^2 \left(n_{GO} + n_{GU} + n_{PO}\right)}$$

$$2(n_{GO}+n_{GU})^2(n_{GO}+n_{PO})(n_{GO}+n_{GU}+n_{PO}) \geq n_{GO}^2(n_{GO}+n_{GU}+n_{PO})^2+(n_{GO}+n_{GU})^2(n_{GO}+n_{PO})^2$$

$$(n_{GO}+n_{GU})^2(n_{GO}+n_{PO})\left[2(n_{GO}+n_{GU}+n_{PO})-(n_{GO}+n_{PO})\right] \geq n_{GO}^2(n_{GO}+n_{GU}+n_{PO})^2$$

$$(n_{GO}+n_{GU})^2(n_{GO}+n_{PO})(n_{GO}+n_{GU}+n_{PO})+n_{GU}(n_{GO}+n_{GU})^2(n_{GO}+n_{PO})+ \geq n_{GO}^2(n_{GO}+n_{GU}+n_{PO})^2$$

$$(n_{GO}+n_{GU}+n_{PO})\left[(n_{GO}+n_{GU})^2(n_{GO}+n_{PO})-n_{GO}^2(n_{GO}+n_{GU}+n_{PO})\right]+n_{GU}(n_{GO}+n_{GU})^2(n_{GO}+n_{PO}) \geq 0$$

$$(n_{GO}+n_{GU}+n_{PO})\left[n_{GU}(n_{GO}^2+2n_{GO}n_{PO}+n_{GO}n_{GU}+n_{GU}n_{PO})\right]+n_{GU}(n_{GO}+n_{GU})^2(n_{GO}+n_{PO}) \geq 0$$

und der Arzneimittelpreis der PKV übersteigt den Arzneimittelpreis der Bürgerversicherung.

1.5 Formeln zu Abschnitt 5.3

1.5.1 Der Gini-Koeffizient (33)

Die Fläche unterhalb der Lorenzkurve lässt im Modell mit (32) und (34) als:

$$A_L = \frac{1}{2}n_U^2 y_U + n_O n_U y_U + \frac{1}{2}n_O^2 y_O$$

berechnen. Damit gilt für den Gini-Koeffizient eines Staates:

$$GUK = \frac{\frac{1}{2}nY - \frac{1}{2}n_U^2 y_U - n_O n_U y_U - \frac{1}{2}n_O^2 y_O}{\frac{1}{2}nY}.$$

$$\Leftrightarrow GUK = \frac{nY - n_U^2 y_U - 2n_O n_U y_U - n_O^2 y_O}{nY} \Leftrightarrow GUK = \frac{(n_O + n_U)(n_O y_O + n_U y_U) - n_U^2 y_U - 2n_O n_U y_U - n_O^2 y_O}{nY}$$

$$\Leftrightarrow GUK = \frac{n_O n_U (y_O - y_U)}{nY} \Leftrightarrow GUK = \frac{n_O n_U \left(\frac{Y - n_U y_U}{n_O} - y_U \right)}{nY} \Leftrightarrow GUK = \frac{n_U (Y - n_U y_U - n_O y_U)}{nY}$$

$$\Leftrightarrow GUK = \frac{n_U (Y - n y_U)}{nY}. \tag{33}$$

2 Programmanhang

```
Option Explicit

Dim niO As Integer
Dim niU As Integer
Dim njO As Integer
Dim njU As Integer

Dim sPCsmin As Double
Dim sPCs As Double
Dim sPCsmax As Double

Dim sFCmin As Double
Dim sFC As Double
Dim sFCmax As Double

Dim sFCimin As Double
Dim sFCi As Double
Dim sFCimax As Double

Dim sFCjmin As Double
Dim sFCj As Double
Dim sFCjmax As Double

Dim yU As Double
Dim yOmin As Double
Dim yOmax As Double
Dim yO As Double

Dim yOimin As Double
Dim yOimax As Double

Dim yOjmin As Double
Dim yOjmax As Double

Dim sgmin As Double
Dim sgD As Double

Dim zeile As Long
Sub prüfen()

Application.ScreenUpdating = False

yU = 1
zeile = 2
```

```
For niO = 1 To 100

        For niU = 1 To 100 - niO

                For njO = 1 To 100 - niO - niU

njU = 100 - niO - niU - njO
                If njU > 0 Then

yOimin = (niO + niU) / niO
yOimax = (niO ^ 2 + niO * niU + niU * njO + ((niO ^ 2 + niO * niU + niU *
njO) ^ 2 + niO ^ 2 * niU ^ 2 - niO ^ 4) ^ (1 / 2)) / niO ^ 2

yOjmin = (njO + njU) / njO
yOjmax = (njO ^ 2 + njO * njU + njU * niO + ((njO ^ 2 + njO * njU + njU *
niO) ^ 2 + njO ^ 2 * njU ^ 2 - njO ^ 4) ^ (1 / 2)) / njO ^ 2

                If yOimin > yOjmin Then
yOmin = yOimin
                Else: yOmin = yOjmin
                End If

                If yOimax < yOjmax Then
yOmax = yOimax
                Else: yOmax = yOjmax
                End If

If yOmax > yOmin Then
yO = (yOmin + yOmax) / 2

                If niO * njO * yO ^ 2 + niO * njO + niO * njU + niU * njO + niU *
njU < yO * (niO * njU + njO * niU) Then

MsgBox ("Problem: gD < gmin. Bei: niO=" & niO & ", niU=" & niU & ", njO="
& njO & ", njU=" & njU)
                Exit Sub
                End If

                If niO * njO * yOmin ^ 2 + niO * njO + niO * njU + niU * njO + niU
* njU < yOmin * (niO * njU + njO * niU) Then
                MsgBox ("Problem, Minimalbedingung: gD < gmin. Bei: niO=" & niO
& ", niU=" & niU & ", njO=" & njO & ", njU=" & njU)
                Exit Sub
                End If
```

```
            If niO * njO * yOmax ^ 2 + niO * njO + niO * njU + niU * njO + niU
* njU < yOmax * (niO * njU + njO * niU) Then
            MsgBox ("Problem, Maximalbedingung: gD < gmin. Bei: niO=" & niO
& ", niU=" & niU & ", njO=" & njO & ", njU=" & njU)
Exit Sub
            End If

zeile = zeile + 1
            End If
         End If
      Next njO
   Next niU
Next niO

Application.ScreenUpdating = True

MsgBox (zeile & " Varianten berechnet: gD>gmin")

End Sub
```

www.ingramcontent.com/pod-product-compliance
Ingram Content Group UK Ltd.
Pitfield, Milton Keynes, MK11 3LW, UK
UKHW021907290926
8980IPUK00015B/1103

9 783631 670552